ARBEITSHEFT ZUR LITERATURGESCHICHTE

LITERATUR NACH 1945

TEXTE • ÜBUNGEN

Herausgegeben von Reinhard Lindenhahn

Erarbeitet von
Volker Herrmann
Ulrike Ladnar
Donate Lindenhahn
Reinhard Lindenhahn
Birgit Neugebauer

Cornelsen

Folgende Beiträge wurden erarbeitet von
Volker Herrmann: Nicht mehr zu beschreiben ...
Biografien
Synopse auf S. 96 / 3. Umschlagseite
Ulrike Ladnar: Die Väter ausspeien ...
Donate Lindenhahn: Übrig geblieben zufällig ...
Birgit Neugebauer: Aber heimatlos sind wir doch alle ...
Alle übrigen Beiträge stammen von Reinhard Lindenhahn.

REDAKTION: INGEBORG HERCHEN
BILDRECHERCHE: PETRA EBERT
LAYOUT UND TECHNISCHE UMSETZUNG: KATRIN TENGLER

www.cornelsen.de

Dieses Werk berücksichtigt die Regeln der reformierten Rechtschreibung und Zeichensetzung. Bei den mit [R] gekennzeichneten Texten haben die Rechteinhaber einer Anpassung widersprochen.

1. Auflage, 1. Druck 2007

Druck: CS-Druck CornelsenStürtz, Berlin

ISBN: 978-3-464-61150-0

Inhalt gedruckt auf säurefreiem Papier aus nachhaltiger Forstwirtschaft.

Inhaltsverzeichnis

Eine andere Weltwerdung ...

Innerhalb einer Epoche gibt es keinen Standpunkt, eine Epoche zu betrachten.

Dieser Satz Goethes umreißt in kürzestmöglicher Form das Problem, unsere neuere Literatur zu strukturieren. So ist denn das vorliegende Arbeitsheft im strengen Sinne auch kein Arbeitsheft zur „Literaturgeschichte“, denn nur Teile daraus liegen mittlerweile lange genug zurück, um bereits „Geschichte“ zu sein. Überdies assoziiert man mit dem Begriff „Geschichte“ leicht ein Kontinuum, das nachzeichenbaren Prinzipien folgt – und solche lassen sich bei der Vielzahl an literarischen Strömungen und Einzelerscheinungen der Literatur vom Zweiten Weltkrieg bis heute nur schwer feststellen.
Die Vielfalt der literarischen Erscheinungen entspricht der Vielgestaltigkeit unserer Zeit. Wo sich früher über 30, über 50 Jahre im Leben der Menschen kaum etwas änderte, liegen heute zwischen 10 Jahren Welten. Dass dies sich auch in Kunst und Literatur widerspiegelt, ist völlig klar und schon am literarischen Markt zu erkennen. So mag angesichts der unüberschaubaren Vielzahl an jährlichen Neuerscheinungen schon das Ansinnen, die Literatur der letzten Jahrzehnte für ein Lehrwerk zu ordnen, zu bündeln, sie maßgeblich zu beschreiben, als Anmaßung erscheinen: Wie kann man so disparate Erscheinungen der Literatur, eine so unüberschaubare Vielfalt in ein Lehrwerk bringen, das ja kategorisieren soll und will? „Die Verhältnisse tanzen“ – so Volker Braun in einem Gedicht über Sinn und Aufgabe der Literatur heute; für Ordnung und Kategorienbildung ist da wenig Platz.

Kriterien der Textauswahl

Einer allzu subjektiven Engführung wurde im vorliegenden Lehrwerk dadurch entgegengearbeitet, dass dieses Heft von mehr Autorinnen und Autoren erarbeitet wurde als die Hefte zuvor. Die inhaltliche Unterschiedlichkeit sollte Ausdruck finden in einer Varietät an Stilen, Zugriffen, Auswahlkriterien. Nicht unbedingt für jeden etwas, aber für viele eine ausgewogene Mischung aus Unverzichtbarem und Unerwartetem, aus Standardwerken, die bereits den Status eines „Klassikers“ haben, und aus überraschenden Entdeckungen, die selbst erfahrene Germanisten nicht unbedingt kennen. Exemplarisch dafür seien an dieser Stelle die Texte des sechsten Kapitels genannt, die allesamt exklusiv für dieses Heft verfasst wurden.
Bei dem Versuch, auf 96 Seiten einen Kompromiss zu finden zwischen Abbildungen, Hinweisen auf die Entstehungszeit der Texte, ihren Grundlagen, politischen und sozialen Entwicklungen, der Schilderung des Lebens der Menschen und – natürlich als Hauptsache – den literarischen Werken bleibt es nicht aus, dass jeder irgendetwas vermissen wird und sich fragt, warum dafür nicht dieser oder jener vermeintlich unwichtigere Text weggelassen wurde. Dies ist das Kennzeichen jeglicher Auswahl, die immer ja auch eine Kanonisierung darstellt, und gilt für das vorliegende Heft umso mehr, als seine Verfasser/-innen über einen Großteil ihrer eigenen Lebenszeit nicht aus der distanzierten Perspektive eines unbeteiligten Beobachters schreiben können. Sie spüren noch den Zeitgeist, der durch die Texte weht – im Unterschied zu den jugendlichen Rezipienten, für die Literatur der fünfziger oder sechziger Jahre des vergangenen Jahrhunderts genauso Geschichte ist wie die Dichtung des Expressionismus.

Dass unsere Schwerpunktsetzungen subjektiv sind und jede Leserin, jeder Leser andere vornehmen würde, ist klar und nicht zu vermeiden. Heinrich Heine bringt den Zusammenhang auf den Punkt, wenn er in seiner „romantischen Schule" sagt:

> Die Literaturgeschichte ist die große Morgue*, wo jeder seine Toten aufsucht, die er liebt oder womit er verwandt ist.

* Leichenschauhaus

Wir hoffen, dennoch einen gangbaren Mittelweg ohne allzu große Einbußen gefunden zu haben.

Die Strukturierung des Arbeitsheftes

Der Kapitelaufbau des Arbeitsheftes orientiert sich an wichtigen zeitgeschichtlichen Zäsuren, die einen gesellschaftlichen Umbruch mit sich brachten, der seinerseits Auswirkungen auf die Literatur hatte. Die Festlegung dieser Zäsuren auf bestimmte Jahreszahlen greift natürlich zu kurz und ist eine Hilfskonstruktion. Auch Jahre bedeutenden Wandels wie 1968 oder 1989 haben ihre Vorgeschichte. Deshalb sind auch die Übergänge zwischen den einzelnen Kapiteln durchaus fließend, und es werden zahlreiche Querbezüge zwischen ihnen hergestellt.

Absichtlich verzichtet wurde darauf, die Literatur der DDR gesondert darzustellen, weil sich gerade aus der Zusammenschau der Literatur beider deutscher Staaten interessante Akzente ergeben. Ebenso schien uns eine Gliederung des Heftes nach Textsorten nicht sinnvoll, weil sie es verhindert hätte, dass auch außerliterarische Ereignisse in ihrem Bezug zur Literatur und in ihrer Wirkung auf die Literatur einfließen.

Als ungewöhnlichen Abschluss für die Einleitung eines ungewöhnlichen Lehrwerks möchten wir das Ende eines Textes von Volker Braun wählen, den er eigens für dieses Heft verfasst hat und der eine Sinngebung der Literatur – nicht nur nach 1945 – umreißt:

> Daß die Literatur Erfahrung hergibt, Erfahrung aufnimmt, das sichert ihren Bestand. Je genauer, schärfer sie ihr jeweiliges Weltsegment erfaßt, desto mehr trägt sie zu einem Weltbewußtsein bei. Das ist eine andere Weltwerdung, im verläßlichen Raum der Poesie, deren Vielfalt und Konkretheit die Würde des Wirklichen, Lebendigen ist. [R]

Übrig geblieben zufällig ...

Der oft verwendete Begriff der „Stunde null" versucht etwas wegzuwischen und zu verdrängen, das sich nicht wegwischen lässt, suggeriert einen Neubeginn ohne Vergangenheit, den es nicht geben durfte und nicht gab. Man musste bei null anfangen, aber die Vergangenheit war nicht gleich null, sondern bestand aus einem ungeheuren, negativen Vermächtnis, das durch den Aufbau nicht ausradiert werden konnte. Deutschland war zwar vom Nationalsozialismus befreit, aber es war auch besiegt, besetzt, zerstört. Die Zukunft war unsicher, da sie in der Hand der Siegermächte lag. Die Frage, wie es weitergehen sollte, stellte sich täglich neu und beschränkte sich zunächst auf rein Materielles. Man hatte überlebt und die tägliche Not bot auch einen Schutz vor der Auseinandersetzung mit dem Geschehenen und dem eigenen Anteil daran. Arbeit und Interesse galten dem Privatleben; nach Politik stand Wenigen der Sinn.

DAS ENDE ALS WENDE

Ernst Jandl (1925–2000)

Ernst Jandl

markierung einer wende

1944	1945
krieg	krieg
krieg	krieg
krieg	krieg
krieg	krieg
krieg	mai
krieg	
krieg	
krieg	
krieg	
krieg	
krieg	
krieg	

Dieser Text Ernst Jandls verbildlicht eindrücklich die Befreiung von der „größten materiellen und moralischen Katastrophe unserer Geschichte", wie es der Psychoanalytiker Alexander Mitscherlich formulierte.

1. Kann man diesen Text noch als Gedicht bezeichnen?
2. Verfassen Sie eine kurze Kritik, die sich formal und inhaltlich mit dem Gedicht auseinandersetzt.
3. Bereiten Sie den Vortrag dieses Gedichtes vor; achten Sie vor allem auf den Klang und die Betonung. Kann man es auch auf mehrere Stimmen verteilen?

Das Ende des Krieges bedeutete nicht nur Befreiung, sondern zunächst einmal vor allem ein Leben nach dem Zusammenbruch aller materiellen und ideellen Werte. Erich Kästner formulierte es so: „Das Dritte Reich bringt sich um. Doch die Leiche heißt Deutschland."

Das Ausmaß war unermesslich: 55 Mill. Tote, 12 Mill. Deutsche in Gefangenschaft, 11 Mill. Flüchtlinge von Ost nach West, und in den Städten lagen circa 400 Mill. Kubikmeter Trümmer, in denen die Bevölkerung ohne Strom und Wasser hauste. Was der damalige Bundespräsident Richard von Weizsäcker am 8. Mai 1985 im Bundestag aus der Distanz nach 40 Jahren beschreibt, trifft die Situation der „Stunde null" sehr genau. Er hatte sie als 25-Jähriger miterlebt und sie prägte sein weiteres Leben:

Der achte Mai ist für uns in Deutschland kein Tag zum Feiern. Die Menschen, die ihn bewußt erlebt haben, denken an ganz persönliche und damit ganz unterschiedliche Erfahrungen zurück.
Der eine kehrte heim, der andere wurde heimatlos. Dieser wurde befreit, für jenen begann die Gefangenschaft. Viele waren einfach nur dankbar, daß Bombennächte und Angst vorüber und sie mit dem Leben davongekommen waren. [R]

Was Berliner Schulkinder damals erlebt und empfunden haben, beschreibt eine beeindruckende Sammlung von Schulaufsätzen über Erlebnisse um das Kriegsende, die 1946 an verschiedenen Berliner Schulen geschrieben wurden. Diese authentischen Zeugnisse, die viele Jahre im Ostberliner Staatsarchiv lagen, sprechen für sich und geben einen tiefen Einblick in das Erleben einer ganzen Generation.

Ruth F., Mädchenmittelschule, 4. Klasse

Unsere Straße im Wiederaufbau (1946)

Der Krieg, der uns sechs Jahre lang nur Not und Elend brachte, ging vor einem Jahr zu Ende. Dass wir von nun ab Ruhe vor allem haben würden, konnten wir damals noch gar nicht glauben, denn all das schreckliche Erleben des Krieges stand als dunkle Erinnerung vor unseren Augen. Es schien uns fast unmöglich, dass aus diesem zerstörten Berlin wieder eine saubere Stadt werden könnte. Doch kaum waren die letzten Kanonenschüsse verhallt, da ging es mit einem Eifer ohnegleichen an die Aufbauarbeit.

F., Knabenoberschule, 1. Klasse

Wiederaufbau. Schuttbeseitigung (1946)

Ein Jahr ist nun vergangen, seitdem die Rote Armee siegreich in Berlin einmarschierte. Wohin man auch sehen mochte, Trümmer und Ruinen. Auch unser Bezirk Prenzlauer Berg sah böse aus. Was sollte nun getan werden? Es waren doch noch nicht Männer zuhause! Da mussten nun also die Frauen und Mädchen darangehen, Schutt und Trümmer zu beseitigen. Sie machten sich fleißig an die Arbeit und haben in einem Jahr sehr viel geschafft. Wenn ich morgens zur Schule gehe, bleibe ich oft an der Ecke Esmarch-/Pasteurstraße stehen und schaue den vielen Frauen bei der Arbeit zu. Sie klopfen die Steine sauber und schichten sie ordentlich auf, damit sie wieder verwendet werden können. Junge Mädchen mit der Schippe [sind] eifrig beim Schuttaufladen, um die Straße frei und sauber zu bekommen. Ich bewundere die Frauen alle; denn es ist doch schwer, wenn sie es nicht gewöhnt sind, Bauarbeit zu leisten. Trotzdem sehe ich sie oft lachen und auch manchmal ein Lied singen bei ihrer Arbeit. Wenn alle Frauen (nun) weiter so tüchtig und fleißig sind, dann wird (auch) unser Bezirk Prenzlauer Berg wieder einmal so schön werden wie vor dem Kriege.

Nach dem Kriegsende gab es kaum noch vollständige Familien. Die Männer waren entweder noch in Gefangenschaft oder sie waren im Krieg gefallen, und so bestand die Normalfamilie in der Regel aus Frauen, Kindern und Großeltern. Die Frauen mussten weitgehend die Aufgaben der fehlenden Männer mit übernehmen: Sie sorgten für die Existenzgrundlage, sorgten für Lebensmittel, was vor allem in den Städten schwierig war, arbeiteten in den Trümmern und versuchten den Kindern gerecht zu werden, die, da alle Volksschulen in der ersten Zeit geschlossen waren, sich selbst überlassen waren oder bei der Lebensmittelbeschaffung halfen.

1. Kommentieren Sie die beiden Aufsätze.
2. Welches Frauenbild wird in dem zweiten Schüleraufsatz entworfen?

Bertolt Brecht, aus: Kriegsfibel

In den Jahren von 1938 bis 1946 verfasste Bertolt Brecht zahlreiche Text-Bild-Montagen, die er selbst als „Fotoepigramme" bezeichnete. Dabei verwendete er authentisches Bildmaterial und verfasste dazu jeweils einen epigrammatischen Vierzeiler, der dieses Bild kommentierte. Die Buchausgabe dieser Epigramme erschien 1955 unter dem Tiel „Kriegsfibel".

Die nebenstehende Montage ist aus dem Jahr 1945. Der Text lautet:

Das sind die Städte, wo wir unser Heil!
Den Weltzerstörern einst entgegenröhrten.
Und unsre Städte sind auch nur ein Teil
Von all den Städten, welche wir zerstörten.

3. Verfassen Sie derartige „Fotoepigramme" zu Themen unserer heutigen Zeit.

Heinrich Böll
Bekenntnis zur Trümmerliteratur (1952)

Die ersten schriftstellerischen Versuche unserer Generation nach 1945 hat man als Trümmerliteratur bezeichnet, man hat sie damit abzutun versucht. Wir haben uns gegen diese Bezeichnung nicht gewehrt, weil sie zu Recht bestand: Tatsächlich, die Menschen, von denen wir schrieben, lebten in Trümmern, sie kamen aus dem Kriege, Männer und Frauen in gleichem Maße verletzt, auch Kinder. Und sie waren scharfäugig: Sie sahen. Sie lebten keineswegs in völligem Frieden, ihre Umgebung, ihr Befinden, nichts an ihnen und um sie herum war idyllisch, und wir als Schreibende fühlten uns ihnen so nahe, dass wir uns mit ihnen identifizierten. Mit Schwarzhändlern und den Opfern der Schwarzhändler, mit Flüchtlingen und allen denen, die auf andere Weise heimatlos geworden waren, vor allem natürlich mit der Generation, der wir angehörten und die sich zu einem großen Teil in einer merk- und denkwürdigen Situation befand: Sie kehrte heim. Es war die Heimkehr aus einem Krieg, an dessen Ende kaum noch jemand hatte glauben können.

Wir schrieben also vom Krieg, von der Heimkehr und dem, was wir im Krieg gesehen hatten und bei der Heimkehr vorfanden: von Trümmern; das ergab drei Schlagwörter, die der jungen Literatur angehängt wurden: Kriegs-, Heimkehrer- und Trümmerliteratur. […]

3. Ist „Trümmerliteratur" automatisch dokumentarische Literatur?
4. Was ist ihr vordringliches Thema und an wen wendet sie sich? Was ist ihr Anliegen?

RÜCKBLICK UND BESTANDSAUFNAHME

Kennzeichnend für die Lyrik der ersten Zeit nach dem Zweiten Weltkrieg war eine Orientierung an der Realität, mit der man sich – in Abkehr vom Jargon der Nationalsozialisten – in einer versachlichten Sprache auseinandersetzte.

Christa Reinig

Mein besitz

Ich habe einen mantel in die jackentasche zu stecken
einen taschenmantel
ich habe ein radio in die jackentasche zu stecken
ein taschenradio
ich habe eine bibel in die jackentasche zu stecken
eine taschenbibel
ich habe gar keine solche jacke mit taschen
gar keine jackentasche
ich habe eine schnapsflasche mit zwölf gläsern für mich
und alle meine onkels und tanten
ich habe eine kaffeekanne mit vier tassen für mich
und meine drei besten freundinnen
ich habe ein schachbrett mit schwarzen und weißen steinen
für mich und einen freund
ich habe gar keine freunde einzuladen
niemanden
ich habe einen Himmel endlos über mir
darunter mich wiederzufinden
ich habe eine stadt voll straßen endlos
darin mir zu begegnen
ich habe ein lied endlos und endlos
darin ein- und auszuatmen
ich habe nicht mehr als ein gras zwischen zwei pflastersteinen
nicht mehr zu leben

Günter Eich

Inventur (1948)

Dies ist meine Mütze,
dies ist mein Mantel,
hier mein Rasierzeug
im Beutel aus Leinen.

Konservenbüchse:
Mein Teller, mein Becher,
ich hab in das Weißblech
den Namen geritzt.

Geritzt hier mit diesem
kostbaren Nagel,
den vor begehrlichen
Augen ich berge.

Im Brotbeutel sind
ein Paar wollene Socken
und einiges, was ich
niemand verrate,

so dient es als Kissen
nachts meinem Kopf.
Die Pappe hier liegt
zwischen mir und der Erde.

Die Bleistiftmine
lieb ich am meisten:
Tags schreibt sie mir Verse,
die nachts ich erdacht.

Dies ist mein Notizbuch,
dies meine Zeltbahn,
dies ist mein Handtuch,
dies ist mein Zwirn.

Typische Henkelbecher der Nachkriegszeit. Sie waren gefertigt aus Patronenhülsen.

1. Welche Assoziationen haben Sie bei den Titeln „Mein besitz" und „Inventur"? Inwiefern sind die Titel zeittypisch?
2. Durch welche sprachlichen Mittel sind die Gedichte gestaltet?
3. Stellen Sie Ihre persönliche „Inventur" Liste zusammen und begründen Sie Ihre Auswahl.

HEIMKEHR UND WUNDEN

In diese zerstörte Heimat kamen auch die verwundeten und verbitterten Männer zurück. Die meisten von ihnen hatten geglaubt, für eine gute Sache zu kämpfen, und nun stellte sich heraus, dass nicht nur alles sinnlos gewesen war, sondern dass sie Handlanger einer verbrecherischen Macht gewesen waren. Ohne Illusionen, erschöpft und ratlos sorgten sie sich, was sie in der Heimat antreffen würden.

Wolfgang Borchert (1921–1947)

Wolfgang Borchert

Als der Krieg aus war, kam der Soldat nach Haus. Aber er hatte kein Brot. Da sah er einen, der hatte Brot. Den schlug er tot.

Du darfst doch keinen totschlagen, sagte der Richter.

Warum nicht, fragte der Soldat.

1. Formulieren Sie die Antwort des Richters sowie den sich daraufhin ergebenden Dialog zwischen ihm und dem Soldaten.

Inge Müller

Heimweg 45

Übrig geblieben zufällig
Geh ich den bekannten Weg
Vom Ende der Stadt zum andern Ende
Ledig der verhassten Uniform
Versteckt in gestohlenen Kleidern
Aufrecht, wenn die Angst groß ist
Kriechend über Tote ohne Gesicht
Die gefallene Stadt sieht mich an
Ich seh weg. Neben mir streiten fünf Kinder
Um ein Banknotenbündel:
An der Ecke wird die Bank auf die Straße geschüttet
Die nie zum Sparen kamen, nehmen die Sparkasse in Besitz
Stopfen die leeren Kleider aus mit bedrucktem Papier
Gegen die Kälte.
Der Traum vom Brot geht um, macht mutig die Angststarren
Treibt die Langsamen vor
Lässt die Sieger nicht ausruhn auf dem Sieg
Und die Besiegten sperren die Hände auf:
Wer ist der Preis, wer wird den Preis machen
Wir?
Übrig geblieben zufällig
Geh ich den Heimweg vom Ende der Stadt
Zum andern Ende.

Hans Bender

Heimkehr (1949)

Im Rock des Feindes,
in zu großen Schuhen,
im Herbst,
auf blattgefleckten Wegen
gehst du heim.
Die Hähne krähen
deine Freude in den Wind,
und zögernd pocht
dein Knöchel
an die stumme,
neue Tür.

2. Schreiben Sie das Gedicht Benders um in eine Kurzgeschichte. In dieser müssen aber die drei letzten Zeilen von Inge Müllers Gedicht inhaltlich an passender Stelle vorkommen.

Nachdem der Krieg alles zerschlagen hatte, erschien der Roman vielen Autoren als Langform der Prosa nicht mehr geeignet, die Wirklichkeit angemessen abzubilden. Es setzte sich mehr und mehr die Kurzgeschichte durch, die ihrem Wesen nach unvollständig, ausschnitthaft und damit exemplarisch bleibt. Außerdem ging es mehr denn je darum, die derzeitige Lebenswirklichkeit in all ihren Schattierungen abzubilden. Hierfür war die Kurzgeschichte besonders gut geeignet, denn in ihr ist es dem Erzähler möglich, in das Geschehen hineinzuspringen, Wendepunkte zu beleuchten, an denen Menschen auf die Probe gestellt werden: Kurze Dialoge, plötzliche Abbrüche, fragmentarisches Reden und Handeln offenbaren mehr, als ein schnelles Lesen vermuten lässt …

Heinrich Böll

Abschied (1950)

Wir waren in jener grässlichen Stimmung, wo man schon lange Abschied genommen hat, sich aber noch nicht zu trennen vermag, weil der Zug noch nicht abgefahren ist. Die Bahnhofshalle war wie alle Bahnhofshallen, schmutzig und zugig, erfüllt von dem Dunst der Abdämpfe und vom Lärm, Lärm von Stimmen und Wagen.

Charlotte stand am Fenster des langen Flurs, und sie wurde dauernd von hinten gestoßen und beiseite gedrängt, und es wurde viel über sie geflucht, aber wir konnten uns doch diese letzten Minuten, diese kostbarsten letzten gemeinsamen unseres Lebens nicht durch Winkzeichen aus einem überfüllten Abteil heraus verständigen …

„Nett", sagte ich schon zum dritten Mal. „Wirklich nett, dass du bei mir vorbeigekommen bist."

„Ich bitte dich, wo wir uns schon so lange kennen. Fünfzehn Jahre."

„Ja, ja, wir sind jetzt dreißig, immerhin … kein Grund …"

„Hör auf, ich bitte dich. Ja, wir sind jetzt dreißig. So alt wie die russische Revolution …"

„So alt wie der Dreck und der Hunger …"

„Ein bisschen jünger …"

„Du hast recht, wir sind furchtbar jung." Sie lachte.

„Sagtest du etwas?", fragte sie nervös, denn sie war von hinten mit einem schweren Koffer gestoßen worden …

„Nein, es war mein Bein."

„Du musst was dran tun."

„Ja, ich tu was dran, es redet wirklich zu viel …"

„Kannst du überhaupt noch stehen?"

„Ja …", und ich wollte ihr eigentlich sagen, dass ich sie liebte, aber ich kam nicht dazu, schon seit fünfzehn Jahren …

„Was?"

„Nichts … Schweden, du fährst also nach Schweden …"

„Ja, ich schäme mich ein bisschen … eigentlich gehört das doch zu unserem Leben, Dreck und Lumpen und Trümmer, und ich schäme mich ein bisschen. Ich komme mir scheußlich vor …"

„Unsinn, du gehörst doch dahin, freu dich auf Schweden …"

„Manchmal freu ich mich auch, weißt du, das Essen, das muss herrlich sein, und nichts, gar nichts kaputt. Er schreibt ganz begeistert …"

Die Stimme, die immer sagt, wann die Züge abfahren, erklang jetzt einen Bahnsteig näher, und ich erschrak, aber es war noch nicht unser Bahnsteig. Die Stimme kündigte nur einen internationalen Zug von Rotterdam nach Basel an, und während ich Charlottes kleines, zartes Gesicht betrachtete, kam der Geruch von Seife und Kaffee mir in den Sinn, und ich fühlte mich scheußlich elend.

Einen Augenblick lang fühlte ich den verzweifelten Mut, diese kleine Person einfach aus dem Fenster zu zerren und hier zu behalten, sie gehörte mir doch, ich liebte sie ja …

„Was ist?"

„Nichts", sagte ich, „freu dich auf Schweden …"

„Ja. Er hat eine tolle Energie, findest du nicht? Drei Jahre gefangen in Russland, abenteuerliche Flucht, und jetzt liest er da schon über Rubens."

„Toll, wirklich toll ..."

„Du musst auch was tun, promovier doch wenigstens ..."

„Halt die Schnauze!"

„Was?", fragte sie entsetzt. „Was?" Sie war ganz bleich geworden.

„Verzeih", flüsterte ich, „ich meine nur das Bein, ich rede manchmal mit ihm ..."

Sie sah absolut nicht nach Rubens aus, sie sah eher nach Picasso aus, und ich fragte mich dauernd, warum er sie bloß geheiratet haben mochte, sie war nicht einmal hübsch, und ich liebte sie.

Auf dem Bahnsteig war es ruhiger geworden, alle waren untergebracht, und nur noch ein paar Abschiedsleute standen herum. Jeden Augenblick würde die Stimme sagen, dass der Zug abfahren soll. Jeder Augenblick konnte der letzte sein ...

„Du musst doch etwas tun, irgendetwas tun, es geht so nicht."

„Nein", sagte ich.

Sie war das gerade Gegenteil von Rubens: schlank, hochbeinig, nervös, und sie war so alt wie die russische Revolution, so alt wie der Hunger und der Dreck in Europa und der Krieg ...

„Ich kann's gar nicht glauben ... Schweden ... es ist wie ein Traum ..."

„Es ist ja alles ein Traum."

„Meinst du?"

„Gewiss. Fünfzehn Jahre. Dreißig Jahre ... Noch dreißig Jahre. Warum promovieren, lohnt sich nicht. Sei still, verdammt!"

„Redest du mit dem Bein?"

„Ja."

„Was sagt es denn?"

„Horch."

Wir waren ganz still und blickten uns an und lächelten, und wir sagten es uns, ohne ein Wort zu sprechen.

Sie lächelte mir zu: „Verstehst du jetzt, ist es gut?"

„Ja ... ja."

„Wirklich?"

„Ja, ja."

„Siehst du", fuhr sie leise fort, „das ist es ja gar nicht, dass man zusammen ist und alles. Das ist es ja gar nicht, nicht wahr?"

Die Stimme, die sagt, wann die Züge abfahren, war jetzt ganz genau über mir, amtlich und sauber, und ich zuckte zusammen, als schwinge sich eine große, graue, behördliche Peitsche durch die Halle.

„Auf Wiedersehen!"

„Auf Wiedersehen!"

Ganz langsam fuhr der Zug an und entfernte sich im Dunkel der großen Halle ...

1. Was erfährt man direkt und indirekt über die beiden Protagonisten?
2. Markieren Sie die Textstellen, in denen die Gedanken des Ich-Erzählers wiedergegeben werden. Wie verhalten diese sich zu dem, was er sagt?
3. Suchen Sie sich zwei Stellen im Text aus, an denen Sie die Gedanken Charlottes formulieren.
4. Warum bleibt das Wesentliche ungesagt?
5. Analysieren Sie die Motive, die in der Kurzgeschichte anklingen (z. B. Bein, Schweden, Rubens und Picasso, Promotion).
6. Charlotte im Zug ... – Schreiben Sie eine Anschlussgeschichte.

NACH AUSCHWITZ NOCH GEDICHTE?

In der Lyrik gab es zunächst keinen bewussten Neubeginn, auch hier fand die „Stunde null" nicht statt. Bald wurden wieder Gedichte geschrieben und Anthologien veröffentlicht, bis 1951 der Philosoph und Literaturtheoretiker Theodor W. Adorno eine heftige Diskussion anstieß, indem er in einem Aufsatz die These aufstellte: „Nach Auschwitz ein Gedicht zu schreiben ist barbarisch."

Adornos Aufsatz war einer der folgenreichsten der neuen Literaturgeschichte, und die heftigen Widersprüche, die Adorno erntete, führten schließlich dazu, dass er seine Aussage revidierte und nun andere Inhalte und neue Formen der Lyrik forderte. Wolfdietrich Schnurre griff diese Aussage auf:

> Was soll der heutige, nach Auschwitz schreibende Lyriker tun? –: Mit lotender Intuition, sensibler Intelligenz und magnetischem Assoziationsmaterial, Auschwitz im Rücken, den Menschen vor Augen, Gedichte machen, die, statt die Sicht zu vernebeln, für Klarheit am Hirnhimmel sorgen.

Und Robert Gernhardt schrieb dazu ein paradoxes Gedicht:

Robert Gernhardt

Frage

Kann man nach zwei verlorenen Kriegen,
Nach blutigen Schlachten, schrecklichen Siegen,

Nach all dem Morden, all dem Vernichten,
Kann man nach diesen Zeiten noch dichten?

Die Antwort kann nur folgende sein:
Dreimal Nein!

Wie aber sollen nun die andere Sprache und die neuen Formen aussehen? – Es sind vor allem drei Elemente, die die Nachkriegslyrik kennzeichnen:

LAKONISMUS
(Kargheit mit dem Wort),

HERMETISMUS
(die Rätselhaftigkeit und Verschlossenheit der Inhalte) und die

MONTAGE
(Verknüpfung sprachlicher Elemente aus unterschiedlichen Bereichen).

Nicht immer sind freilich alle diese Elemente in modernen Gedichten vertreten, aber festzuhalten bleibt doch, dass es ein wesentliches Kennzeichen moderner Lyrik ist, sich einer vorschnellen und einfachen Deutung zu verschließen. Lyrik spiegelt in komprimierter und verschlüsselter Form wider, wie eine komplexe Welt vom Dichter wahrgenommen oder empfunden wird. Logischerweise ergibt sich daraus, dass es keine Patentrezepte für ihre Interpretation geben kann.

Paul Celan

Todesfuge (1947)

Schwarze Milch der Frühe wir trinken sie abends
wir trinken sie mittags und morgens wir trinken sie nachts
wir trinken und trinken
wir schaufeln ein Grab in den Lüften da liegt man nicht eng
Ein Mann wohnt im Haus der spielt mit den Schlangen der schreibt
der schreibt wenn es dunkelt nach Deutschland dein goldenes Haar Margarete
er schreibt es und tritt vor das Haus und es blitzen die Sterne er pfeift seine Rüden herbei
er pfeift seine Juden hervor lässt schaufeln ein Grab in der Erde
er befiehlt uns spielt auf nun zum Tanz

Schwarze Milch der Frühe wir trinken dich nachts
wir trinken dich morgens und mittags wir trinken dich abends
wir trinken und trinken
Ein Mann wohnt im Haus und spielt mit den Schlangen der schreibt
der schreibt wenn es dunkelt nach Deutschland dein goldenes Haar Margarete
Dein aschenes Haar Sulamith wir schaufeln ein Grab in den Lüften da liegt man nicht eng
Er ruft stecht tiefer ins Erdreich ihr einen ihr andern singet und spielt
er greift nach dem Eisen im Gurt er schwingt's seine Augen sind blau
stecht tiefer die Spaten ihr einen ihr andern spielt weiter zum Tanz auf

Schwarze Milch der Frühe wir trinken dich nachts
wir trinken dich mittags und morgens wir trinken dich abends
wir trinken und trinken
ein Mann wohnt im Haus dein goldenes Haar Margarete
dein aschenes Haar Sulamith er spielt mit den Schlangen

Er ruft spielt süßer den Tod der Tod ist ein Meister aus Deutschland
er ruft streicht dunkler die Geigen dann steigt ihr als Rauch in die Luft
dann habt ihr ein Grab in den Wolken da liegt man nicht eng

Schwarze Milch der Frühe wir trinken dich nachts
wir trinken dich mittags der Tod ist ein Meister aus Deutschland
wir trinken dich abends und morgens wir trinken und trinken
der Tod ist ein Meister aus Deutschland sein Auge ist blau
er trifft dich mit bleierner Kugel er trifft dich genau
ein Mann wohnt im Haus dein goldenes Haar Margarete
er hetzt seine Rüden auf uns er schenkt uns ein Grab in der Luft
er spielt mit den Schlangen und träumet der Tod ist ein Meister aus Deutschland

dein goldenes Haar Margarete
dein aschenes Haar Sulamith

Paul Celan (1920–1970)

1. Analysieren Sie Aufbau, Sprache, Perspektiven und Motive des Gedichts. Klären Sie dabei auch den Begriff „Chiffre" und wenden Sie ihn auf das Gedicht an.
2. Gehen Sie auf die Frage ein, warum Celan den Text als „Fuge" bezeichnet. Informieren Sie sich über diese Musikgattung.
3. Vergleichen Sie die Kritik Gernhardts und Schnurres an Adorno; inwiefern gehört auch Celans Gedicht in diesen Zusammenhang?

KRIEG IM FRIEDEN?

Um 1950 begann eine neue Zeit. So, wie der Mai 1945 als „Markierung einer Wende" angesehen werden kann, so stellte die Wahl Konrad Adenauers, des ersten Kanzlers der Bundesrepublik Deutschland (der BRD), im September 1949 eine Zäsur dar. Die neue Zeit hatte neue Gefühle, Wünsche und Ziele. 1950 wurde die Lebensmittelrationierung aufgehoben, und in der Folge orientierte man sich in der BRD zunehmend am „American way of life". Man dachte konservativ, fühlte sich in der Adenauer'schen Politik wohl und stellte die Vorzüge des eigenen Systems dem der (sowjetisch besetzten) „Zone" entgegen. Hinzu kam ein unkritischer, geradezu grenzenloser Optimismus bezüglich aller wirtschaftlichen und technischen Möglichkeiten. Der massive Rückzug in die Privatsphäre und die Verweigerung, politisch aktiv zu werden, hatten ihren Grund im zunehmenden Wohlstand, an dem alle teilhaben wollten. Eine kritische Auseinandersetzung mit der eigenen NS-Vergangenheit hätte das zunehmende Wohlbefinden gestört.

1. Verfassen Sie für die drei Werbeanzeigen der Jahre 1952 bis 1956 je eine kritische Beurteilung und erklären Sie die gewählten Mittel unter dem Gesichtspunkt: „Man fühlte anders, dachte anders, drückte sich anders aus".
2. Welche Funktion hat in diesem Zusammenhang der Gewinn der Fußballweltmeisterschaft im Jahr 1954? Informieren Sie sich über dieses Ereignis.
3. Vergleichen Sie das Frauenbild, das aus diesen Anzeigen spricht, mit jenem in dem zweiten Schüleraufsatz (S. 7).

Der Frieden erschien vielen deutschen Schriftstellern vordergründig und hohl. Zu tief waren die meisten Deutschen vorher in der Nazi-Ideologie gefangen gewesen, als dass man ihnen eine so plötzliche Wendung zum Frieden und zur Demokratie zugetraut hätte. Zahlreiche Gedichte zwischen 1945 und 1950 thematisieren die Angst vor einem neuen Krieg und vor der latenten Kriegsverehrung vieler Deutschen.

Marie Luise Kaschnitz (1901–1974)

Marie Luise Kaschnitz
Die Angst vor einem neuen Krieg (1947)

Es wird doch schon wieder das Lot
Gerichtet und Steine getragen,
Uhren gehen und schlagen,
Wir essen das tägliche Brot.
Warum, warum habt ihr Angst?

Wir fürchten uns nicht, nur
Daß der Krieg wiederkommt, nur
Daß sie uns, eh wir's gedacht,
Wieder verdingen,
Daß durch die stille Nacht
Die Flammen springen,
Daß uns die Saat verdirbt,
Die kaum gesäte,
Daß das Land erstirbt,
Das kaum erspähte,
Der zage Schimmer
Hinter dem Tann.
Und dann,

Dann

Für immer. R

Ingeborg Bachmann
(1926–1979)

Ingeborg Bachmann
Alle Tage (1953)

Der Krieg wird nicht mehr erklärt,
sondern fortgesetzt. Das Unerhörte
ist alltäglich geworden. Der Held
bleibt den Kämpfen fern. Der Schwache
ist in die Feuerzonen gerückt.
Die Uniform des Tages ist die Geduld,
die Auszeichnung der armselige Stern
der Hoffnung über dem Herzen.

Er wird verliehen,
wenn nichts mehr geschieht,
wenn das Trommelfeuer verstummt,
wenn der Feind unsichtbar geworden ist
und der Schatten ewiger Rüstung
den Himmel bedeckt.

Er wird verliehen
für die Flucht von den Fahnen,
für die Tapferkeit vor dem Freund,
für den Verrat unwürdiger Geheimnisse
und die Nichtachtung
jeglichen Befehls.

1. Vergleichen Sie die Gedichte von Kaschnitz und Bachmann inhaltlich und sprachlich. Welches spricht Sie mehr an? Warum?

Günter Kunert
Über einige ______________________ (1949)

Als der Mensch unter den Trümmern seines bombardierten Hauses hervorgezogen wurde,

______________________ und sagte:

____

1. Füllen Sie die Lücken des Gedichts von Kunert aus. Wählen Sie dabei für die erste Leerstelle einen der folgenden Begriffe: *Davongekommene / Verschüttete / Gerettete,* für die zweite Leerstelle: *raffte er sich auf / schlug er sich an die Stirn / schüttelte er sich*
2. Ergänzen Sie den fehlenden letzten Satz.
3. Teilen Sie nun das Gedicht in Verse ein. Dabei ist zu beachten, dass es eine Leerzeile enthält. Wo könnte diese sein?
4. Vergleichen Sie Ihre Lösungen mit dem Original Kunerts (s. Lösungshinweise) und versuchen Sie diese zu begründen.
5. Der Gedichttitel enthält eine Pluralform, es findet sich aber nur ein Protagonist („der Mensch“). Warum?
6. Vergleichen Sie die Originalfassung des Gedichts von Kunert mit dem nebenstehenden Text von Erich Fried.

Erich Fried
Spruch (1949)

Ich bin der Sieg
Mein Vater war der Krieg
Der Friede ist mein lieber Sohn
Der gleicht meinem Vater schon

Im Dezember 1951 wurde eine Repräsentativbefragung in folgendem Wortlaut durchgeführt:

Drei Personen sprechen über die Ereignisse des Dritten Reiches und den Zweiten Weltkrieg.
Herr Müller sagt: „Jeder Deutsche trägt eine gewisse Schuld für das, was während des Dritten Reiches durch Deutschland geschehen ist.“
Herr Schmidt sagt: „Nicht jeder Deutsche muss sich schuldig fühlen. Aber er sollte sich verantwortlich fühlen und so weit wie möglich um Wiedergutmachung bemühen.“
Herr Schulze sagt: „Die Deutschen insgesamt haben weder Veranlassung, sich schuldig noch für die Wiedergutmachung verantwortlich zu fühlen. Nur jene, die sich wirklich aktiv beteiligt haben, sind ebenso schuldig wie auch verantwortlich für das, was sie getan haben.“

1. Mit wem stimmen Sie überein?
2. Was meinen Sie, wie die prozentuale Verteilung der Aussagen damals ausgesehen hat? Geben Sie ein Votum ab.
3. Was würden Frau X und Herr Y heute Ihrer Ansicht nach sagen? Verfassen Sie ihre Statements.

SEID SAND IM GETRIEBE DER WELT

In einer Zeit, da es noch keine Massenmedien wie das Fernsehen oder gar das Internet gab und in der an Kinos und Theater erst langsam wieder zu denken war, hatte das Radio eine ganz zentrale Bedeutung. Des Abends saß oft die ganze Familie am Radio, arbeitete etwas und hörte währenddessen gebannt ein Hörspiel. Dies war eine normale Abendunterhaltung für Millionen.
Günter Eichs Hörspiel „Träume“ war zu seiner Zeit ungeheuer populär, denn es stellte ein Stück gemeinsame Vergangenheitsbewältigung dar. Es besteht aus fünf Träumen, die vom gleichen Grundgefühl geprägt sind, nämlich der Angst der Träumer vor einem auf sie zukommenden Entsetzlichen. Die fünf Szenen hat Eich den fünf Kontinenten und darin fünf konkreten Personengruppen zugeordnet. Als Lyriker gab er den einzelnen Spielszenen durch lyrische Texte einen gedanklichen Rahmen – so beginnt das Hörspiel mit einem Eingangsgedicht, das das Thema umreißt:

Ich beneide sie alle, die vergessen können,
die sich beruhigt schlafen legen und keine Träume haben.

Günter Eich
(1907–1972)

Günter Eich
aus: **Träume** (Ursendung 1951)

Stimmen

Der erste Traum: Uralter – Uralte – Enkel – Frau – Kind.

[…] In der Nacht vom 1. zum 2. August 1948 hatte der Schlossermeister Wilhelm Schulz aus Rügenwalde in Hinterpommern, jetzt Gütersloh in Westfalen, einen nicht sonderlich angenehmen Traum, den man insofern nicht ernst nehmen muss, als der inzwischen verstorbene Schulz nachweislich magenleidend war. Schlechte Träume kommen aus dem Magen, der entweder zu voll oder zu leer ist.

Ein langsam fahrender Zug. Die Stimmen im Waggon.

Uralter: Es war vier Uhr nachts als sie uns aus den Betten holten. Die Standuhr schlug vier.
Enkel: Du erzählst immer dasselbe. Das ist langweilig, Großvater.
Uralter: Aber wer war es, der uns holte?
Enkel: Vier Männer mit undurchdringlichen Gesichtern, nicht wahr? So wärmst du uns deine Vergangenheit jeden Tag auf. Sei still und schlaf.
Uralter: Aber wer waren die Männer? Gehörten sie zur Polizei? Sie trugen eine Uniform, die ich nicht kannte. Es war eigentlich keine Uniform, aber sie hatten alle vier die gleichen Anzüge.
Uralte: Ich glaube bestimmt, dass es die Feuerwehr war.
Uralter: Das sagst du immer. Aber warum sollte einen die Feuerwehr nachts aus dem Bett holen und in einen Güterwagen sperren?
Uralte: Es ist nicht merkwürdiger, als wenn es die Polizei gewesen wäre.
Uralter: Mit der Zeit gewöhnt man sich daran. Das Leben, das wir bis zu jenem Tag geführt hatten, war eigentlich viel merkwürdiger.
Frau: Weiß Gott, es muss ziemlich merkwürdig gewesen sein.
Uralter: Am Ende ist das Dasein im Güterwagen das gewöhnliche?
Uralte: Still, das darfst du nicht sagen.
Frau: Ja, seid still da! Dieses dumme Geschwätz! *(Leiser:)* Komm näher, Gustav, wärme mich.
Enkel: Ja.
Uralter: Es ist kalt. Rück auch näher, Alte!
Uralte: Ich tauge nicht mehr viel zum Wärmen.
Uralter: Wie lange ist es her, dass wir unser Haus verlassen mussten? Wie lange ist es her, dass wir in diesem Wagen fahren?
Uralte: Keine Uhr, kein Kalender, – aber die Kinder sind inzwischen groß geworden, und die Enkel sind groß geworden, und wenn es etwas heller ist –
Uralter: Du meinst, wenn Tag draußen ist.
Uralte: Wenn es etwas heller ist und ich dein Gesicht sehen kann, lese ich aus den Falten, dass du ein alter Mann bist und ich eine alte Frau.

Uralter — Es sind sicher an die vierzig Jahre her.

Uralte — Ja, so lange ungefähr. Leg deinen Kopf auf meinen Arm. Du liegst so hart.

Uralter — Ja, danke.

Uralte — Kannst du dich erinnern: Es gab etwas, was wir Himmel nannten und Bäume.

[...]

Uralter — Im Schlafzimmer stand der Kleiderschrank und ich hatte einen dunkelblauen guten Anzug darin. Warum denke ich daran? Als ob der dunkelblaue Anzug das Wichtigste, das Beste gewesen wäre!

Uralte — Was war das Beste?

Uralter — Alles war gut, die Akazie vor dem Haus und die Himbeeren am Zaun.

Uralte — Das Beste war, dass wir glücklich waren.

Uralter — Aber wir wussten es nicht. [...]

1. Verteilen Sie die Stimmen zu dem Hörspiel. Geben Sie Regieanweisungen zu den einzelnen Rollen.
2. Die Szene spielt im Zug: Fügen Sie (begründet!) entsprechende Geräusche ein.

Wacht auf, denn eure Träume sind schlecht!
Bleibt wach, weil das Entsetzliche näher kommt.
Auch zu dir kommt es, der weit entfernt wohnt von den Stätten, wo Blut vergossen wird,
auch zu dir und deinem Nachmittagsschlaf,
worin du ungern gestört wirst.
Wenn es heute nicht kommt, kommt es morgen, aber sei gewiss.

„Oh, angenehmer Schlaf
auf den Kissen mit roten Blumen,
einem Weihnachtsgeschenk von Anita, woran sie drei Wochen gestickt hat,
oh, angenehmer Schlaf,
wenn der Braten fett war und das Gemüse zart.
Man denkt im Einschlummern an die Wochenschau von gestern Abend:
Osterlämmer, erwachende Natur, Eröffnung der Spielbank in Baden-Baden,
Cambridge siegte gegen Oxford mit zweieinhalb Längen, –
das genügt, das Gehirn zu beschäftigen.
Oh, dieses weiche Kissen, Daunen aus erster Wahl!
Auf ihm vergisst man das Ärgerliche der Welt, jene Nachricht zum Beispiel:
Die wegen Abtreibung Angeklagte sagte zu ihrer Verteidigung:
Die Frau, Mutter von sieben Kindern, kam zu mir mit einem Säugling,
für den sie keine Windeln hatte und der
in Zeitungspapier gewickelt war.
Nun, das sind Angelegenheiten des Gerichtes, nicht unsre.
Man kann dagegen nichts tun, wenn der eine etwas härter liegt als der andere,
Und was kommen mag, unsere Enkel mögen es ausfechten."

„Ah, du schläfst schon? Wache gut auf, mein Freund.
Schon läuft der Strom in den Umzäunungen, und die Posten sind aufgestellt."

Nein, schlaft nicht, während die Ordner der Welt geschäftig sind!
Seid misstrauisch gegen ihre Macht, die sie vorgeben für euch erwerben zu müssen!
Wacht darüber, dass eure Herzen nicht leer sind, wenn mit der Leere eurer Herzen gerechnet wird!
Tut das Unnütze, singt die Lieder, die man aus eurem Mund nicht erwartet!
Seid unbequem, seid Sand, nicht das Öl im Getriebe der Welt!

1945

1950

1955

Ein Jahrzehnt in der Karikatur

3. Analysieren Sie das kursiv gedruckte Schlussgedicht und stellen Sie eine Beziehung zu der nebenstehenden Karikatur her: Welches Bild des ersten Nachkriegsjahrzehnts wir hier vermittelt?
4. Mehr als fünfzig Jahre später: Welche „schlechten Träume" sind für die heutige Zeit typisch? Erörtern Sie die Aktualität von Eichs Text für heute.

In zahlreichen Gedichten der fünfziger Jahre warnt Hans Magnus Enzensberger vor der latenten Gegenwart faschistischen Gedankenguts im Wohlstandsdenken der damaligen Zeit, der Adenauer'schen Restaurationspolitik. Allein schon die Tatsache, dass sich diese Furcht bei zahlreichen Dichtern der Zeit findet, zeigt deren tief sitzendes existenzielles Unbehagen.

Hans Magnus Enzensberger

Ins Lesebuch für die Oberstufe (1957)

lies keine oden, mein sohn, lies die fahrpläne:
sie sind genauer. roll die seekarten auf,
eh es zu spät ist. sei wachsam, sing nicht.
der tag kommt, wo sie wieder listen ans tor
schlagen und malen den neinsagern auf die brust
zinken. lern unerkannt gehn, lern mehr als ich:
das viertel wechseln, den paß, das gesicht.
versteh dich auf den kleinen verrat,
die tägliche schmutzige rettung. nützlich
sind die enzykliken zum feueranzünden,
die manifeste: butter einzuwickeln und salz
für die wehrlosen. wut und geduld sind nötig,
in die lungen der macht zu blasen
den feinen tödlichen staub, gemahlen
von denen, die viel gelernt haben,
die genau sind, von dir. [R]

1. Formulieren Sie Fragen, die der Sohn dem Vater vielleicht stellt, nachdem dieser ihm Ratschläge erteilt hat.
2. Erarbeiten Sie die Themenkreise, die im Gedicht angesprochen werden.
3. Markieren Sie unklare Begriffe und Aspekte und versuchen Sie diese gemeinsam zu klären.
4. Ist der Grundton des Gedichts appellativ, narrativ, persuasiv, explikativ, deskriptiv? Klären Sie im Zweifelsfall die Fachbegriffe aus der Sprechakt-Theorie und vergleichen Sie den Text dann mit anderen Texten dieses Kapitels.
5. Verfassen Sie ein Gedicht, das ein Dichter wie Enzensberger heute vielleicht „Ins Lesebuch für die Oberstufe" schreiben würde.

Hans Magnus Enzensberger (* 1929)

Gottfried Benn markiert eine andere Art des Umgangs mit der Vergangenheit: Eine Weltanschauungskrise führt ihn in die Rückkehr zum eigenen Ich. Das Leiden unter alledem, was war, und die Erfahrung einer sinnlos gewordenen Existenz angesichts einer undurchschaubaren Wirklichkeit und einer feindlich gewordenen Wissenschaft werfen ihn zurück auf die Kunst als das einzig Bleibende, Wahre:

Gottfried Benn

Nur zwei Dinge (1953)

Durch so viel Formen geschritten,
durch Ich und Wir und Du,
doch alles blieb erlitten
durch die ewige Frage: wozu?

Das ist eine Kinderfrage.
Dir wurde erst spät bewußt,
es gibt nur eines: ertrage
– ob Sinn, ob Sucht, ob Sage –
dein fernbestimmtes: Du mußt.

Ob Rosen, ob Schnee, ob Meere,
was alles erblühte, verblich,
es gibt nur zwei Dinge: die Leere
und das gezeichnete Ich. [R]

Gottfried Benn

Ein Wort (1948)

Ein Wort, ein Satz –: aus Chiffren steigen
erkanntes Leben, jäher Sinn,
die Sonne steht, die Sphären schweigen
und alles ballt sich zu ihm hin.

Ein Wort – ein Glanz, ein Flug, ein Feuer,
ein Flammenwurf, ein Sternenstrich –
und wieder Dunkel, ungeheuer,
im leeren Raum um Welt und Ich. [R]

6. Nähern Sie sich den Gedichten assoziativ: Was ist ihr Anliegen?
7. Was würde Benn wohl in ein „Lesebuch für die Oberstufe" schreiben?

KAMPF DEM ATOMTOD

Man sollte meinen, Hiroshima sei vor allem in den vierziger Jahren ein Thema der Literatur gewesen, war die Stadt doch Gegenstand einer unvorstellbaren Massenvernichtung durch den Atomschlag der Amerikaner am 6.8.1945, bei dem allein hier weit über 100000 Menschen sofort starben. Das ist falsch. Erst in den fünfziger Jahren wurde Hiroshima Gegenstand der Literatur, weil zu dieser Zeit in Deutschland heftig um eine mögliche atomare Aufrüstung der Bundeswehr gerungen wurde, die Adenauer unter allen Umständen vorantreiben wollte. Dutzende von Atomwissenschaftlern und Schriftstellern machten jahrelang energisch Front gegen diese Pläne. 1957 erreichte die Auseinandersetzung einen ersten Höhepunkt. Um die Bomberpiloten rankten sich dabei zahlreiche Gerüchte …

Original-Bildunterschrift (leicht gekürzt):
"The silhouette of a lookout and his ladder remain on a wall […]. After the lifting of the air-raid alarm, the lookout had come down from the spotting station and hung his sword-belt on the clapboard wall. The atomic bomb had exploded while he stood unfastening the buttons of his coat, showering him in light. The tar exposed directly to the flash burned and disappeared but that in the shade remained." –
Der Wachtposten verglühte, sein Schatten blieb.

Marie Luise Kaschnitz

Hiroshima (1951)

Der den Tod auf Hiroshima warf
Ging ins Kloster, läutet dort die Glocken.
Der den Tod auf Hiroshima warf
Sprang vom Stuhl in die Schlinge, erwürgte sich.
Der den Tod auf Hiroshima warf
Fiel in Wahnsinn, wehrt Gespenster ab
Hunderttausend, die ihn angehen nächtlich
Auferstandene aus Staub für ihn.

Nichts von alledem ist wahr.

1. Vervollständigen Sie das Gedicht.
2. Vergleichen Sie Ihr Ergebnis mit dem Original (s. Lösungshinweise).
3. Klären Sie die auftauchenden Bilder und Metaphern.
4. Deuten Sie anschließend das Gedicht Kunerts (s. unten) und stellen Sie einen Bezug zum Text von Kaschnitz her, indem Sie die Frage diskutieren, wie viel der Wissenschaft erlaubt sein soll.
5. Verfassen Sie ein Gedicht über das oben stehende Foto.

1957 wurde die sowjetische Rakete Sputnik II ins All gestartet – an Bord die Hündin Laika, die als erstes Lebewesen die Erde umrundete. Sie starb bereits nach einigen Stunden an Bord, vermutlich an Überhitzung und Stress.

Günter Kunert

Laika (1963)

In einer Kugel aus Metall
Dem besten, das wir besitzen,
Fliegt Tag für Tag ein toter Hund
Um unsere Erde
Als Warnung,
Daß einmal so kreisen könnte
Jahr für Jahr um die Sonne,
Beladen mit einer toten Menschheit,
Der Planet Erde,
Der beste, den wir besitzen. R

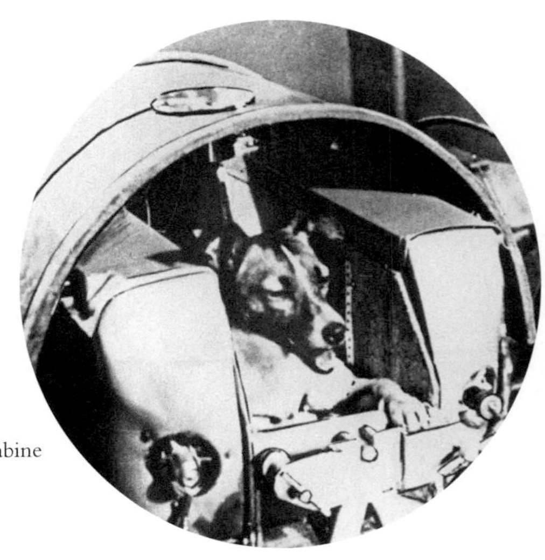

„Laika“ in der Druckkabine

Die Väter ausspeien …

Während mit dem Begriff „Trümmerliteratur" für die Literatur in den Jahren nach 1945 schnell ein kategorisierender Begriff gefunden worden war, der eine zutreffende inhaltliche Charakterisierung enthielt, verweigert sich die Literatur ab ca. 1955 bis zum Ende der 60er-Jahre einer vergleichbaren griffigen Formel; zu vielfältig, ja widersprüchlich sind sowohl Formen als auch Inhalte der westdeutschen Literatur zur Zeit der sich konsolidierenden Bundesrepublik.

Die Trümmer – zumindest die äußerlich sichtbaren – sind längst beseitigt; im westlichen Teil Deutschlands blüht in den fünfziger Jahren das sogenannte Wirtschaftswunder, das der Bevölkerung einen ungeahnten und raschen wirtschaftlichen Aufschwung beschert. In dieser Zeit der allgemeinen Prosperität stört die Erinnerung an die Trümmer nur, vor allem die an die moralischen Trümmer, die der Nationalsozialismus hinterlassen hat. Sie versucht man nun mit fast ungebremstem Konsum zu verdrängen.

Die engagierte Literatur dieser Zeit, die diese Tendenzen krititsch sieht, geht diesen Weg jedoch nicht mit.

WAS ALLE GEWUSST HABEN

Eines der zentralen Themen der Literatur bleibt das Thema des Holocaust, ergänzt um die Frage, wie es zu der kollektiven Verdrängung gekommen ist. Immer wieder bemüht sich deswegen die Literatur darum, diese Verdrängung aufzubrechen.

Günter Grass

Kleine Aufforderung zum großen Mundaufmachen – oder der Wasserspeier spricht (1960)

Wer jene Fäulnis,
die lange hinter der Zahnpaste lebte,
freigeben, ausatmen will,
muß seinen Mund aufmachen.

Wir wollen nun den Mund aufmachen,
die schlimmen Goldzähne,
die wir den Toten brachen und pflückten,
auf Ämtern abliefern.

Um dicke Väter
– jetzt, da auch wir schon Väter und immer dicker –
absetzen und ausspeien zu können,
muß man den Mund aufmachen;

wie unsere Kinder bei Zeiten
den Mund aufmachen, die große Fäulnis,
die schlimmen Goldzähne, die dicken Väter
ausspeien werden, absetzen werden. R

Horst Janssen: Günter Grass (* 1927)

1. Erläutern Sie das von Grass gewählte Bild des „Mundaufmachens" in seiner konkreten und in seiner übertragenen Bedeutung.
2. Stellen Sie am Text dar, wie Grass zu den drei angesprochenen Generationen steht.
3. Entwerfen Sie aus dem Gedicht ein „Streitgespräch der drei Generationen".

Heißenbüttel wendet sich mit seinem Text gegen die verbreitete „Lesart" in Nachkriegsdeutschland, dass niemand etwas vom Holocaust „gewusst habe".

Helmut Heißenbüttel
(1921–1996)

Helmut Heißenbüttel

Kalkulation über was alle gewusst haben (1965)

natürlich haben alle was gewusst der eine dies und der andere das aber niemand mehr als das und es hätte schon jemand sich noch mehr zusammenfragen müssen wenn er das gekonnt hätte aber das war schwer weil jeder immer nur an der oder der Stelle dies oder das zu hören kriegte heute weiß es jeder weil jeder es weiß aber da nützt es nichts mehr weil jeder es weiß heute bedeutet es nichts mehr als dass es damals etwas bedeutet hat als jeder nicht alles sondern nur dies oder das zu hören kriegte usw.

einige haben natürlich etwas mehr gewusst das waren die die sich bereit erklärt hatten mitzumachen und die auch insofern mitmachten als sie halfen die anderen zu Mitmachern zu machen mit Gewalt oder mit Versprechungen denn wer geholfen hat hat natürlich auch was wissen müssen es hat zwar vor allen verheimlicht werden können aber nicht ganz vor allen usw.

und dann gab es natürlich welche die schon eine ganze Menge wussten die mittlere Garnitur die auf dem einen oder dem anderen Sektor was zu sagen hatten da haben sie zwar nur etwas verwalten können was organisiert war denen waren gewisse Einzelheiten bekannt sie hätten sich vielleicht auch das Ganze zusammenreimen können oder haben es vielleicht sogar getan aber sie trauten sich nicht und vor allem fehlte ihnen eins und das war der springende Punkt was sie hätten wissen müssen wenn sie wirklich usw.

die da oben wussten natürlich das meiste auch untereinander denn wenn sie nichts voneinander gewusst hätten hätten sie es nicht machen können und es hätte gar nichts geklappt denn so etwas musste funktionieren und was nicht und wo einer nicht funktionierte da musste er erledigt werden wie sich schon gleich zu Anfang und noch deutlicher später gegen Ende gezeigt hat usw.

und natürlich wussten die paar die fast alles wussten auch schon fast alles und wie es funktionierte und wie durch Mitwissen Mitwisser und Mitwisser zu Mittätern Mittäter zu Übelwissern Übelwisser zu Übeltätern usw. denn die fast alles wussten waren so mächtig dass sie fast alles tun konnten auch Mitwisser zu Mittätern Mittäter zu Übelwissern Übelwisser zu Übeltätern usw. die haben es schon gewusst und weil sie es gewusst haben sind sie bei der Stange geblieben denn es war ihre Angelegenheit usw. und weil man sagen kann dass die es schon gewusst haben sagt man heute oft dass die es waren die dies aber das das stimmt nicht völlig denn sie haben nicht gewusst obs auch funktioniert und das

denn das hat natürlich nur ein einziger gewusst aber wenn er es gewusst hat den springenden Punkt sozusagen dass es auch funktioniert und dass es weils funktioniert auch passiert und das ist ja auch genau passiert usw. das was alle gewusst haben das hat er natürlich nicht gewusst denn das konnte er nicht wissen er hatte ja keine Ahnung davon was alle dachten und sich überlegten usw. aber gerade daran lag es schließlich dass es funktionierte dass alle was gewusst haben aber nur einer obs funktionierte aber nicht wusste dass es nur deshalb funktionierte weil er nicht wusste was alle wussten usw. die etwas mehr wussten konnten nichts machen ohne die die etwas wussten die schon eine ganze Menge wussten konnten nichts machen ohne die die etwas mehr wussten die fast alles wussten konnten nichts machen ohne die die schon eine ganze Menge wussten usw. aber weil alle bis auf den einen nicht wussten obs auch wirklich funktionierte konnten sie nichts machen ohne den der schon wusste dass es funktionierte aber nicht wusste was alle wussten nämlich dass sie nicht wussten obs auch funktionierte

und so hat das funktioniert

1. Worüber bzw. über wen wird in den einzelnen Abschnitten gesprochen? – Suchen Sie jeweils eine passende Überschrift.
2. Wer „spricht" da eigentlich und mit welcher Absicht?
3. Welche Funktion haben im Zusammenhang mit der Sprechabsicht das zehnmalige „usw." und das achtfache „natürlich"?
4. Erklären Sie die Wörter „das" und „so" im letzten Satz.

Im Jahre 1967 erschien in der Bundesrepublik Deutschland eine Aufsatzsammlung des Psychoanalytikers Alexander Mitscherlich und der Psychoanalytikerin Margarete Mitscherlich unter dem Titel „Die Unfähigkeit zu trauern", ein Buch, das zum Bestseller wurde und dessen Titel ein stehender Begriff dafür wurde, dass und wie die Deutschen die nationalsozialistischen Verbrechen verdrängten, statt um ihre Opfer zu trauern.

Alexander und Margarete Mitscherlich
aus: **Die Unfähigkeit zu trauern** (1967)

Zunächst verhinderte die emphatische Selbsthingabe und Auflösung des eigenen Ichs in den Ideen und Ansprüchen des Führers eine Einfühlung in die Verfolgten als Menschen. Schuldgefühle über Unmenschlichkeiten, über Morde in einer Zahl, die wir nur objektiv wissen, aber nicht erlebend nachzuvollziehen vermögen, sind ebenso wenig aus der unbewussten Wahrnehmung zu entfernen wie die Scham darüber, dass wir unser Gesicht als zivilisierte Nation verloren haben. Als Konsequenz der Abwehr fehlen in unserer psychischen Ökonomie ständig die Energien, die wir im Dienst unseres Selbstgefühls darauf verwenden, die Vergangenheit zu entwirklichen, um Schuld und Scham zu vermeiden – [...]

Was unter einer über zwei Jahrzehnte andauernden Zensur unseres Bewusstseins nicht als schmerzliche Erinnerung eingelassen wird, kann ungebeten aus der Vergangenheit zurückkehren, denn es ist nicht „bewältigte" Vergangenheit geworden: Vergangenheit, um deren Verständnis man sich bemüht hat. Trauerarbeit kann nur geleistet werden, wenn wir wissen, wovon wir uns lösen müssen; und nur durch ein langsames Ablösen: – von verlorenen Objektbeziehungen – solchen zu Menschen oder zu Idealen – kann die Beziehung zur Realität wie zur Vergangenheit in einer sinnvollen Weise aufrechterhalten werden. Ohne eine schmerzliche Erinnerungsarbeit wird dies nicht gelingen können, und ohne sie wirken unbewusst die alten Ideale weiter, die im Nationalsozialismus die fatale Wendung der deutschen Geschichte herbeigeführt haben. [...]

Psychologisch wäre es keine Unmöglichkeit, nach der Tat einzusehen, was wir im Dritten Reich taten, uns also von der narzisstischen* Liebesform zur Anerkennung von Mitmenschen mit gleichen Rechten weiterzuentwickeln. Diese Korrektur unseres falschen und eingeengten Bewusstseins, das Auffinden unserer Fähigkeit des Mitleidens für Menschen, die wir hinter unseren entstellenden Projektionen zuvor nie wahrgenommen haben, würde uns die Fähigkeit zu trauern zurückgeben.

* hier: nur das eigene Volk liebend

1. Was verstehen Alexander und Margarete Mitscherlich unter dem Begriff der *Unfähigkeit zu trauern* und welche Konsequenzen entspringen aus dieser Unfähigkeit?
2. Wie könnte die Fähigkeit zur Trauer erworben werden?

VERGESSEN? SOLLTE ICH DAS?

Neben der Vergangenheitsbewältigung liegt der zweite inhaltliche Schwerpunkt der Literatur in den späten fünfziger und frühen sechziger Jahren des letzten Jahrhunderts auf der Auseinandersetzung mit der Gegenwart, die von vielen Schriftstellerinnen und Schriftstellern als eine Phase der Restauration wahrgenommen wurde, in der der wirtschaftliche Aufschwung alles beherrschte, während ein entsprechender geistiger Aufschwung beim Neuaufbau der Demokratie ausgeblieben war.

In diesem *Wirtschaftswunder*-Deutschland spielt Heinrich Bölls Roman „Ansichten eines Clowns", der im Jahre 1963 erschien. Die Hauptfigur ist Hans Schnier, aus dessen Perspektive der Roman erzählt wird. Er stammt aus einer sehr reichen Industriellenfamilie, der Familie der „Braunkohlenschniers". Sein Vater steht in direktem Kontakt zu den obersten Macht- und Würdenträgern der Nachkriegsgesellschaft, seine Mutter ist als Präsidentin eines Zentralkomitees der Gesellschaften zur Versöhnung rassischer Gegensätze tätig. Hans Schnier ist das schwarze Schaf der Familie, die er kurz vor seinem Abitur verlassen hat, weil er seinen Eltern ihr Verhalten während der Zeit des Nationalsozialismus nicht verzeihen kann. Insbesondere wirft er seiner Mutter vor, im Jahre 1945 ihre damals sechzehnjährige Tochter Henriette gedrängt zu haben, sich zur Flak* zu melden (um „die jüdischen Yankees von unserer heiligen deutschen Erde wieder zu vertreiben"). Dabei hat Henriette ihr Leben verloren. – Hans Schnier ist nun ein gesellschaftlicher Außenseiter; er verdient seinen Lebensunterhalt als Clown. In einer privat (die Frau, die er liebt, hat ihn verlassen) und beruflich (er hatte einen Unfall, sodass er nicht auftreten kann) äußerst krisenhaften Situation meldet er sich bei seinen Eltern, die er jahrelang nicht gesehen hat.

* Flugzeugabwehrkanone oder -artillerie

Heinrich Böll
aus: **Ansichten eines Clowns** (1963)

Unser Telefonsystem ist kompliziert. Mein Vater hat allein drei verschiedene Anschlüsse: einen roten Apparat für die Braunkohle, einen schwarzen für die Börse und einen privaten, der weiß ist. Meine Mutter hat nur zwei Telefone: ein schwarzes fürs Zentralkomitee der Gesellschaften zur Versöhnung rassischer Gegensätze und ein weißes für Privatgespräche. Obwohl meiner Mutter privates Bankkonto einen sechsstelligen Saldo zu ihren Gunsten aufweist, laufen die Rechnungen fürs Telefon (und natürlich die Reisespesen nach Amsterdam und anderswohin) aufs Konto des Zentralkomitees. Das Telefonmädchen hatte falsch gestöpselt, meine Mutter meldete sich geschäftsmäßig an ihrem schwarzen Apparat: „Zentralkomitee der Gesellschaften zur Versöhnung rassischer Gegensätze".

Ich war sprachlos. Hätte sie gesagt: „Hier Frau Schnier", hätte ich wahrscheinlich gesagt: „Hier Hans, wie geht's, Mama?" Statt dessen sagte ich: „Hier spricht ein durchreisender Delegierter des Zentralkomitees jüdischer Yankees, verbinden Sie mich bitte mit Ihrer Tochter." Ich war selbst erschrocken. Ich hörte, dass meine Mutter aufschrie, dann seufzte sie auf eine Weise, die mir deutlich machte, wie alt sie geworden ist. Sie sagte: „Das kannst du wohl nie vergessen, wie?" Ich war selbst nahe am Weinen und sagte leise: „Vergessen? Sollte ich das, Mama?"

1. Stellen Sie eine Verbindung her zwischen dieser Textstelle und Mitscherlichs Text *Die Unfähigkeit zu trauern* (s. S. 23).

Nach diesem Telefongespräch sucht der Vater seinen Sohn auf. Offensichtlich weiß er alles über die Situation des Sohnes.

Er sah mich an und sagte leise: „Ich wollte mit dir über Geld reden.“ Ich schwieg weiter. „Ich nehme an, dass du in ziemlicher Verlegenheit bist. Sag doch was.“

„Verlegenheit ist hübsch gesagt. Ich werde wahrscheinlich ein Jahr lang nicht auftreten können. Sieh hier.“ Ich zog das Hosenbein hoch und zeigte ihm mein geschwollenes Knie, ich ließ die Hose wieder runter und zeigte mit dem Zeigefinger der rechten Hand auf meine linke Brust. „Und hier“, sagte ich.

„Mein Gott“, sagte er, „Herz?“

„Ja“, sagte ich, „Herz.“

„Ich werde Drohmert anrufen und ihn bitten, dich zu empfangen. Er ist der beste Herzspezialist, den wir haben.“

„Missverständnis“, sagte ich, „ich brauche Drohmert nicht zu konsultieren.“

„Du sagtest doch: Herz.“

„Vielleicht hätte ich Seele, Gemüt, Inneres sagen sollen – mir schien Herz angebracht.“

„Ach so“, sagte er trocken, „diese Geschichte.“ […]

„Es klingt sicher dumm“, sagte er, „wenn ich dir ein großes Wort sage, aber weißt du, was dir fehlt? Dir fehlt das, was den Mann zum Manne macht:

____“

2. Ergänzen Sie den letzten Satz um eine der folgenden Alternativen und begründen Sie Ihre Auswahl: *eine gute, häusliche Frau / ein ordentlicher Beruf / gute Kumpels / die Fähigkeit zum Ärmelhochkrempeln und Zupacken / sich abfinden können / der Zukunft mutig ins Auge schauen zu können.*
3. Vergleichen Sie das Bild des Vaters hier mit dem aus dem Gedicht *Kleine Aufforderung zum großen Mundaufmachen – oder der Wasserspeier spricht* von Grass (S. 21). Wie werden die Väter innerlich und äußerlich dargestellt?
4. Wird Hans Schnier Ihrer Vermutung nach Geld von seinem Vater annehmen?
5. Verfassen Sie eine kurze Szene, in der sich die Eltern über ihren Sohn Hans unterhalten.

Heinrich Böll (1917–1985) mit Hartmut Griem, Hauptdarsteller des Films „Ansichten eines Clowns“

WO ES AUFWÄRTS GEHT

Symbole des Wirtschaftswunders:
– das eigene Auto und eine Urlaubsfahrt nach Italien,
– Bundeswirtschaftsminister Ludwig Erhard präsentiert 1957 sein Buch *Wohlstand für alle.*

Das Väterbild, das Hans Schnier hat, prägt die Literatur der Zeit, und viele Schriftsteller fühlen sich fremd in dem Land der Väter, dem Vater Staat, in dem es wirtschaftlich scheinbar unaufhaltsam aufwärts geht, und in ihrer Muttersprache, der *Landessprache,* wie der Text von Hans Magnus Enzensberger zeigt.

Hans Magnus Enzensberger

Landessprache (1960)

was habe ich hier verloren,
in diesem land,
dahin mich gebracht haben meine älteren
durch arglosigkeit?
eingeboren, doch ungetrost,
abwesend bin ich hier,
ansässig im gemütlichen elend,
in der netten, zufriedenen grube.

was habe ich hier? und was habe ich hier zu suchen,
in dieser schlachtschüssel, diesem schlaraffenland,
wo es aufwärts geht, aber nicht vorwärts,
wo der überdruß ins bestickte hungertuch beißt,
wo in den delikateßgeschäften die armut, kreidebleich,
mit erstickter stimme aus dem schlagrahm röchelt und ruft:
es geht aufwärts!
wo eine gewinnspanne weit von den armen reichen die reichen armen
vor begeisterung ihre kinostühle zerschmettern,
da geht es aufwärts von fall zu fall,
wo die zahlungsbilanz hosianna und alles was recht ist singt
und ruft: das ist nicht genug,
daß da die freizeit spurt und gas gibt und hinhaut,
das ist das kleinere übel, das ist nur die hälfte,
das macht nichts, das ist nicht genug,
daß die tarifpartner durch die straßen irren
und mit geballten fäusten frohlocken
und singen und sagen:
hier geht es aufwärts, hier ist gut sein,
wo es rückwärts aufwärts geht,
hier schießt der leitende herr den leitenden herrn mit dem gesangbuch ab,
hier führen die leichtbeschädigten mit den schwerbeschädigten krieg,
hier heißt es unerbittlich nett zueinander sein,
und das ist das kleinere übel,
das wundert mich nicht,
das nehmen die käufer in kauf,
hier, wo eine hand die andere kauft,
hand aufs herz, hier sind wir zuhaus,

hier laßt uns hütten bauen,
auf diesem arischen schrotthaufen,
auf diesem krächzenden parkplatz,
wo aus den ruinen ruinen sprossen,
nagelneu, ruinen auf vorrat, auf raten,
auf abruf, auf widerruf:
hiersein ist herrlich,
wo dem verbrauchten verbraucher,
und das ist das kleinere übel,
die haare ausfallen,
wo er sein erfolgreiches haupt verhüllt
mit wellpappe und cellophan
wo er abwesend aus der grube ruft: hier laßt uns hütten bauen,

in dieser mördergrube,
wo der kalender sich selber abreißt vor ohnmacht und hast,
wo die vergangenheit in den müllschluckern schwelt
und die zukunft mit falschen zähnen knirscht,
das kommt davon, daß es aufwärts geht,
da tun wir fleckenwasser drauf,
das ist hier so üblich, das wundert mich nicht, […] R

1. Welche Merkmale seiner Gesellschaft benennt das lyrische Ich?
2. Wie schildert das lyrische Ich seine entfremdete Situation?
3. Welche Mittel setzt Enzensberger in seiner Darstellung ein?

Auch im Kabarett und im Film der 1960er-Jahre findet eine Auseinandersetzung mit dem Wirtschaftswunder statt, so z. B. in dem „Lied vom Wirtschaftswunder" in dem Film „Wir Wunderkinder" (1958).

Günter Neumann

Lied vom Wirtschaftswunder (1958)

Die Straßen haben Einsamkeitsgefühle
Und fährt ein Auto, ist es sehr antik
Nur ab und zu mal klappert eine Mühle
Ist ja kein Wunder nach dem verlorenen Krieg
Aus Pappe und aus Holz sind die Gardinen
Den Zaun bedeckt ein Zettelmosaik
Wer rauchen will, der muss sich selbst bedienen
Ist ja kein Wunder nach dem verlorenen Krieg
Einst waren wir mal frei
Nun sind wir besetzt
Das Land ist entzwei
Was machen wir jetzt?

Jetzt kommt das Wirtschaftswunder
Jetzt kommt das Wirtschaftswunder
Jetzt gibt's im Laden Karbonaden schon und Räucherflunder
Jetzt kommt das Wirtschaftswunder
Jetzt kommt das Wirtschaftswunder
Der deutsche Bauch erholt sich auch und ist schon sehr viel runder
Jetzt schmeckt das Eisbein wieder in Aspik
Ist ja kein Wunder nach dem verlorenen Krieg

Man muss beim Autofahren nicht mehr mit Brennstoff sparen
Wer Sorgen hat, hat auch Likör und gleich in hellen Scharen
Die Läden offenbaren uns wieder Luxuswaren
Die ersten Nazis schreiben fleißig ihre Memoiren
Denn den Verlegern fehlt es an Kritik
Ist ja kein Wunder nach dem verlorenen Krieg
Ist ja kein Wunder nach dem verlorenen Krieg
[…]
Zwar gibt es Leut, die leben heut noch zwischen Dreck und Plunder
Doch für die Naziknaben, die das verschuldet haben
Hat unser Staat viel Geld parat und spendet Monatsgaben
Wir sind 'ne ungelernte Republik
Ist ja kein Wunder ist ja kein Wunder
Ist ja kein Wunder nach dem verlorenen Krieg

1. Stellen Sie sich vor, Sie seien ein Existenzgründer in den 60er-Jahren des 20. Jahrhunderts. Was könnten Sie in den Schaufenstern Ihres Geschäftes präsentieren?
2. Vergleichen Sie die Motive des Filmsongs mit den Motiven der Literatur der Zeit.

WIR KÖNNEN NICHT KLAGEN

Das Wirtschaftswunder bringt zwar wieder einen *vollen deutschen Bauch* und *Luxuswaren,* wie es in dem „Lied vom Wirtschaftswunder" heißt, aber das geht – zumindest nach Ansicht kritischer Köpfe – zunehmend mit einem Gefühl der inneren Leere einher. Deutlich wird dies beispielsweise in dem Lied „Kleinstadtsonntag" des Liedermachers Wolf Biermann.

Wolf Biermann (* 1936)

Wolf Biermann

Kleinstadtsonntag

Gehn wir mal hin?
Ja, wir gehn mal hin.
Ist hier was los?
Nein, es ist nichts los.
Herr Ober, ein Bier!
Leer ist es hier.
Der Sommer ist kalt.
Man wird auch alt.
Bei Rose gabs Kalb.
Jetzt isses schon halb.
Jetzt gehn wir mal hin.
Ja, wir gehn mal hin.
Ist er schon drin?
Er ist schon drin.
Gehn wir mal rein?
Na gehn wir mal rein.
Siehst du heut fern?
Ja, ich sehe heut fern.
Spielen sie was?
Ja, sie spielen was.
Hast du noch Geld?
Ja, ich hab noch Geld.
Trinken wir ein'?
Ja, einen klein'.
Gehn wir mal hin?
Ja, gehn wir mal hin.
Siehst du heut fern?
Ja ich sehe heut fern.

1. Wie viele Sprecher lassen sich in Biermanns „Kleinstadtsonntag" ausmachen?
2. Worüber wird „gesprochen"?
3. Verfassen Sie einen Bericht über den in dem Lied geschilderten Kleinstadtsonntag.
4. Schreiben Sie einen ähnlich aufgebauten Text über die Wochenendgestaltung einiger Jugendlicher Ihres Alters.

Günter Kunert

Bürgerlicher Sonntag

Ich sitze in der Sonne
– hoch an den Häuserwall geklebt –
im Balkon.

Ich sitze in der Sonne,
während die Kästen mit den Blumen
um mich
zu rotem Samt umwachsen,
und die Brüstung
die einer Loge im Theater wird.
Ich sitze und schaue
gerade hinein in das Stück,
das heute gegeben wird,
dessen Titel ist:
„Sonniger Sommersonntag",
dessen Schauspieler alle
fröhliche Gesichter herumführen,
das „sonnige Sommersonntagsgesicht",
gewaschen,
rasiert,
abgestaubt.
Von echter Zufriedenheit seicht
umflossen – echt, wie das
Aufgeführte
unecht.

Eine Zufriedenheit, gut und fest
in der Sonne.
Nicht zu schmelzen.
Eine Zufriedenheit,
die über Leichen spazierengeht.
Ich sitze an der Häuserwand
und blicke in sie hinein. R

Hans Magnus Enzensberger

Middle Class Blues (1964)

Wir können nicht klagen.
Wir haben zu tun.
Wir sind satt.
Wir essen.

Das Gras wächst,
das Sozialprodukt,
der Fingernagel,
die Vergangenheit.

Die Straßen sind leer.
Die Abschlüsse sind perfekt.
Die Sirenen schweigen.
Das geht vorüber.

Die Toten haben ihr Testament gemacht.
Der Regen hat nachgelassen.
Der Krieg ist noch nicht erklärt.
Das hat keine Eile.

Wir essen das Gras.
Wir essen das Sozialprodukt.
Wir essen die Fingernägel.
Wir essen die Vergangenheit.

Wir haben nichts zu verheimlichen.
Wir haben nichts zu versäumen.
Wir haben nichts zu sagen.
Wir haben.

Die Uhr ist aufgezogen.
Die Verhältnisse sind geordnet.
Die Teller sind abgespült.
Der letzte Autobus fährt vorbei.

Er ist leer.

Wir können nicht klagen.

Worauf warten wir noch? R

5. Vergleichen Sie die Stimmung des lyrischen Ichs am Sommersonntag in Kunerts „Bürgerlicher Sonntag" mit der Stimmung der Sprecher in Biermanns „Kleinstadtsonntag".
6. Worüber könnten die Sprecher aus Enzensbergers „Middle Class Blues" klagen?

In den fünfziger und sechziger Jahren des 20. Jahrhunderts kommentierte die neue deutsche Literatur die Wirklichkeit kritisch und mit hohem moralischen Anspruch. Die meisten deutschsprachigen Schriftsteller dieser Zeit gehörten der *Gruppe 47* an, einer informellen Vereinigung von Vertretern des literarischen Lebens, so genannt nach dem ersten Treffen von Schriftstellern im Jahre 1947, die eine neue literarische Zeitschrift begründen wollten. Eingeladen wurden sie von den Schriftstellern Hans Werner Richter und Alfred Andersch. In den kommenden Jahren traf man sich zunächst zweimal, dann einmal im Jahr, um sich neue Texte vorzulesen und diese für die Kritik der andern zu öffnen.

Der zunehmend zur Institution gewordenen *Gruppe 47* gehörten bis zu 200 Schriftstellerinnen und Schriftsteller an, dazu kommen noch zahlreiche Schriftstellerinnen und Schriftsteller, die zunächst zwar nicht explizit „Mitglied" der *Gruppe 47* waren, die aber bei einer Tagung lasen oder als Preisträger der Gruppe zugehörig wurden. Auf diese Weise hatte die *Gruppe 47* einen wesentlichen Anteil am literarischen Leben der Zeit. Zu erwähnen sind beispielsweise Heinrich Böll, Ilse Aichinger, Alfred Andersch, Ingeborg Bachmann, Jürgen Becker, Hans Bender, Elisabeth Borchers, Paul Celan, Günter Eich, Hans Magnus Enzensberger, Erich Fried, Peter Härtling, Peter Handke, Walter Jens, Uwe Johnson, Wolfgang Koeppen, Siegfried Lenz, Hans Werner Richter, Peter Rühmkorf, Wolfdietrich Schnurre, Martin Walser, Peter Weiss, Gabriele Wohmann und andere.

Vorschläge für Referate:

- Verfassen Sie ein Kurzreferat über eine/einen der hier erwähnten Schriftstellerinnen und Schriftsteller.
- Recherchieren Sie, welche literarischen oder kulturpolitischen Magazine es heute gibt.

Kennzeichnend für die Zeit war auch die Fülle der rasch entstehenden poetischen Magazine und Zeitschriften; besonders hervorzuheben sind ab 1954 die „Akzente", eine Zeitschrift für Dichtung, und ab 1965 das „Kursbuch", in dem zunehmend kulturpolitische und dann allgemein politische Themen dominierten.

Eine exponierte Stellung nahm der spätere Nobelpreisträger Günter Grass ein, der wie Heinrich Böll zu einer moralischen Instanz innerhalb und außerhalb Deutschlands wurde. Eines der herausragenden Werke der Nachkriegszeit ist sein 1959 erschienener Roman „Die Blechtrommel", dessen Hauptfigur, Oskar Matzerath, schon mit drei Jahren aus Protest gegen die Welt der Erwachsenen beschließt, nicht mehr zu wachsen. So macht sich Oskar bewusst zum Außenseiter der Gesellschaft, in der er sich nur distanziert und kritisch bewegt. In den fünfziger Jahren beobachtet Oskar die gesellschaftlich arrivierten Gäste eines Nachtlokals namens *Zwiebelkeller.*

Günter Grass
aus: **Die Blechtrommel** (1959)

[…] Die Gäste: Geschäftsleute, Ärzte, Anwälte, Künstler, auch Bühnenkünstler, Journalisten, Leute vom Film, bekannte Sportler, auch höhere Beamte der Landesregierung und Stadtverwaltung, kurz, alle, die sich heutzutage Intellektuelle nennen, saßen mit Gattinnen, Freundinnen, Sekretärinnen, Kunstgewerblerinnen, auch mit männlichen Freundinnen auf rupfenbespannten Kisten und unterhielten sich, solange Schmuh noch nicht den Shawl mit den goldgelben Zwiebeln trug, gedämpft, eher mühsam, beinahe bedrückt. Man versuchte, ins Gespräch zu kommen, schaffte es aber nicht, redete, trotz bester Absicht, an den eigentlichen Problemen vorbei, hätte sich gerne einmal Luft gemacht, hatte vor, mal richtig auszupacken, wollte frisch von der Leber, wie einem ums Herz ist, aus voller Lunge, den Kopf aus dem Spiel lassen, die blutige Wahrheit, den nackten Menschen zeigen – konnte aber nicht. Hier und da deutet sich in Umrissen eine verpfuschte Karriere an, eine zerstörte Ehe. Der Herr dort mit dem klugen massigen Kopf und den weichen, fast zierlichen Händen scheint Schwierigkeiten mit seinem Sohn zu haben, dem die Vergangenheit des Vaters nicht paßt. Die beiden, im Karbidlicht immer noch vorteilhaft wirkenden Damen im Nerz wollen den Glauben verloren haben; noch bleibt offen: den Glauben an was verloren. Noch wissen wir nichts von der Vergangenheit des Herrn mit dem massigen Kopf, auch welche Schwierigkeiten der Sohn dem Vater, der Vergangenheit wegen, bereitet, kommt nicht zur Sprache; es ist – man verzeihe Oskar den Vergleich – wie vor dem Eierlegen: man drückt und drückt …

Man drückte im Zwiebelkeller so lange erfolglos, bis der Wirt Schmuh mit dem besonderen Shawl kurz auftauchte, das allgemein freudige „Ah" dankend entgegennahm, dann für wenige Minuten hinter einem Vorhang am Ende des Zwiebelkellers, wo die Toiletten und ein Lagerraum waren, verschwand und wieder zurückkam.

Warum aber begrüßt den Wirt ein noch freudigeres, halberlöstes „Ah", wenn er sich wieder seinen Gästen stellt? Da verschwindet der Besitzer eines gutgehenden Nachtlokals hinter einem Vorhang, greift sich etwas aus dem Lagerraum, schimpft ein bißchen halblaut mit der Toilettenfrau, die dort sitzt und in einer Illustrierten liest, tritt wieder vor den Vorhang und wird wie der Heiland, wie der ganz große Wunderonkel begrüßt.

Schmuh trat mit einem Körbchen am Arm zwischen seine Gäste. Dieses Körbchen verdeckte ein blaugelb kariertes Tuch. Auf dem Tuch lagen Holzbrettchen, die die Profile von Schweinen und Fischen hatten. Diese fein säuberlich gescheuerten Brettchen verteilte der Wirt Schmuh unter seine Gäste. Verbeugungen gelangen ihm dabei, Komplimente, die verrieten, daß er seine Jugend in Budapest und Wien verbracht hatte; Schmuhs Lächeln glich dem Lächeln auf einer Kopie, die man nach der Kopie der vermutlich echten Mona Lisa gemalt hatte.

Die Gäste aber nahmen die Brettchen ernsthaft in Empfang. Manche tauschten sie um. Der eine liebte die Profilform des Schweines, der andere oder – wenn es sich um eine Dame handelte – die andere zog dem ordinären Hausschwein den geheimnisvolleren Fisch vor. Sie rochen an den Brettchen, schoben sie hin und her, und der Wirt Schmuh wartete, nachdem er auch die Gäste auf der Galerie bedient hatte, bis jedes Brettchen zur Ruhe gekommen war. [...] R

Danach teilt Schmuh an jeden seiner Gäste ein Messer aus; anschließend erhält jeder Kellerbesucher Zwiebeln, die er häuten und schneiden muss.

[...] nichts gab es da zu essen, und wer was essen wollte, der mußte woanders hingehen, ins „Fischl" und nicht in den Zwiebelkeller, denn da wurden nur Zwiebeln geschnitten. Und warum das? Weil der Keller so hieß und was Besonderes war, weil die Zwiebel, die geschnittene Zwiebel, wenn man genau hinschaut ... nein, Schmuhs Gäste sahen nichts mehr oder einige sahen nichts mehr, denen liefen die Augen über, nicht weil die Herzen so voll waren; denn es ist gar nicht gesagt, daß bei vollem Herzen sogleich auch das Auge überlaufen muß, manche schaffen das nie, besonders während der letzten oder verflossenen Jahrzehnte, deshalb wird unser Jahrhundert später einmal das tränenlose Jahrhundert genannt werden, obgleich soviel Leid allenthalben – und genau aus diesem tränenlosen Grunde gingen Leute, die es sich leisten konnten, in Schmuhs Zwiebelkeller, ließen sich vom Wirt ein Hackbrettchen – Schwein oder Fisch – ein Küchenmesser für achtzig Pfennige und eine ordinäre Feld-Garten-Küchenzwiebel für zwölf Mark servieren, schnitten die klein und kleiner, bis der Saft es schaffte, was schaffte? Schaffte, was die Welt und das Leid dieser Welt nicht schafften: die runde menschliche Träne. Da wurde geweint. Da wurde endlich wieder einmal geweint. Anständig geweint, hemmungslos geweint, frei weg geweint. Da floß es und schwemmte fort. Da kam der Regen. Da fiel der Tau. Schleusen fallen Oskar ein, die geöffnet werden. Dammbrüche bei Springflut. Wie heißt doch der Fluß, der jedes Jahr über die Ufer tritt, und die Regierung tut nichts dagegen? Und nach dem Naturereignis für zwölf Mark achtzig spricht der Mensch, der sich ausgeweint hat. Zögernd noch, erstaunt über die eigene nackte Sprache, überließen sich die Gäste des Zwiebelkellers nach dem Genuß der Zwiebeln ihren Nachbarn auf den unbequemen, rupfenbespannten Kissen, ließen sich ausfragen, wie man Mäntel wendet [...] Offenbarungen, Selbstanklagen, Beichten, Enthüllungen, Geständnisse [...] R

1. Erläutern Sie – gegebenenfalls mit Hilfe eines Lexikons oder Wörterbuchs – den Namen des Wirts und setzen Sie ihn zum Inhalt der Episode in Beziehung.
2. Schmuh, der Wirt, erläutert einem Berufskollegen sein Erfolgsrezept …
3. Verfassen Sie eine kurze Szene, in der die Mutter oder der Vater des Clowns aus Bölls „Ansichten eines Clowns“ (s. S. 24 f.) sich im Zwiebelkeller „selbst anklagen“ oder „offenbaren“.
4. Analysieren Sie das Verhalten der Gäste im Zwiebelkeller mit Hilfe der Erklärungen von Alexander und Margarete Mitscherlich in „Die Unfähigkeit zu trauern“ (s. S. 23).

Im Spätsommer 2006 hat Grass erneut das Motiv der Zwiebel aufgegriffen, und zwar als Titel seines autobiografischen Berichts „Beim Häuten der Zwiebel“. In diesem Bericht ist das Geständnis des Autors enthalten, mit 17 Jahren, kurz vor Kriegsende, zur Waffen-SS eingezogen worden zu sein. Diese späte Mitteilung hat eine breite Mediendebatte entfacht, in deren Mittelpunkt die Frage nach der moralischen Bewertung dieser späten Offenbarung steht. Die Wochenzeitung DIE ZEIT beispielsweise eröffnete eine online-Diskussion ihrer Leserinnen und Leser zu folgender Fragestellung:

61 Jahre nach dem Ende des Zweiten Weltkrieges gesteht Literaturnobelpreisträger Günter Grass, Mitglied der Waffen-SS gewesen zu sein. Ein mutiger Schritt oder das Ende einer der letzten moralischen Instanzen in Deutschland? – Schreiben Sie uns Ihre Meinung.

1. Recherchieren Sie die Hintergründe von Grass' Mitgliedschaft in der SS.
2. Formulieren Sie Ihre Meinung zu dem genannten Problem.

WIR HATTEN DEN MASSSTAB ANGENOMMEN …

Trotz der gemeinsamen Geschichte und der gemeinsamen Sprache unterschied sich die Literatur in der DDR deutlich von der in der Bundesrepublik. Der Literatur der DDR wurde eine klare (kultur-)politische Aufgabe beim Aufbau des Staates und der Realisierung des vorbildlichen *neuen Menschen* zugeschrieben, die während der zunehmenden Anspannungen durch den Kalten Krieg immer enger formuliert wurde, wodurch es immer wieder zu Problemen zwischen den Schriftstellerinnen und Schriftstellern, die sich nicht in das enge poetische Konzept zwängen konnten, und dem Staat kam. Viele von ihnen verließen die DDR, andere versuchten, in der DDR ihren eigenen Weg zu gehen. Christa Wolf gehört zu jenen, die zwar in West und Ost erfolgreich waren, aber hier wie da heftiger Kritik ausgesetzt wurden, im Westen wegen ihres Engagements für den DDR-Staat, im Osten wegen des ausgeprägten Individualismus, der ihre Heldinnen auszeichnet. In ihrem Roman „Nachdenken über Christa T.“ (1968) hat sie eine freiheitliche und unangepasste Protagonistin vorgestellt, die in West und Ost die Anteilnahme der Leser und Leserinnen weckte. Eine Freundin der verstorbenen Christa T. rekonstruiert unter Einbeziehung von Schriftstücken aus Christas Leben deren Biografie.

Christa Wolf (* 1929)

Christa Wolf

aus: **Nachdenken über Christa T.** (1968)

Christa T., sehr früh, wenn man es heute bedenkt, fing an, sich zu fragen, was denn das heißt: Veränderung. Die neuen Worte? Das neue Haus? Maschinen, größere Felder? Der neue Mensch, hörte sie sagen und begann, in sich hineinzublicken.

Wer sagt das?

Denn die Menschen waren nicht leicht zu sehen hinter den überlebensgroßen Papptafeln, die sie trugen, und an die wir uns, was sehr merkwürdig ist, schließlich sogar gewöhnten. Für die wir zu streiten anfingen: Wer würde sich heute noch an sie erinnern, wenn sie wirklich ganz und gar draußen geblieben und nicht auf vielen Wegen in uns eingedrungen wären? So daß nicht mehr sie uns mißtrauten, sie und die schrecklich strahlenden Helden der Zeitungen, Filme und Bücher, sondern wir uns selber: Wir hatten den Maßstab angenommen und – beklommen, erschrocken – begonnen, uns mit jenen zu vergleichen. Es war dafür gesorgt, daß der Vergleich zu unseren Ungunsten ausfiel. So entstand um uns herum, oder auch in uns, was dasselbe war, ein hermetischer Raum, der seine Gesetze aus sich selber zog, dessen Sterne und Sonnen scheinbar mühelos um eine Mitte kreisten, die keinen Gesetzen und keiner Veränderung und am wenigsten dem Zweifel unterworfen sind. Der Mechanismus, nach dem sich alles bewegte – aber bewegte es sich denn? –, die Zahnräder, Schnüre und Stangen waren ins Dunkel getaucht, man erfreute sich der absoluten Perfektion und Zweckmäßigkeit des Apparats, den reibungslos in Gang zu halten kein Opfer zu groß schien – selbst nicht das: sich auslöschen, Schräubchen sein. Und erst heute kommt das rechte Erstaunen darüber bei uns an: So weit ist der Weg der Gefühle. [...] Ganz sicher aber hat sie nicht gewußt, warum sie gerade jetzt dem Kind in sich selbst nachgehen mußte. Wie aber innerlich beteiligtes Schreiben immer auch mit Selbstbehauptung und Selbstentdeckung zu tun hat; wie jeder nicht nur die Leiden, sondern auch die Ermutigung hat, die zu ihm passen, so hat sie, abends in ihrem Zimmer, unter den vielen Schildern, keineswegs im reinen mit sich, doch die Genugtuung gehabt, das Kind am Abend wieder aufstehen zu sehen: ängstlich, an die Latten der Gartenpforte geklammert, den Auszug der Zigeunerfamilie beobachtend. Schmerz empfinden, Sehnsucht, etwas wie eine zweite Geburt. Und am Ende „ich" sagen: Ich bin anders. R

Was ist damit gemeint?

Wie zum Beispiel?

Wessen? Welchen?
Wer ist gemeint?

------ Begriffe klären und in Zusammenhang bringen

Was heißt das?
Wir ⟷ sie!!

a. r. penck: Weltbild, 1961

1. Bearbeiten Sie die Fragen und Anmerkungen auf dem Marginalienrand.
   Formulieren Sie dann aus Ihren Überlegungen einen zusammenhängenden Text, in dem Sie auf die Unterschiede zwischen der breiten Masse und Christa T. eingehen.
2. Vergleichen Sie die Darstellung der Individualisierungs- und Identitätsprobleme in Wolfs Text mit der in Pencks *System- und Weltbildern.*

a. r. penck: Systembild, 1961

WORTE SIND SCHATTEN

Neben der gesellschaftskritischen Literatur, die eindeutige inhaltliche Botschaften formuliert, behauptet sich in den fünfziger und sechziger Jahren des 20. Jahrhunderts eine Literatur, die auf den ersten Blick leicht, spielerisch, experimentell wirkt und die unter dem Begriff *konkrete Poesie* zusammengefasst wird.

Die konkrete Poesie, die auf den ersten Blick keinen „Inhalt" zu haben scheint, hat in Wirklichkeit einen ganz konkreten Inhalt, nämlich die Sprache. Der Konventionalität gängiger und üblicher Sprachverwendung, auch dem Missbrauch der Sprache durch ihre Inanspruchnahme für vielerlei ideologische Zwecke, wird der Versuch entgegengesetzt, die Sprache selbst zum Untersuchungsgegenstand zu machen und sie – durch das experimentelle Durchstoßen von Sprachschablonen, durch bewusste Verfremdungen, auch Spielereien – gewissermaßen neu und ohne die ihr durch unreflektierte Sprachverwendung zugewachsenen Klischees, Vorurteilsstrukturen und Zwänge wiederzufinden. Insofern ist auch die konkrete Poesie gesellschaftskritisch; nur ist ihr Ausgangspunkt die Sprachkritik.

Zu den bekanntesten Vertretern der konkreten Poesie gehören neben den (West-)Deutschen Helmut Heißenbüttel und Franz Mon der Schweizer Eugen Gomringer und die Österreicher Ernst Jandl und Gerhard Rühm.

Eugen Gomringer (* 1925)

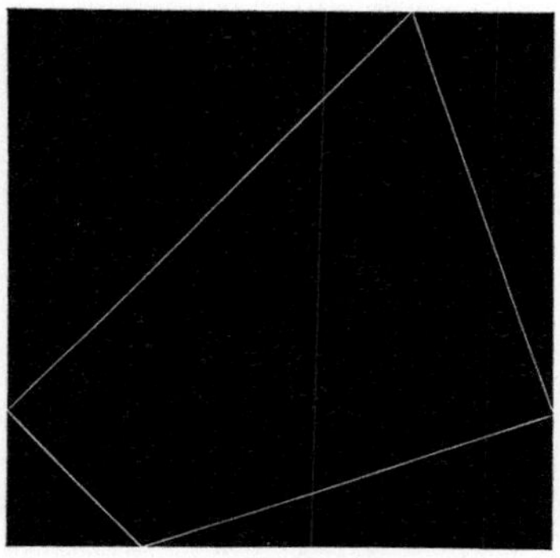

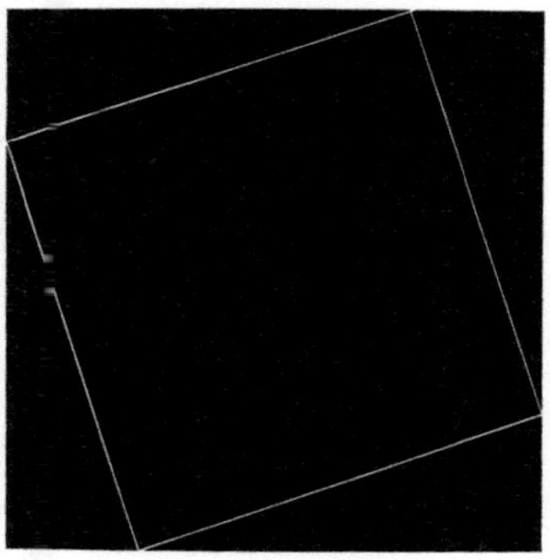

Die beiden Texte entstanden in der Zusammenarbeit zwischen Eugen Gomringer und dem Grafiker Heinz-Günter Prager und stammen aus dem Buch *Identitäten.*

1. Verfassen Sie ähnlich einfache Formulierungen des Musters „A in B" und setzen Sie sie nach der Vorlage Gomringers fort. – Was passiert dabei mit der Ausgangsformulierung?
2. Verfertigen Sie eine kleine Skizze zu Ihrem Text in das leere Kästchen rechts.

Eugen Gomringer

schweigen schweigen schweigen
schweigen schweigen schweigen
schweigen   schweigen
schweigen schweigen schweigen
schweigen schweigen schweigen

silencio silencio silencio
silencio silencio silencio
silencio   silencio
silencio silencio silencio
silencio silencio silencio

Eugen Gomringer
kind

sonne mann
mond frau

sonne frau
mond mann

sonne mond
mann frau

kind

Eugen Gomringer
worte sind schatten

worte sind schatten
schatten werden worte

worte sind spiele
spiele werden worte

sind schatten worte
werden worte spiele

sind spiele worte
werden worte schatten

sind worte schatten
werden spiele worte

sind worte spiele
werden schatten worte

Gerhard Rühm
sonett

erste strophe erste zeile
erste strophe zweite zeile
erste strophe dritte zeile
erste strophe vierte zeile

zweite strophe erste zeile
zweite strophe zweite zeile
zweite strophe dritte zeile
zweite strophe vierte zeile

dritte strophe erste zeile
dritte strophe zweite zeile
dritte strophe dritte zeile

vierte strophe erste zeile
vierte strophe zweite zeile
vierte strophe dritte zeile

Franz Mon
man muss was tun

man muss was tun
muss man was tun
was muss man tun
tun muss man was

man hätte was getan
hätte man was getan
was hätte man getan
hätte man was getan

tun was man muss
was man tun muss
tun muss man was
was muss man tun

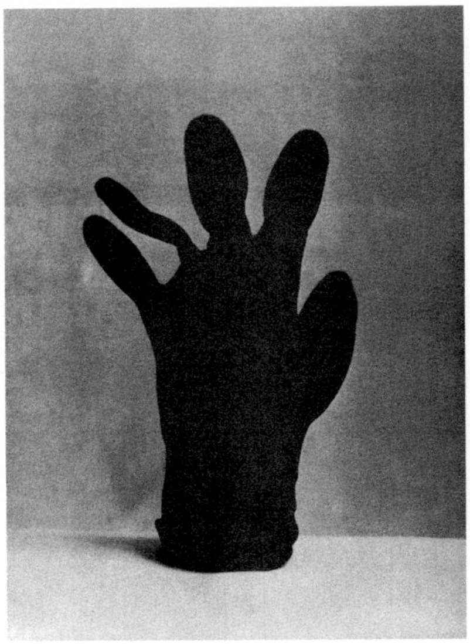

Sigmar Polke:
Handschuhpalme, 1966

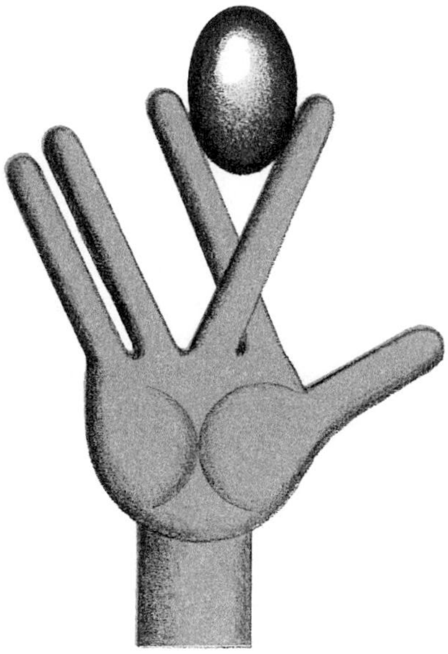

Hans Ticha:
Illustration zu Jandls *handzeichen*

Ernst Jandl
zweierlei handzeichen

ich bekreuzige mich
vor jeder kirche
ich bezwetschkige mich
vor jedem obstgarten

wie ich ersteres tue
weiß jeder katholik
wie ich letzteres tue
ich allein

Die Beispiele für konkrete Poesie zeigen, wie vielfältig der Umgang mit Sprache in den fünfziger und sechziger Jahren ist. Manche dieser Texte scheinen nur eine Spielerei zu sein, manche scheinen leicht verständlich zu sein, andere wieder unverständlich.

1. Gehen Sie von einem Text aus, der Ihnen auf den ersten Blick verständlich erscheint, und deuten Sie, mit welchen Mitteln in diesem Text eine Aussage ausgedrückt wird.
2. Unterscheiden Sie zwischen Gedichten, zu deren Verständnis man auch auf die grafische Anordnung angewiesen ist, und solchen, die eher das laute Lesen (bzw. das Hören) voraussetzen. Untersuchen Sie, auf wie viele Stimmen die Gedichte beim lauten Lesen verteilt werden sollten.
3. Gestalten Sie ein Plakat, auf dem Sie Gomringers *schweigen* und *silencio* in eine andere Sprache übertragen; wenn Sie außer Deutsch eine andere Muttersprache haben, wählen Sie diese. Vergleichen Sie die Übertragungen mit Gomringers beiden Originalen.
4. Erzählen Sie eine Geschichte zu Gomringers *kind.*
5. Vergleichen Sie das „Wörtlich-Nehmen" in Rühms *sonett* und in Polkes *Handschuhpalme.*
6. Fertigen Sie ein Piktogramm zu dem Titel *Zwiebel* an.
7. Arrangieren Sie eine visuelle oder eine audiovisuelle Konstellation, die von den Begriffen *Zwiebel* und *Tränen* ausgeht.

Günter Brus, Bild aus dem Zyklus *Selig, die Erfolge leiden …* (1982)

DASS ES KEINE WIRKLICHE ANTWORT GIBT

Während in der Epik in den späten fünfziger und in den sechziger Jahren des 20. Jahrhunderts zunehmend große Romane entstehen, die die Gegenwartsprobleme kritisch in den Blick nehmen, und die Lyrik dieser Zeit entweder ebenfalls dieses konkrete moralisch-politische Engagement zeigt oder aber in Form der konkreten Poesie bewusst und spielerisch andere Möglichkeiten der Sprache auslotet, geht das Theater einen auf den ersten Blick weniger ernsthaften Weg, den der Komödie.
Die Spielpläne der deutschsprachigen Theater werden zunächst von Werken englisch- oder französischsprachiger Autoren beherrscht; hervorzuheben sind vor allem Samuel Beckett und Eugene Ionesco, die mit ihrem Theater des Absurden surreale Elemente auf die Bühne bringen, und Jean-Paul Sartre und Albert Camus, die das Publikum mit der Philosophie des Existenzialismus vertraut machen.
Beide Strömungen wirken auf das neue deutschsprachige Theater ein, das vor allem in der Schweiz entsteht und mit den Namen Max Frisch und Friedrich Dürrenmatt verbunden ist. Ihre Theaterstücke treffen den Nerv der Zeit und gehören heute zum Kanon schulischer Lektüren, z.B. Dürrenmatts „Der Besuch der alten Dame" (1956), eine „tragische Komödie" darüber, dass und wie in den modernen Wirtschaftswunder-Gesellschaften alles käuflich wird, auch die Liebe und die Moral.

Friedrich Dürrenmatt (1921–1990)

Friedrich Dürrenmatt

Theaterprobleme (1955)

Die heutige Menschheit gleicht einer Autofahrerin. Sie fährt immer schneller, immer rücksichtsloser ihre Straße. Doch hat sie es nicht gern, wenn der konsternierte Mitfahrer ‚Achtung!' schreit und ‚Hier ist eine Warnungstafel', ‚Jetzt sollst du bremsen' oder gar ‚Überfahre nicht dieses Kind'. Sie haßt es, wenn einer fragt, wer denn den Wagen bezahlt oder das Benzin und das Öl geliefert habe zu ihrer Wahnsinnsfahrt, oder wenn er gar ihren Führerschein zu sehen verlangt. Ungemütliche Wahrheiten könnten zutage treten. Der Wagen wäre vielleicht einem Verwandten entwendet, das Benzin und das Öl aus den Mitfahrern selber gepreßt und gar kein Öl und Benzin, sondern unser aller Blut und unser aller Schweiß, und der Führerschein wäre möglicherweise gar nicht vorhanden; es könnte sich gar herausstellen, daß sie zum ersten Mal fährt. Dies wäre freilich peinlich, früge man nach so naheliegenden Dingen. So liebt sie es denn, wenn man die Schönheit der Landschaft preist, durch die sie fährt, das Silber eines Flusses und das Glühen der Gletscher in der Ferne, auch amüsante Geschichten liebt sie ins Ohr geflüstert. Diese Geschichten zu flüstern und die schöne Landschaft zu preisen ist einem heutigen Schriftsteller jedoch oft nicht mehr so recht mit gutem Gewissen möglich. Leider kann er aber auch nicht aussteigen, um der Forderung nach reinem Dichten Genüge zu tun, die da von allen Nichtdichtern erhoben wird. Die Angst, die Sorge und vor allem der Zorn reißt seinen Mund auf. R

1. Dürrenmatt wählt für seine Darstellung der Einfluss- und Eingreifmöglichkeiten des Schriftstellers in der Gesellschaft das Bild des Mitfahrers. – Stellen Sie dar, welche Einschätzung durch dieses Bild vermittelt wird.
2. Welche Erwartungen hat laut Dürrenmatt die Gesellschaft an Dichtung und warum kann der Schriftsteller diesen Erwartungen nicht entsprechen?

Vorschläge für Referate:

- Stellen Sie den Inhalt einer der „tragischen Komödien" Dürrenmatts vor.
- Verfassen Sie ein Referat zu Dramen von Frisch, Brecht oder zum absurden Theater.

Nicht mehr zu beschreiben, nur noch zu ändern

Weihnachten 1967 – beim Gottesdienst in der Berliner Kaiser-Wilhelm-Gedächtnis-Kirche versucht der Student Rudi Dutschke eine Diskussion über den Vietnamkrieg zu führen. Er wird von einem aufgebrachten Besucher niedergeschlagen und verletzt. Daraufhin brechen Hunderte von Studenten in der ganzen Bundesrepublik ihre Weihnachtsferien ab und kehren in die Spreemetropole zurück. Dieses Ereignis wirft ein bezeichnendes Schlaglicht auf die damalige Situation. Es war eine Zeit des Aufbegehrens, des Aufstands, des Aufbruchs. 1968 kam es weltweit zu öffentlichen Protestaktionen, die vor allem von jungen Intellektuellen, Studenten, aber auch von Teilen der Arbeiterschaft und der Gewerkschaften getragen wurden. Waren die Ziele im Detail auch verschieden bzw. an den Gegebenheiten des jeweiligen Landes orientiert, so hatten sie doch alle vergleichbare Grundideen: die Befreiung von überkommenen Wertsetzungen, Frieden, Demokratisierung und die Suche nach alternativen Lebensformen mit der Utopie einer herrschaftsfreien Gesellschaft.

Rudi Dutschke
(1940–1979)

„HEISST DAS, DASS DIE LITERATUR TOT IST?"

Diese Frage nach dem Tod der Literatur stellten Schriftsteller und andere Intellektuelle im Jahre 1968 vielfach nicht nur sich selbst, sondern sie trugen den Gedanken in die Öffentlichkeit. Viele von ihnen beantworteten sie mit einem klaren Ja. Wie aber kommen Autoren dazu, ihr eigenes Schaffen derart negativ zu beurteilen? Wir untersuchen die Frage an folgendem Text.

Peter Schneider
aus: **Rede an die deutschen Leser und ihre Schriftsteller** (1968)

[…] Nein, was wir da um uns herum sehen und erleben, ist überhaupt nicht mehr zu beschreiben, nur noch zu ändern.

Ab und zu gibt es mal ein Genie, das sich von allem löst und in tollkühner Abgeschiedenheit ein paar befreiende Bilder aus seiner Fantasie herauspresst. Aber für wen und mit was schreiben diese Schriftsteller, bildhauern diese Bildhauer, komponieren diese Komponisten. Da zeigen sie eine Welt in Bewegung, die in Wirklichkeit immer starrer wird, appellieren an die Kunstsinne von Menschen, deren rohe Bedürfnisse derart frustriert werden, dass sie sich auch noch diesen Appell an einen Kunstsinn gefallen lassen. Schreiben Konzerte für Ohren, die täglich von den autoritären Anweisungen ihrer Vorgesetzten stumpf gemacht werden, wenden sich an eine Fantasie, die sich allenfalls noch im Theater von erhabenen Gedanken besitzen lässt, um dann gleich wieder vom Gedanken des Habens besessen zu werden, fordern Augen heraus, die noch nie Gelegenheit hatten, die Produkte ihrer Tätigkeit anders denn als Waren zu betrachten. […]

Insgesamt haben diese ganzen Kunstformen aber nicht mehr die traditionelle Funktion, die menschlichen Wünsche gegen den Kapitalismus zu schützen, sondern umgekehrt: sie schützen den Kapitalismus vor der Rebellion der Wünsche. Diese Kunstäußerungen drücken nicht mehr ein Versprechen auf eine zukünftige Verwirklichung der Wünsche aus, sondern umgekehrt: sie verwandeln das wirkliche Elend in eine Art Versprechen, indem sie es auch noch zu einem Gegenstand der Einbildung machen. […]

Vorschläge für Referate:

- Die 68er-Bewegung
- Vorschlag für ein Gruppenreferat: 1968 und die Folgen – eine Zeitzeugenbefragung
- Peter Weiss und die Theorie des dokumentarischen Theaters
- Vorstellung eines weiteren dokumentarischen Dramas: Rolf Hochhuth „Der Stellvertreter"

Heißt das, dass die Literatur tot ist? Nein, die Rede vom Ende der Literatur wird immer von denen vorgetragen, die nur nach einem Vorwand suchen, um die bürgerliche Literatur in einer neuen, bisher unerhörten Todesart vorzuführen.
Heißt das, dass die bürgerliche Literatur tot ist? Ja, die bürgerliche Literatur, die die Verzweiflung der ungeheuren Mehrzahl von ihren erklärbaren und erkennbaren Ursachen ablöst und sie zu einer genießbaren Erfahrung verformt, die Literatur, die ohne irgendein Zeichen der Überraschung mitten im Überfluss nichts weiter artikuliert als Verzicht, Entsagung und Verlust, die Literatur, die den Massen ihr Elend nur zeigt, um sie daran zu gewöhnen, diese Literatur ist tot und muss zu Grabe getragen werden. Wenn immer einer seine Unterdrückung schildert, dann soll er sie in ihrer Verwechselbarkeit zeigen, soll ihre Ursachen zeigen und die Strategie der Befreiung.

1. Skizzieren Sie die Kritik, die Schneider an den gesellschaftlichen Zuständen in der Bundesrepublik übt.
2. Arbeiten Sie die Vorwürfe heraus, die der Autor der bürgerlichen Literatur bzw. der Kunst macht, und wie er sie begründet.
3. Benennen Sie Schneiders Forderung an die Literatur und die Schriftsteller.

Wie kam es zu einer Haltung wie der Peter Schneiders? – Viele Linksintellektuelle sahen in den frühen sechziger Jahren in der Literatur eine geeignete Waffe für ihren politischen Kampf um eine Veränderung des Gesellschaftssystems der Bundesrepublik. Insbesondere die Lyrik und das Drama schienen in ihren Augen diese Funktion gut auszufüllen. Gegen Herrschaft, Unterdrückung, Ausbeutung und vor allem gegen den Krieg in Vietnam richtete sich ihr literarischer Protest. Ein weiteres zentrales Thema war der Umgang mit der nationalsozialistischen Vergangenheit. Ein Beispiel dafür ist Peter Weiss.

MANCHE FÄLLE VON VERROHUNG … – PETER WEISS, AUS: „DIE ERMITTLUNG" (1965)

Einen Höhepunkt im Schaffen von Peter Weiss stellt das 1965 uraufgeführte Drama „Die Ermittlung" dar, eine szenische Dokumentation des Frankfurter Auschwitz-Prozesses, der zwischen 1963 und 1965 stattfand und an der Weiss als Beobachter teilnahm. In dem Drama verarbeitete er seine Eindrücke sowie dokumentarisches Material.
20 Personen waren angeklagt, an den Morden und Misshandlungen im KZ Auschwitz-Birkenau beteiligt gewesen zu sein. Der Prozess trug dazu bei, dass die Auseinandersetzung mit der NS-Zeit ins öffentliche Bewusstsein gerückt wurde.

* Häftlinge mit besonderer Stellung und Aufgabe

VERTEIDIGER Waren es nicht die Funktionshäftlinge*, die schlugen?
ZEUGE 8 Ich sah Boger und Dylewski
mit den Schläuchen in der Hand
RICHTER Wohin schlugen sie
ZEUGE 8 Auf das Gesäß
den Rücken die Schenkel
die Hände und Füße
und den Hinterkopf
Vor allem aber waren die Geschlechtsteile
den Schlägen ausgesetzt
Sie zielten besonders darauf
Dreimal wurde ich ohnmächtig
und man übergoss mich mit Wasser
RICHTER Angeklagter Boger
Geben Sie zu
dass Sie diesen Zeugen misshandelt haben
ANGEKLAGTER 2 Darauf gibt es nur ein klares und bestimmtes Nein

Peter Weiss (1916–1982)

ZEUGE 8 Bis heute habe ich Spuren davon
ANGEKLAGTER 2 Aber nicht von mir
RICHTER Angeklagter Boger
Haben Sie Behandlungen an dem hier geschilderten Instrument vollzogen
ANGEKLAGTER 2 In gewissen Fällen
hatte ich sie anzuordnen
Ausgeführt wurde die Strafe
von den Funktionshäftlingen
unter meiner Aufsicht
RICHTER Angeklagter Boger
halten Sie die Darstellung des Zeugen
für lügenhaft
ANGEKLAGTER 2 Die Darstellung ist lückenhaft
und nicht in allen Teilen
der Wahrheit entsprechend
RICHTER Wie war die Wahrheit
ANGEKLAGTER 2 Wenn der Häftling gestanden hatte
wurde die Bestrafung sofort eingestellt
RICHTER Und wenn der Häftling nicht gestand
ANGEKLAGTER 2 Dann wurde geschlagen bis Blut kam
Da war Schluss
RICHTER War ein Arzt anwesend
ANGEKLAGTER 2 Ich habe nie einen Befehl gesehn
der von der Hinzuziehung eines Arztes sprach
Dies war auch unnötig
denn im Augenblick in dem das Blut strömte
brach ich ab
Der Zweck der verschärften Vernehmung
war erreicht
wenn das Blut durch die Hosen lief
RICHTER Sie sahen sich berechtigt
die verschärften Vernehmungen durchzuführen
ANGEKLAGTER 2 Sie unterlagen meiner befehlsbestimmten
Verantwortung
Im Übrigen bin ich der Meinung
dass auch heute noch
die Prügelstrafe angebracht wäre
zum Beispiel im Jugendstrafrecht
um Herr zu werden über manche Fälle
von Verrohung

Vorschlag für ein Referat:

- Der Auschwitzprozess im Spiegel der Presseberichterstattung – eine Recherche in Zeitungsarchiven

Die Angeklagten

1. Beschreiben Sie die verschiedenen Sprachebenen des Textauszugs. Wovon hängen diese jeweils ab?
2. Analysieren und bewerten Sie die Aussage des Angeklagten 2.
3. Deuten Sie sein Verhalten vor dem Hintergrund der historischen Ereignisse zwischen 1942 und 1945.
4. Verfassen Sie eine Anklageschrift gegen Boger.
5. Ein ehemaliger Häftling – Opfer des Angeklagten 2 – verhört Boger weiter. Was interessiert ihn (er kennt die Abläufe)? Formulieren Sie seine Fragen.
6. Entwerfen Sie ein Bühnenbild für diese Szene und machen Sie Stellproben.
7. Stellen Sie einen Bezug her zwischen dem vorliegenden Szenenausschnitt und folgender Aussage von Peter Weiss:

„Theater, in dem Figuren auf der Bühne so sein müssen, dass der Zuhörer sich mit ihnen identifiziert, ist für mich fremd. Ich glaube, dass es viel stärker ist, wenn man die Figur auf der Bühne darstellt als Figur, die eine ganz bestimmte Aussage tut und dass der Zuschauer diese Aussage entgegennimmt, bewertet und kritisiert."

IN WAHRHEIT TÖTEN WIR KINDER ÜBERAUS UNGERN – DER VIETNAMKRIEG

Erich Fried (1921–1988)

Die Ursachen der internationalen Auseinandersetzungen um Vietnam gehen bis ins späte 19. Jahrhundert zurück. Einen Höhepunkt erreichten die Spannungen jedoch nach dem Ende des Zweiten Weltkriegs. Unterstützt von der Sowjetunion und China versuchte der nordvietnamesische Revolutionsführer Ho-Chi-Minh mit Hilfe der südvietnamesischen Guerillabewegung Vietcong den Süden zurückzuerobern. Weil die USA befürchteten, der sowjetische Einflussbereich könnte sich vergrößern, schickte Präsident Kennedy 1961 Militärberater nach Südvietnam und unterstützte fortan die dortige Regierung gegen den Vietcong. Trotz des immer massiver werdenden Einsatzes der US-Luftwaffe und von Bodentruppen – 1967 stand über eine halbe Million US-Soldaten in Vietnam – konnten die USA keine entscheidenden Vorteile verbuchen.

Erich Fried hat sich überaus intensiv mit dem Vietnam-Krieg beschäftigt. Seine Vietnam-Gedichte lösten 1966 eine heftige Kontroverse über die Wirkungsmöglichkeiten des politischen Gedichts aus.

Erich Fried
Richtigstellung (1966)

Die Roten missbrauchen den Krieg
um uns anzuschwärzen
wir wären wie König Herodes
besonders auf Kindermord aus

In Wahrheit töten wir Kinder
überaus ungern
wir ziehen es vor
ihre Väter und Mütter zu töten

Unter Umständen auch
ihre Großeltern Onkeln und Tanten
und im Ernstfall
ihre älteren Schwestern und Brüder

Aber höchstens durch Zufall
werden Kinder eigens getötet
sonst fast ausnahmslos
nur im Familienverband

Erich Fried
Verhinderter Liebesdienst (1966)

Man griff nicht wahllos an
man versuchte sogar
vor dem Abwurf von Napalm und Bomben
auf feindverseuchte Gebiete
Helfer zu schicken
um kleine und größere Kinder
herauszuholen
in die Stadt und in Sicherheit

Die größeren Mädchen hätten
in Saigon für sich selbst sorgen können
und so auch das Lebenbleiben
der Kinder sichergestellt

Doch dieser Liebesdienst
musste eingestellt werden
weil die verhetzten Bauern
die Kindereintreiber erschlugen
und ihren eigenen Kindern
nicht Leben und Sicherheit gönnten

So blieb den Bombenfliegern
zuletzt keine Wahl

1. Erläutern Sie, inwieweit die Gedichte von Erich Fried politisch sind.
2. Nehmen Sie auf der Basis der Beschäftigung mit Frieds Lyrik zu folgenden Thesen Stellung:
   „Nach Auschwitz Gedichte zu schreiben ist barbarisch."
   (Theodor W. Adorno, vgl. S. 13)
   „Gedichte sind Gebrauchsgegenstände."
   (Hilde Domin)

Erich Fried
Gezieltes Spielzeug (1966)

Abwurf
von Spielzeug
statt Bomben
zum Fest der Kinder

sagten Marktforscher
das
macht zweifellos
großen Eindruck

Es hat sehr großen
Eindruck
gemacht
auf die ganze Welt

Hätte das Flugzeug
lieber vor vierzehn Tagen
Spielzeug heruntergeworfen
und jetzt erst die Bomben

hätten meine zwei Kinder
noch vierzehn Tage
durch eure Güte
etwas zum Spielen gehabt

3. Suchen Sie weitere Bilder, die zum Gehalt der drei Gedichte passen. Gestalten Sie eine Collage unter Verwendung der Bilder und der Texte.
4. Lesen Sie die Gedichte mehrmals aufmerksam durch, entscheiden Sie sich für eines und finden Sie eine angemessene Vortragsweise: Wer spricht zum Beispiel welche Rolle und wie reden die Sprechenden?
5. Vertonen Sie eines dieser Gedichte (Rock, Pop, Jazz, HipHop, Rap etc.).
6. Ironie – Sarkasmus – Zynismus: Grenzen Sie diese Begriffe gegeneinander ab und entscheiden Sie, welcher am besten zur Beschreibung für die hier abgedruckten Gedichte Frieds passt.
7. Lassen sich die Texte aktualisieren?

UM 4.00 UHR BEGINNT SEIN TAG – ARBEITSWELT UND LITERATUR

Ein anderes Thema, das die Schriftsteller der damaligen Zeit stark beschäftigte, war die Welt der Industriearbeit. Insbesondere auf das Leben der Menschen, die tagtäglich vom Rhythmus der industriellen Produktion geprägt wurden, war ihr Blick gerichtet. Es entstanden Sozial- und Arbeitsreportagen, aber auch Romane, die sich mit dem Leben der Industriearbeiter auseinandersetzten.

Günter Wallraff (* 1942)

Günter Wallraff
aus: **Winterreise ins Revier**

Ein Kumpel, der in den letzten fünf Jahren dreimal seinen Arbeitsplatz verlor, da die Zechen, in denen er arbeitete, nacheinander stillgelegt wurden, setzt sich dann noch an unseren Tisch. Heute hat er Feierschicht. Die neue Zeche, auf die er nach der letzten Stilllegung vor anderthalb Jahren vom Arbeitsamt verlegt wurde, liegt etwas außerhalb. Um 4.00 Uhr beginnt sein Tag, Feierabend ist 12 Stunden später, 16.00 Uhr. Acht Stunden davon bekommt er bezahlt, die Restzeit geht für Hin- und Rückfahrt drauf. Das Fahrgeld, DM 16,- die Woche, geht zu seinen Lasten. „Weil ich es nicht mehr wie früher schaffe – ich bin jetzt 51 Jahre alt geworden –, hat man mich aus dem Gedinge (Gruppenakkord) herausgenommen und auf Schichtlohn gesetzt." Weil er zu nahe an die unterste Akkordgrenze heranrückte – zuletzt kam er auf 4,15 DM in der Stunde –, hat man ihn aus dem Akkord herausgenommen. Dieselbe Arbeit macht er jetzt für 2,95 DM die Stunde. „Wenn ich mir mehr Zeit ließe, würde ich entlassen."

Lektüretipps:

- Max von der Grün: Irrlicht und Feuer
- Erika Runge: Bottroper Protokolle
- Günter Wallraff: 13 unerwünschte Reportagen

1. Informieren Sie sich über das Thema „Arbeitswelt und Literatur".
   Hilfreiche Suchbegriffe lauten: Arbeiterliteratur, Gruppe 61, Literarische Werkstatt Gelsenkirchen, Werkkreis Literatur der Arbeitswelt.
2. Erstellen Sie eine Mindmap, die die verschiedenen Aspekte und Strömungen dieser Form der Literatur dokumentiert.
3. Recherchieren Sie über die „Bitterfelder Konferenz" und vergleichen Sie die Arbeiterliteratur in der Bundesrepublik mit der in der DDR.

MEIN VERLORENES PARADIES – SUBJEKTIVITÄT ALS POLITIKUM

Zu Beginn der siebziger Jahre des vorigen Jahrhunderts ziehen zahlreiche Schriftsteller Bilanz. Was haben die Studentenproteste gebracht? Lassen sich Politik und Literatur schreibend wirklich verbinden? Die Antworten stellen der revolutionären Bewegung zumeist kein gutes Zeugnis aus. Viele wenden sich ab, sehen in der vollständigen Politisierung von Gesellschaft und Literatur eine Sackgasse, weil die subjektiven Bedürfnisse des Einzelnen keine Berücksichtigung mehr finden. In ihren Werken artikulieren Autoren jetzt den Hunger nach authentischen Erfahrungen und sinnlichem Erleben. Diese Tendenzwende spiegelt sich wiederum im Werk des Mannes, der 1968 den „Tod der bürgerlichen Literatur" verkündet hatte: Peter Schneider (vgl. S. 37 f).

AUF NACH ITALIEN

Peter Schneider
aus: **Lenz** (1973)

„Schon seit einiger Zeit konnte er das weise Marxgesicht über seinem Bett nicht mehr ausstehen. Er hatte es schon einmal verkehrt herum aufgehängt. Um den Verstand abtropfen zu lassen, hatte er einem Freund erklärt."

Lenz ist ein junger linker Intellektueller, der in einer deutschen Großstadt lebt, das studentische Milieu zunehmend aber als frustrierend empfindet. Zu Beginn der Erzählung geht er ziellos durch die Straßen der Stadt und trauert der gescheiterten Beziehung zu seiner Freundin L. hinterher. Da er keine konkrete Vorstellung von der Arbeitswelt hat, entschließt er sich schließlich dazu, eine Stelle als Hilfsarbeiter in einem Industriebestrieb anzunehmen, wo er den harten Alltag der Arbeiterschaft kennen lernt. Beim wöchentlichen Treffen der politisch linksorientierten Betriebsgruppe kann er sich nicht richtig konzentrieren.

An einem Dienstagabend ging Lenz wie jede Woche zur Betriebsgruppe. Er wurde freundlich empfangen, er war beliebt. Das Zimmer war voll Rauch, er konnte die Gesichter nur undeutlich erkennen. Ein Text von Mao Tse-tung wurde gelesen. Lenz konnte sich nicht auf den Text konzentrieren. Er hasste die Männer dafür, dass sie keine Frauen waren, und die Frauen dafür, dass sie nicht L. waren. Er hörte immer dieselben Worte, sinnliche Erkenntnis, Bewusstsein, Proletariat, Strategie. In seinem Ohr setzte sich die getragene bruchlose Melodie dieser Sätze fest, es störte ihn, dass es keine Pausen, keine Neuanfänge, keine Anspielungen gab. Es kam ihm alles so artig, so nett vor, er hätte den Sprechern am liebsten lobend übers Haar gestrichen. Er stellte sich vor, dass sich andere Gruppen gleichzeitig an anderen Orten trafen und im gleichen Tonfall die gleichen Sätze sagten. [...]

Er sah sich aufspringen, den Tisch leerfegen, einen heftigen Rhythmus auf die Tischplatte trommeln, mit dem Hintern in den Rauch und das Gesicht vor ihm springen. Er ließ von der Vorstellung ab, als er merkte, dass es gegen den Text gar nichts zu sagen gab. „Die Menschen sehen nämlich im Prozess ihrer praktischen Tätigkeit zuerst lediglich die Erscheinung der Dinge, ihre einzelnen Seiten und den äußerlichen Zusammenhang zwischen den Dingen ... Das nennt man die Stufe der sinnlichen Erkenntnis, die Stufe der Empfindungen und Eindrücke."

Vorschlag für ein Projekt:

Gestalten Sie eine Ausstellung zum Thema: „Sehnsucht – Literatur in den siebziger Jahren".

Lektürehinweise:

- Thomas Bernhard, „Die Macht der Gewohnheit"
- Peter Rühmkorf, „Die Jahre, die ihr kennt".
- Verena Stefan, „Häutungen"
- Karin Struck, „Klassenliebe"
- Jürgen Theobaldy, „Blaue Flecken"
- Uwe Timm, „Heißer Sommer"

1. Beschreiben Sie die innere Verfassung von Lenz bei dem Treffen mit der Betriebsgruppe und arbeiten Sie heraus, mit welchen sprachlichen und stilistischen Mitteln der Autor diese gestaltet.
2. Stellen Sie eine These darüber auf, weshalb Lenz sich nicht auf den Text von Mao Tse-tung konzentrieren kann.
3. Nehmen Sie an, Lenz steht im Anschluss an den Textabschnitt Zeile 4 – 13 auf und ergreift in der Gruppe das Wort. Formulieren Sie seinen Redebeitrag.

Nachdem Lenz Hals über Kopf seine Stadt verlassen und in Rom das wahre Leben gesucht hat, letztlich aber auch in der italienischen Metropole von den Linksintellektuellen enttäuscht wird, fährt er zusammen mit zwei Bekannten in das norditalienische Trento. Hier – umgeben von authentischen Menschen und konkreten, fassbaren Aufgaben – findet er schließlich zu sich selbst.

Lenz genoss es, nach draußen zu schauen und alles wahrzunehmen – im Rhythmus der Fahrt. Was er sah, wollte er nicht so schnell in Begriffe auflösen, nicht gleich den Punkt erreichen, wo man nur noch das Wesen der Dinge, aber nicht mehr ihre Außenseite sah. [...] „Es kommt mir jetzt manchmal so vor", erwiderte Lenz, „als hätte ich das richtige Tempo für meine Wahrnehmungen, für die Verknüpfung meiner Wahrnehmungen mit meinen Erkenntnissen gefunden. Jetzt, wo mir diese Landschaft gefällt, fällt mir ein, dass ich früher Landschaften immer nur mit Ekel und Angst anschauen konnte. Am liebsten war es mir, wenn ich sie im D-Zug durchfuhr und die Bäume oder Häuserwände dicht vor dem Fenster vorbeiflitzten, sodass man nichts Genaues festhalten konnte. Ich verstand nie, wie jemand, die Hand an der Stirne, minutenlang auf irgendeinen Hügel oder einen Berg starren und sagen konnte: da, heute sieht man ihn ganz klar. Es kam mir dann vor, als wollte er sich gewaltsam an einen festen Punkt klammern."

4. Charakterisieren Sie Lenz. Vergleichen Sie das Verhalten des Protagonisten mit den Aussagen aus Schneiders Text „Rede an die deutschen Leser und ihre Schriftsteller" (S. 37 f.).

SELBSTERKUNDUNG IM ALLTÄGLICHEN

Der Wunsch nach Authentizität und Sinnlichkeit kommt aber auch in vielen Gedichten dieser Zeit zum Ausdruck. Subjektive Alltagserfahrungen wie Beziehungsprobleme, Verwundbarkeit, Trauer, Entfremdung, Freude, Hoffnung, Enttäuschung usw. sind dabei prägende Befindlichkeiten, die die Lyriker jetzt zum Thema machen.
Karin Kiwus widmet sich in ihren Gedichten intensiv dem Thema Liebe.

Karin Kiwus

____

Wenn ich jetzt sage
ich liebe dich
übergebe ich nur
vorsichtig das Geschenk
zu einem Fest das wir beide
noch nie gefeiert haben

Und wenn du gleich
wieder allein
deinen Geburtstag
vor Augen hast
und dieses Päckchen
ungeduldig an dich reißt
dann nimmst du schon
die scheppernden Scherben darin
gar nicht mehr wahr

Karin Kiwus

Lösung

Im Traum
nicht einmal mehr
suche ich mein verlorenes Paradies
bei dir

ich erfinde es
besser allein
für mich

In Wirklichkeit
will ich
einfach nur leben
mit dir
so gut
es geht

1. Vergleichen Sie die beiden Gedichte von Karin Kiwus formal und inhaltlich miteinander. Welches spricht Sie mehr an? Begründen Sie.
2. Suchen Sie für das linke Gedicht eine passende Überschrift; zur Auswahl stehen: *Geschenk – Scherben – Fragile – Zerbrechliche Liebe – Liebe in Scherben – Scheppernd.*
3. Schreiben Sie einen Tagebucheintrag des lyrischen Ichs im Gedicht „Lösung", in dem es darstellt, wie es sich das selbst erfundene Paradies vorstellt.
4. Nehmen Sie zu folgender These begründet Stellung: Das rechte Gedicht „Lösung" ist eine Antwort auf das linke.

Nicolas Born setzt mit seinem Gedicht die Tradition der „Sonntagsgedichte" fort. Dieses Motiv ist in der deutschen Literatur der Nachkriegszeit sehr beliebt (vgl. S. 27/28). Der Sonntag, der als typisch bürgerliche Institution gilt, wird nun kritisch hinterfragt.

Nicolas Born

Es ist Sonntag

Es ist Sonntag
die Mädchen kräuseln sich und Wolken
ziehen durch die Wohnungen –
wir sitzen auf hohen Balkonen.
Heute lohnt es sich
nicht einzuschlafen
das Licht geht langsam über in etwas
Bläuliches
das sich still auf die Köpfe legt
hier und da fällt einer
zusehends ab
die anderen nehmen sich
zusammen.
Diese Dunkelheit mitten im Grünen
dieses Tun und Stillsitzen
dieses alles ist
der Beweis für etwas anderes.

1. Bestimmen Sie die Grundstimmung des Textes.
2. Schreiben Sie ein Gedicht zum Thema „Es ist Sonntag", das Ihre Erfahrungen widerspiegelt, und vergleichen Sie es mit dem von Born.
3. Formulieren Sie Thesen dazu, wie die Wendung „Beweis für etwas anderes (V. 17) interpretiert werden könnte.
4. Erörtern sie abschließend, inwiefern Subjektivität politisch sein kann.

NICKELBRILLE UND PLATTENBAUTEN – LITERATUR IN DER DDR

Eine Protestbewegung, vergleichbar der Studentenrevolte in der Bundesrepublik, war unter den Bedingungen der sozialistischen Diktatur im anderen Teil Deutschlands natürlich nicht denkbar, ebenso wenig schätzte die Staatsführung in Ostberlin Individualität und Subjektivität. Dies betrifft selbstverständlich auch die Erziehung und Bildung der Jugend. So heißt es im DDR-Jugendgesetz von 1974:

Es ist ehrenvolle Pflicht der Jugend, die revolutionären Traditionen der Arbeiterklasse und die Errungenschaften des Sozialismus zu achten und zu verteidigen, sich für Frieden und Völkerfreundschaft einzusetzen und antiimperialistische Solidarität zu üben. Alle jungen Menschen sollen sich durch sozialistische Arbeitseinstellung und solides Wissen und Können auszeichnen, hohe moralische und kulturelle Werte ihr Eigen nennen und aktiv am gesellschaftlichen und politischen Leben, an der Leitung von Staat und Gesellschaft teilnehmen.

1. Arbeiten Sie heraus, welches offizielle Bild der Jugend in der DDR hier gezeichnet wird.

Immer gab es jedoch auch Menschen, die in unterschiedlichster Form Kritik am System der DDR übten. Zu ihnen zählte der Autor Reiner Kunze. In seinem literarischen Protest widmete er sich häufig der Lebenswirklichkeit von Jugendlichen, denen die kommunistische Staatsführung besondere Aufmerksamkeit schenkte.

Reiner Kunze

aus: **Die wunderbaren Jahre** (1976)

Beweggründe

In E., sagte sie, habe sich ein Schüler erhängt. Am nächsten Morgen hätten Jungen verschiedener Klassen schwarze Armbinden getragen, aber die Schulleitung habe durchblicken lassen, daß die Armbinden als Ausdruck oppositioneller Haltung gewertet würden. Der Schüler sei Mitglied der Jungen Gemeinde gewesen und habe einen Zettel mit durchgekreuztem Totenkopf und der Aufschrift „Jesus Christus" hinterlassen. Als erste hätten die Abiturienten die Armbinden abgelegt, weil sie kurz vor den Prüfungen stehen. Einigen Schülern, die nicht in die Klasse des Toten gehen, sei es vom Lehrer erlaubt worden, an der Beerdigung teilzunehmen, aber auf Anordnung des Direktors habe der Lehrer die Erlaubnis rückgängig machen müssen. Dem Pfarrer sei es nicht gelungen, den Direktor umzustimmen. Die Parteimitglieder habe man angewiesen, Gespräche über den Toten zu unterbinden. Am Tag der Beerdigung sei für die Zeit des Unterrichts ein Schülerwachdienst eingeführt worden, und die Schultür sei abgeschlossen gewesen. R

John Lennon (1971)

Draht

Sie bedauert es, nicht an einer Sehstörung zu leiden. Wenn sie an einer Sehstörung litte, könnte sie eine Nickelbrille tragen. Die Eltern eines Schülers, der in der Schule eine Nickelbrille getragen hatte, sind verwarnt worden. Nickelbrillen seien imperialistischer Modeeinfluß, Dekadenz. Zum Beweis hatte der Klassenlehrer Bilder aus einer Westillustrierten vorgelegt, die langhaarige männliche Nickelbrillenträger zeigten. An dem Morgen, an dem sie mit Nickelbrille zur Schule gehen könnte, würde sie gern gehen. Ihr Urgroßvater trug eine Nickelbrille. Er war Bergarbeiter. Ihr Großvater trug eine Nickelbrille. Er war Bergarbeiter. Zum Beweis würde sie die Fotos hinblättern. R

2. Vergleichen Sie das offizielle Bild der Jugend mit dem, das aus den Texten von Kunze spricht.
3. Charakterisieren Sie die Sprache der beiden Texte.
4. Versetzen Sie sich in die Lage eines der Mitschüler („Beweggründe") oder der weiblichen Protagonistin („Draht") und schildern Sie die jeweiligen Vorkommnisse aus deren Sicht. Diskutieren Sie die Unterschiede zwischen Ihrer Version und der des Autors.
5. Stellen Sie einen Zusammenhang her zwischen dem Foto von John Lennon („The Beatles") und Kunzes Text „Draht".
6. Erläutern Sie – ausgehend von den beiden Textbeispielen –, weshalb die DDR-Führung Kunze nach Erscheinen seines Buches unter Druck setzte.

Brigitte Reimann (1933–1973)

„Ich möchte lieber 30 wilde Jahre leben als 70 langsame und geruhsame."

Diese Zeilen stammen von Brigitte Reimann, und zwar aus ihrem letzten Werk, „Franziska Linkerhand", das gleichzeitig ihr bedeutendstes wurde. Es ist nicht nur ein Liebes- und Entwicklungsroman, sondern erzählt vor allem auch ein Stück DDR-Geschichte, ohne zu beschönigen oder abzurechnen.

Die junge Franziska Linkerhand, Tochter aus gut bürgerlichem Verlegerhaus, studiert nach einer früh gescheiterten Ehe mit einem einfachen Arbeiter nun Architektur und schließt dieses Studium brillant ab. Hoch motiviert verlässt sie die Universität und ihren genialen Professor, der sie überaus schätzt, um in der DDR-Provinz an einem Neubauprojekt mitzuarbeiten:

Brigitte Reimann
aus: **Franziska Linkerhand** (1974)

Mit einem Lineal fuhr er [der Stadtplaner Schafheutlin] auf dem Bebauungsplan herum, umriss die Wohnkomplexe des neuen Stadtteils – sechs Komplexe waren geplant, drei fertiggestellt, der vierte noch im Bau – und das gedrängte Hausgewimmel der Altstadt. Die Eisenbahnlinie, die Stadt und Kombinat verband, umging im Norden bogenförmig die Wohnsiedlung (die Karte zeigte noch Waldgebiet, tatsächlich aber war der schirmende Wald schon abgeholzt, Tagebaue schoben sich bis an die Peripherie der Stadt, und wenn Nebel fiel, wenn der Wind auf West drehte, brachte er den Gestank von Gasen mit und die träg schleppenden Fahnen von Kohlenstaub und feinem gelbem Sand aus den Gruben). „Sie werden mit dem Kollegen Jazwauk die Pläne für die Altstadt-Sanierung ausarbeiten", sagte Schafheutlin, verurteilte sie also für die nächsten zwei Monate zu der ödesten, blödesten Arbeit, die sich denken lässt, Gewirtschafte mit Lichtpausen, Buntstiften und Tabellen, eine Fleißaufgabe für Studenten im dritten Semester. „Ich hoffe, Sie haben keine überspannten Vorstellungen von den Aufgaben, die Sie hier erwarten. Wenn Sie der Auffassung sind, dass Neustadt ein Experimentierfeld ist, dann revidieren Sie diese Auffassung. Wir haben keine Zeit für Spielereien. Wir haben nur eine Aufgabe: Wohnungen für unsere Werktätigen zu bauen, so viele, so schnell, so billig wie möglich. Halten Sie sich das immer vor Augen."

Sie saß gerade, die Knie zusammengepresst, er konnte ihre Augen hinter der dunklen Brille nicht erkennen. Er legte seine Warzenhand auf den Rücken. „Haben Sie mich verstanden, Frau Linkerhand?"

„Sie sind nicht misszuverstehen, Herr Schafheutlin", sagte Franziska, mit einem Lächeln, das ihre spitzen Eckzähne entblößte – ah, sie wird ihm die Zähne zeigen, sie ist nicht mehr grün, sie hat Pläne, aber keine Illusionen … Franziska hielt sich in allem, was ihren Beruf anging, für nüchtern und vernünftig; als fleißiges Mädchen hatte sie sich auf Neustadt vorbereitet wie auf ein Examen und nächtelang, in ihrem geplünderten Zimmer, alles über

Städtebau gelesen, was sich in Regers Bibliothek fand: Sie türmte einen Wall von Büchern zwischen sich und die Gespenster, jahrelang zersplitterte Energie richtete sich jetzt gebündelt auf ein einziges Ziel, und sie lernte schnell und leicht. Sie leistete sich fünf Stunden Schlaf, fünf Stunden Ohnmacht, in denen sie an scheußlich Gestaltetes ausgeliefert war, auf der Stelle rannte, rannte, die Füße wie festgeschmolzen im Asphalt, eine Tür zudrückte, gegen die sich Schwarzes, Haariges, Namenloses stemmte, Vogel Greif verdunkelte den Himmel mit seinen Flügeln, und das weiße Pferd bleckte lautlos lachend die Zähne.

1. Charakterisieren Sie Franziska Linkerhand anhand des Textauszugs.
2. Deuten Sie ihre (Alb-)Träume.

Tipps zum Lesen und Hören:

Johanna Wokalek liest: Franziska Linkerhand von Brigitte Reimann. (Reihe: Starke Stimmen, Brigitte Hörbuch-Edition, Teil 9)

Plattenbauten

3. Informieren Sie sich aus Büchern oder im Internet über das Thema „Plattenbauten".
   Formulieren Sie Fragen dazu, beispielsweise:
   - Was ist besonders an dieser Bauweise im Vergleich zu anderen Wohnformen?
   - Wie kam es zur Entwicklung dieser Bauweise?
   - Wo und seit wann ist diese Bauweise verbreitet?
   - …

   Tauschen Sie Ihre Informationen aus.
4. Verfassen Sie entweder ein Gedicht oder eine Kurzgeschichte zu dem Thema.
   Welche Aspekte müssen Sie bedenken, bevor Sie zu schreiben anfangen (z. B. Perspektive)?

Zu der Zeit, von der wir reden ...

Die Literatur der achtziger Jahre des vorigen Jahrhunderts ist geprägt von Uneinheitlichkeit. Während sie in Ost und West einerseits die politischen, sozialen, ökonomischen und – ganz neu jetzt – die ökologischen Ereignisse und Entwicklungen reflektiert, kommentiert und in der künstlerischen Form transzendiert, zeigen sich andererseits Tendenzen, die genau diesen Zeitbezug ablehnen und die im Rückgriff auf Kunstwerke vergangener Zeiten Altes neu arrangieren und daraus neuen Sinn entwickeln. Diese als „Postmoderne" bekannte Strömung lebt von Bezügen zu anderen Texten, die, gleichsam als Montage arrangiert, etwas Neues ergeben.

IM 18. JAHRHUNDERT LEBTE ... – EIN ROMAN DER POSTMODERNE

Der Begriff „Postmoderne" hat seinen Ursprung in der literarischen Avantgarde der USA in den 1960er Jahren und wurde dann zunächst als Stilbegriff der Architektur verstanden. Bezeichnend für die Postmoderne ist die Skepsis gegenüber Modernisierung, Technisierung und Fortschrittsglauben. Was in der Architektur häufig als „Stilzitat" bezeichnet wird, nämlich die Übernahme verschiedenster Stilelemente aus unterschiedlichen früheren Epochen, die zusammengebracht eine neue Einheit bilden, äußert sich in der Literatur als Rückgriff auf frühere literarische Formen und Traditionen. Der Neubau der Stuttgarter Staatsgalerie (eröffnet 1984) gilt als Musterbeispiel eines Bauwerks der Postmoderne (Entwurf von James Stirling):

Stirling zelebriert Architektur als Baukunst, indem er auf den repräsentativ-monumentalen Museumstyp des 19. Jahrhunderts zurückgreift. Die streng U-förmige Anordnung der Galerieräume – sie entspricht dem Grundriss der spätklassizistischen [Stuttgarter] Alten Staatsgalerie –, die im Zentrum des Museums gelegene offene Rotunde – eine freie Anlehnung an Karl Friedrich Schinkels Altes Museum in Berlin und das Kolosseum –, kolossale Säulenordnungen, Giebel, Architrave und Steinfassaden inszenieren die Funktion des Museums als öffentliches Gebäude.
Die epochale Leistung von Stirling gründet in der Zusammenführung dieser historistischen Elemente mit dem modernen Formenvokabular der funktionalistischen Architektur (farbig gefasste Stahlkonstruktionen, Sichtbeton, geschwungene Baukörper). Durch die Ambivalenz der Formen, durch ihre Widersprüche und Vielschichtigkeit gewinnt das Museum an Dynamik und scheint gerade deshalb als Haus für die Kunst des 20. Jahrhunderts prädestiniert.

1. Fassen Sie zusammen, was in dieser Beschreibung des Gebäudes als typisch für die Postmoderne angesehen wird.

Als einer der berühmtesten Romane der Postmoderne gilt Umberto Ecos „Der Name der Rose", der bekannteste Text in deutscher Sprache ist Patrick Süskinds Roman „Das Parfum". Dieses 1985 erschienene Erstlingswerk entwickelte sich zu einem der größten deutschen Bucherfolge der Nachkriegszeit. Der Roman beginnt folgendermaßen:

Patrick Süskind
aus: **Das Parfum**

Im achtzehnten Jahrhundert lebte in Frankreich ein Mann, der zu den genialsten und abscheulichsten Gestalten dieser an genialen und abscheulichen Gestalten nicht armen Epoche gehörte. Seine Geschichte soll hier erzählt werden. Er hieß Jean-Baptiste Grenouille, und wenn sein Name im Gegensatz zu den Namen anderer genialer Scheusale, wie etwa de Sades, Saint-Justs, Fouchés, Bonapartes usw., heute in Vergessenheit geraten ist, so sicher nicht deshalb, weil Grenouille diesen berühmteren Finstermännern an Selbstüberhebung, Menschenverachtung, Immoralität, kurz an Gottlosigkeit nachgestanden hätte, sondern weil sich sein Genie und sein einziger Ehrgeiz auf ein Gebiet beschränkte, welches in der Geschichte keine Spuren hinterläßt: auf das flüchtige Reich der Gerüche. [...] [R]

Verglichen mit den Romananfängen der meisten modernen Romane nach 1945 ist der Beginn des „Parfums" merkwürdig herkömmlich, ja geradezu altertümlich. Genau dies gehört aber zu seinem „Programm", wie ein Vergleich mit zwei berühmten Anfängen von Prosawerken aus früherer Zeit sowie – als Kontrast – mit einem zeitgenössischen Roman zeigt:

Heinrich von Kleist
aus: **Michael Kohlhaas** (1810)

An den Ufern der Havel lebte, um die Mitte des sechzehnten Jahrhunderts, ein Rosshändler, namens Michael Kohlhaas, Sohn eines Schulmeisters, einer der rechtschaffensten zugleich und entsetzlichsten Menschen seiner Zeit. – Dieser außerordentliche Mann würde bis in sein dreißigstes Jahr für das Muster eines guten Staatsbürgers haben gelten können. Er besaß in einem Dorfe, das noch von ihm den Namen führt, einen Meierhof, auf welchem er sich durch sein Gewerbe ruhig ernährte; die Kinder, die ihm sein Weib schenkte, erzog er, in der Furcht Gottes, zur Arbeitsamkeit und Treue; nicht einer war unter seinen Nachbarn, der sich nicht seiner Wohltätigkeit oder seiner Gerechtigkeit erfreut hätte; kurz, die Welt würde sein Andenken haben segnen müssen, wenn er in einer Tugend nicht ausgeschweift hätte. Das Rechtgefühl aber machte ihn zum Räuber und Mörder. [...]

Joseph Roth
aus: **Hiob** (1930)

Vor vielen Jahren lebte in Zuchnow ein Mann namens Mendel Singer. Er war fromm, gottesfürchtig und gewöhnlich, ein ganz alltäglicher Jude. Er übte den schlichten Beruf eines Lehrers aus. In seinem Haus, das nur aus einer geräumigen Küche bestand, vermittelte er Kindern die Kenntnis der Bibel. Er lehrte mit ehrlichem Eifer und ohne Aufsehen erregenden Erfolg. Hunderttausende vor ihm hatten wie er gelebt und unterrichtet. [...]

Christoph Hein
aus: **Der fremde Freund / Drachenblut** (1982)

Am Anfang war eine Landschaft.

Der Hintergrund ein Zypressengrün, ein schmaler Streifen vor kristallen-leuchtender Leere. Dann eine Brücke, sie führt über einen Abgrund, über eine Schlucht, einen tiefliegenden Bach. Beim Näherkommen – weniger ein Laufen, Schreiten, fast wie eine Kamerafahrt – zeigt sich, sie ist brüchig, eine Ruine. Zwei Balken über einem grundlosen Boden. Ich oder die Person, die vielleicht ich selbst bin, zögert. Ich – behaupten wir es – sehe mich um. Mein Begleiter, sein Gesicht bleibt traumverschwommen, ein Mann, sicher ein Bekannter, ein Freund, hebt die Hände. Wir müssen hinüber. Unmöglich ist es uns umzukehren. Wir müssen auf die andere Seite des Abgrunds. In der Tiefe Felsbrocken, Ginsterbüsche und, nur ahnbar, das Wasser. Wir betreten die Brücke. Mich fröstelt. Die ersten drei, vier Schritte begleitet uns noch Brückengeländer, das ich umklammere. Dann endet es, zersplittert, stumpf in die Luft ragend, abrupter Torso. Mein Begleiter stellt einen Fuß auf den Balken und reicht mir die Hand. [...]

2. Vergleichen Sie die Romananfänge sprachlich und inhaltlich und ermitteln Sie Gemeinsamkeiten und Unterschiede. Was kennzeichnet den Stil Süskinds?
3. Informieren Sie sich in literarischen Lexika bzw. im Internet über den Begriff „Postmoderne".
4. Was könnte die Etikettierung von Süskinds Roman als Werk der „Postmoderne" rechtfertigen?

Filmszene: Grenouille mischt ein Parfüm

Der Antiheld des Romans, Jean-Baptiste Grenouille, hat das Glück, durch Zufall zu einem Parfümeur namens Baldini zu kommen, der gerade in der Verlegenheit ist, dass sein schärfster Konkurrent ein unvergleichliches neues Parfüm entwickelt hat, dessen Rezeptur er unbedingt kopieren möchte, was ihm aber nicht gelingt. Grenouille gibt eine Probe seines phänomenalen Könnens, indem er problemlos dieses Parfüm imitiert und – mehr noch – daraus ein noch wesentlich besseres entwickelt:

[...] Der Duft war so himmlisch gut, daß Baldini schlagartig das Wasser in die Augen trat. Er brauchte keine Probe zu nehmen, er stand nur am Werktisch vor der Mischflasche und atmete. Das Parfum war herrlich. Es war im Vergleich zu „Amor und Psyche" wie eine Sinfonie im Vergleich zum einsamen Gekratze einer Geige. Und es war mehr. Baldini schloß die Augen und sah sublimste Erinnerungen in sich wachgerufen. Er sah sich als einen jungen Menschen durch abendliche Gärten von Neapel gehn; er sah sich in den Armen einer Frau mit schwarzen Locken liegen und sah die Silhouette eines Strauchs von Rosen auf dem Fenstersims, über das ein Nachtwind ging; er hörte versprengte Vögel singen und von Ferne die Musik aus einer Hafenschenke; er hörte Flüsterndes ganz dicht am Ohr, er hörte ein Ichliebdich und spürte, wie sich ihm vor Wonne die Haare sträubten, jetzt! jetzt in diesem Augenblick! Er riß die Augen auf und stöhnte vor Vergnügen. Dieses Parfum war kein Parfum, wie man es bisher kannte. Das war kein Duft, der besser riechen machte, kein Sentbon*, kein Toilettenartikel. Das war ein völlig neuartiges Ding, das eine ganze Welt aus sich erschaffen konnte, eine zauberhafte, reiche Welt, und man vergaß mit einem Schlag die Ekelhaftigkeiten um sich her und fühlte sich so reich, so wohl, so frei, so gut ... R

* einfacher Wohlgeruch

5. Beschreiben Sie selbst einen Duft – sei es von einem Parfüm oder einem Alltagsgegenstand (Gewürz, Obst etc.); versuchen Sie dann gegenseitig, den beschriebenen Artikel mittels einer Geruchsprobe ausfindig zu machen.
6. Beschreiben Sie eine Szene in der Öffentlichkeit rein olfaktorisch* (z. B. Wochenmarkt, Viktualienmarkt*, Festzelt ...).

* bzgl. des Geruchs
* Viktualien: Lebensmittel

Grenouille wird im Juli 1738 in Paris geboren. Die geruchliche Atmosphäre beschreibt Süskind folgendermaßen:

[...] Zu der Zeit, von der wir reden, herrschte in den Städten ein für uns moderne Menschen kaum vorstellbarer Gestank. Es stanken die Straßen nach Mist, es stanken die Hinterhöfe nach Urin, es stanken die Treppenhäuser nach fauligem Holz und nach Rattendreck, die Küchen nach verdorbenem Kohl und Hammelfett; die ungelüfteten Stuben stanken nach muffigem Staub, die Schlafzimmer nach fettigen Laken, nach feuchten Federbetten und nach dem stechend süßen Duft der Nachttöpfe. Aus den Kaminen stank der Schwefel, aus den Gerbereien stanken die ätzenden Laugen, aus den Schlachthöfen stank das geronnene Blut. Die Menschen stanken nach Schweiß und nach ungewaschenen Kleidern; aus dem Mund stanken sie nach verrotteten Zähnen, aus ihren Mägen nach Zwiebelsaft und an den Körpern, wenn sie nicht mehr ganz jung waren, nach altem Käse und nach saurer Milch und nach Geschwulstkrankheiten. Es stanken die Flüsse, es stanken die Plätze, es stanken die Kirchen, es stank unter den Brücken und in den Palästen. Der Bauer stank wie der Priester, der Handwerksgeselle wie die Meistersfrau, es stank der gesamte Adel, ja sogar der König stank, wie ein Raubtier stank er, und die Königin wie eine alte Ziege, sommers wie winters. Denn der zersetzenden Aktivität der Bakterien war im achtzehnten Jahrhundert noch keine Grenze gesetzt, und so gab es keine menschliche Tätigkeit, keine aufbauende und keine zerstörende, keine Äußerung des aufkeimenden oder verfallenden Lebens, die nicht von Gestank begleitet gewesen wäre.

Und natürlich war in Paris der Gestank am größten, denn Paris war die größte Stadt Frankreichs. Und innerhalb von Paris wiederum gab es einen Ort, an dem der Gestank ganz besonders infernalisch herrschte, zwischen der Rue aux Fers und der Rue de la Ferronnerie, nämlich den Cimetière des Innocents. [...] R

Süskinds Beschreibung hat der damaligen Realität sehr gut entsprochen, wie zeitgenössische Zeugnisse zweifelsfrei belegen. In seinem zwölfbändigen, damals in ganz Europa berühmten Werk „Tableau de Paris" aus den Jahren 1781 bis 1788 berichtet L. S. Mercier Folgendes:

Leichengestank riecht man in fast allen Kirchen; daher der Widerwille vieler Leute, die keinen Fuß mehr hineinsetzen wollen. Die Wünsche der Bürger, die Parlamentserlasse, die Beschwerden – alles ist umsonst gewesen: die Gräberdünste vergiften weiterhin die Gläubigen. [...]

Muss man sich, ganz abgesehen von Friedhöfen, wundern, dass die Luft so verdorben ist? In den Häusern stinkt es, was eine dauernde Belästigung für die Bewohner darstellt. Jeder hat in seinem Haus einen Abtritt; von dieser Vielzahl von Fäkalgruben gehen abscheuliche Dünste aus. Die nächtliche Leerung verbreitet den scheußlichen Geruch im ganzen Viertel und kostet manche der Unglücklichen das Leben, deren Elend man an der gefährlichen und widerlichen Tätigkeit ermessen kann, der sie nachgehen.

Diese Senkgruben sind oft so schlecht angelegt, dass ihr Inhalt sich in die benachbarten Brunnen ergießt. Die Bäcker, die sich für gewöhnlich des Brunnenwassers bedienen, verzichten deswegen nicht darauf; und das alltäglichste Nahrungsmittel wird unweigerlich durchtränkt mit diesen mefitischen* und bösartigen Bestandteilen.

Die Kloakenentleerer schütten auch, um sich die Mühe eines Transports vor die Stadt zu sparen, die Fäkalien im Morgengrauen in die Abflussgräben und Rinnsteine. Diese entsetzliche Brühe ergießt sich nun die Straßen entlang auf die Seine zu und verseucht die Ufer, wo die Wasserträger morgens mit ihren Eimern das Wasser schöpfen, das die unempfindlichen Pariser zu trinken genötigt sind.

Noch unglaublicher aber ist, dass gestohlene oder gekaufte Leichen, an denen sich die jungen Chirurgen in der Anatomie üben, oft zerstückelt in diese Abtrittgruben geworfen werden. [...] Die Arbeit aber wird [dadurch], ganz abgesehen von dem Grauen, das sie einflößt, für die Kloakenentleerer noch furchtbarer. Die Kotdünste, die Abtrittdämpfe strecken sie nieder oder bringen sie um, und die lebendige Menschennatur wird noch stärker beleidigt als die menschliche Natur, die nicht mehr am Leben ist.

* krankheitserregend, stinkend

Lesetipps

- Louis Sébastien Mercier, *Pariser Nahaufnahmen (Tableau de Paris)*; ausgewählt, übersetzt und mit Nachwort versehen von W. Tschöke. Eichborn Verlag, Frankfurt/M. 2000 (= die andere Bibliothek)
- Alain Corbin, *Pesthauch und Blütenduft. Eine Geschichte des Geruchs.* Fischer Tb, Frankfurt/M. 1992
- Georges Vigarello, *Wasser und Seife, Puder und Parfüm. Geschichte der Körperhygiene seit dem Mittelalter.* Campus Verlag, Frankfurt/M. 1992

7. Mercier berichtet in seinem Werk von eben jenem „Cimetière des Innocents", den auch Süskind erwähnt. Legen Sie dar, inwiefern dies den postmodernen Charakter von Süskinds Roman unterstreicht.
8. Informieren Sie sich selbst über die hygienischen Umstände im 18. und 19. Jahrhundert in Großstädten Europas (s. nebenstehende Lesetipps).
9. 2006 wurde Süskinds Roman verfilmt: Wie würden Sie versuchen, die oben dargestellte Situation mit all den Gerüchen einer Großstadt im 18. Jahrhundert filmisch umzusetzen?

NICHTS LOS HEUT' ... – SZENEN DES ALLTAGS

Irmtraud Morgner
(1933–1990)

In ihrem Roman „Leben und Abenteuer der Trobadora Beatriz nach Zeugnissen ihrer Spielfrau Laura" setzt Irmtraud Morgner Merkmale postmoderner Literatur gezielt ein, um zeitkritische Elemente umso deutlicher zu kennzeichnen. So finden sich in dem Roman einerseits postmoderne Elemente: etwa die Montagetechnik, mit der die Autorin eine ungeheure Fülle unterschiedlichster Materialien, Texte, Personen und Schauplätze zusammenbindet, oder die stilistischen Anleihen bei mittelalterlicher Literatur. Andererseits blitzt im Unterschied zur Literatur der Postmoderne jedoch immer wieder der Zeitbezug durch, insbesondere dann, wenn es mit satirisch-ironischem Unterton um die Frage der Gleichberechtigung und um die Emanzipation der Frau – in diesem Falle in der DDR – geht, die eine zentrale Rolle in dem Roman einnimmt.

Irmtraud Morgner
aus: **Leben und Abenteuer der Trobadora Beatriz** (1976)

Kaffee verkehrt: Als neulich unsere Frauenbrigade im Espresso am Alex Kapuziner trank, betrat ein Mann das Etablissement, der meinen Augen wohltat. Ich pfiff also eine Tonleiter rauf und runter und sah mir den Herrn an, auch rauf und runter. Als er an unserem Tisch vorbeiging, sagte ich „Donnerwetter". Dann unterhielt sich unsere Brigade über seine Füße, denen Socken fehlten, den Taillenumfang schätzten wir auf siebzig, Alter auf zweiunddreißig. Das Exquisithemd zeichnete die Schulterblätter ab, was auf Hagerkeit schließen ließ. Schmale Schädelform mit rausragenden Ohren, stumpfes Haar, das irgendein hinterweltlerischer Friseur im Nacken rasiert hatte, wodurch die Perücke nicht bis zum Hemdkragen reichte, was meine Spezialität ist. Wegen schlechter Haltung der schönen Schultern riet ich zu Rudersport. Da der Herr in der Ecke des Lokals Platz genommen hatte, mussten wir sehr laut sprechen. Ich ließ ihm und mir einen doppelten Wodka servieren und prostete ihm zu, als er der Bedienung ein Versehen anlasten wollte. Später ging ich zu seinem Tisch, entschuldigte mich, sagte, dass wir uns von irgendwoher kennen müssten, und besetzte den nächsten Stuhl. Ich nötigte dem Herrn die Getränkekarte auf und fragte nach seinen Wünschen. Da er keine hatte, drückte ich meine Knie gegen seine, bestellte drei Lagen Sliwowitz und drohte mit Vergeltung für den Beleidigungsfall, der einträte, wenn er nicht tränke. Obgleich der Herr weder dankbar noch kurzweilig war, sondern wortlos, bezahlte ich alles und begleitete ihn aus dem Lokal. In der Tür ließ ich meine Hand wie zufällig über eine Hinterbacke gleiten, um zu prüfen, ob die Gewebestruktur in Ordnung war. Da ich keine Mängel feststellen konnte, fragte ich den Herrn, ob er heute Abend etwas vorhätte, und lud ihn ein ins Kino „International". Eine innere Anstrengung, die zunehmend sein hübsches Gesicht zeichnete, verzerrte es jetzt grimassenhaft, konnte die Verblüffung aber doch endlich lösen und die Zunge, also dass der Herr sprach:

„____." –

„__________", entgegnete ich, „_________________________________."

1. Erfinden Sie einen passenden, pointierten Schluss.
2. Vergleichen Sie Ihre Version mit dem Original (s. Lösungshinweise) und diskutieren Sie die Frage, worauf Irmtraud Morgner mit dieser Kurzgeschichte hinweisen will.
3. Erzählen Sie die Geschichte in der Er-Form aus der Sicht eines unbeteiligten Beobachters der Szene, der sich an einigen Stellen in die Person des Mannes hineinzuversetzen versucht.

Botho Strauß

Der Einsamkeits-Kasper (1981)

Der Einsamkeits-Kasper, der seinen äußeren Anschein, allein dazusitzen am Restauranttisch, kaum ertragen kann, mehrmals geschäftig und steif zum Buffet läuft und den Telefonapparat zurechtrückt, um schließlich seine eigene Nummer zu Haus zu wählen, der in seinem leeren Zuhaus anruft und so, mit dem Hörer in der Hand und der Miene gewichtiger Erwartung auf dem Gesicht, sich gewappnet und beschäftigt genug fühlt, um die Leute, die paarweise im Restaurant sitzen und von denen er sich niedergestarrt fand, ringsum ins Auge zu fassen, der nach einigen Minuten mit einem gekünstelten Seufzer der Enttäuschung den Hörer wieder auflegt und zu seinem Tisch zurückkehrt.

Botho Strauß (* 1944)

1. Analysieren Sie die sprachliche Gestaltung des Texts:
   Erläutern Sie, warum in dem Satz das Prädikat fehlt, und fügen Sie versuchsweise verschiedene Prädikate an, um den Satz abzuschließen.
2. Erläutern Sie den Titel des Texts.
   Welcher Textgattung würden Sie die Episode zuordnen?
3. Verfassen Sie eine „aktualisierte" Version von Strauß' Text.
4. Entwerfen Sie eine kurze Dramenszene, die die Texte von Morgner und Strauß verbindet, und spielen Sie diese.

In den achtziger Jahren des letzten Jahrhunderts war der Sonntag ein Thema, das weit über die faktische Beschreibung eines Tags der Woche hinaus den Blick auf die bürgerliche Gesellschaft richtete.

Fast gleichzeitig beschreiben Durs Grünbein und Günter Kunert das sonntägliche Leben in Berliner Stadtbezirken. Dabei gibt es Gemeinsamkeiten, aber auch ganz wesentliche Unterschiede:

Durs Grünbein

Nullbock (1988)

Prenzlauer Berg sonntags die dunstige
Schwüle in den von
Autos verstopften Straßen. Ein Junge
in Jeans

streichelt ein Mädchen lässig beim
Telefonieren am Apparat dicht
vor der Hauswand zersplittertes Glas. Sagt
‚Nichts los heut' und wendet

sich um in die Richtung aus der
der Schrei eines
verunglückten Kindes kommt aus-

gestreckt wenige Meter vor dem
zerquetschten Ball.

Günter Kunert

Charlottenburger Sonntagmorgen (1987)

Die Reglosigkeit eines Terrariums:
Bewohner verkrochen in Stein
und Traum. Tauben
auf dem Zeitungskiosk die sich
ausgestopft stellen.
Nur ein offenes Fenster
atmet die Frühe ein.

Lustvolle Menschenleere

geheiligt durch einen
vergrauten Pudel
der ein greisenhaftes Geschöpf
an der Leine führt.

1. Vergleichen Sie die beiden Gedichte inhaltlich und sprachlich.
   Wo erkennen Sie wesentliche Unterschiede?
2. Vergleichen Sie die Gedichte mit den anderen Texten dieses Arbeitshefts zum Thema „Sonntag" (S. 27, 28, 44).
3. Wie würden Sie die jeweils beschriebene Atmosphäre in einem Kurzfilm festzuhalten versuchen?
4. Welche Haltung zur Lebenswirklichkeit reflektieren die vier Texte dieses Teilkapitels?

DIESE VORÜBERRAUSCHENDE BLAUE EINZIGE WELT! – FORMEN DER UMWELTBEDROHUNG

Die achtziger Jahre waren gekennzeichnet durch einschneidende Ereignisse und Bewusstseinsprozesse in ökologischer Hinsicht. Dabei sind insbesondere drei Themen zu nennen: das Waldsterben, die sich bereits abzeichnende Klimaveränderung und die Reaktorkatastrophe von Tschernobyl im Jahr 1986.

Peter Rühmkorf (* 1929)

Sarah Kirsch (* 1935)

Peter Rühmkorf
Diese vorüberrauschende blaue … (1985)

Einmal noch wendet sich Junges und Altes,
tauscht seine Namen, wechselt die Schuh –
Du während deines Erdaufenthaltes
höre mir zu.

Vielerleilieb in die Ohren geflüstert,
Unwiderrufliches, wie es begann –
Eh sich die Welt zur Nachwelt verdüstert,
sieh sie dir an!

Sieh sie dir an, aus wieviel Kriställchen
sich im Jahrtausend ein Gletscher erbaut:
Mythos zu bilden, frage nicht welchen,
während er taut.

Anbrandend Licht auf enteilenden Schiffen
– Ori- und Okzident kuckt wie geklont –
Alles schon im Entschwinden begriffen:
Frage nicht, ob deine Träne sich lohnt.

Frage nicht frag und ergib und besinn dich,
ahnungsvoll gegen die Sterne gekehrt;
solang der Atem noch aus dir und in dich
schwerelos fährt …

Was sich erkennt, unterhält sich in Flammen,
flüchtig gefasst – auseinander getanzt:
Zuspruch und Zauberspruch rinnen zusammen,
halt mal das Ohr an die Brust, wenn du kannst!

Hör auf dein Herz und an! – ihm vertraue
Unwiderrufliches, eh es entfällt:
Diese vorüberrauschende blaue
e i n z i g e W e l t !

Sarah Kirsch
Bäume (1984)

Früher sollen sie
Wälder gebildet haben und Vögel
Auch Libellen genannt kleine
Huhnähnliche Wesen die zu
Singen vermochten schauten herab.

Aufnahme aus dem Schwarzwald (Mummelsee) aus dem Jahr 1984

1. Bringen Sie beide Gedichte thematisch miteinander in Verbindung.
2. Aus welcher Sicht schreiben die beiden Autoren? – Erläutern Sie in diesem Zusammenhang auch die Funktion der Formulierung „sollen sie" zu Beginn von Kirschs Gedicht.
3. Stellen Sie Fragen an Rühmkorfs Text und versuchen Sie, sich diese gegenseitig zu beantworten. Beachten Sie dabei insbesondere die Rolle, die die Sinne und die Wahrnehmung spielen.
4. Folgen Sie dem Auftrag des lyrischen Sprechers und formulieren Sie nur für sich allein (vielleicht als Tagebucheintrag oder Gedicht?) das „Unwiderrufliche", das Sie Ihrem Herzen anvertrauen, „eh es entfällt" (vgl. die letzte Strophe).
5. Worin zeigt sich der Appellcharakter des Texts?

Dürre

Wolfgang Hildesheimer

aus: **Das wiederholte Verbrechen** (1989)

[...] Und das Ozonloch über dem Nordpol, so lautet ein unausgesprochenes, weil verdrängtes Argument, ist denn doch zu weit entfernt von Europa, als dass es uns Unheil bringen könnte, ein märchenhaftes Untier aus der Luft, das letztlich domestiziert wird, denn „alles renkt sich wieder ein". Dass sich nichts wieder einrenkt, nehmen die meisten wohl erst zur Kenntnis, wenn ihnen Wasser oder Schlamm bis zu den Knien stehen, und selbst dann werden sie die Zusammenhänge der sich akkumulierenden Symptome nicht erkennen, nicht die eklatante Veränderung unseres Klimas und der Witterungen – wer will leugnen, dass es anders regnet als zuvor, heftiger und häufiger, oder dass Klima und Wirkung des Sonnenlichts sich verändern! Man stelle einen solchen Unentwegten in einen toten Wald, wie es ihn in der Auvergne oder in Nordtirol gibt, und er wird sich in den eingebildeten Schatten eines erstorbenen Strunkes setzen und behaupten, er sehe nichts Anormales. Jeder Umweltsünder – dieses Wort ist, genau genommen, eine fatale Bagatellisierung, als handle es sich um ein Kavaliersdelikt – laboriert denn auch an seinem eigenen Feindbild, das ihn heißt, alles ihm Zuwiderlaufende zu verdrängen, und wenn er die katastrophalen Zeichen wirklich erkennt, so wird er entweder in das zu Tode strapazierte Diktum flüchten, dass „alles schon einmal dagewesen" sei, oder in die alberne Moralpauke, dass wir an der Katastrophe letztlich alle mitschuldig seien. Natürlich sind wir alle mitschuldig, doch das Maß an Mitschuld variiert zwischen dem einmal begangenen Vergehen und dem wiederholten Verbrechen. Eine weite Skala. [...]

Hochwasser

1. Umreißen Sie in einem Satz das Thema von Hildesheimers Text.
2. Wogegen und gegen wen wendet er sich? Was ist sein Anliegen?
3. Erläutern Sie seine Aussage über die Mitschuld aller und nehmen Sie Stellung dazu.
4. Untersuchen Sie die Aussagen Hildesheimers im Hinblick auf ihre Aktualität heute.

26. April 1986: Im ukrainischen Kernkraftwerk Tschernobyl kommt es nach einem Test durch menschliches Versagen zu einem „größten anzunehmenden Unfall" (GAU): Der Block 4 des Atomkraftwerkes Tschernobyl explodiert. Die fatalen Folgen werden anfangs gezielt verschleiert …

Chr. F. D. Schubart

Die Forelle (1782)

In einem Bächlein helle,
Da schoss in froher Eil'
Die launige Forelle
Vorüber wie ein Pfeil.
Ich stand an dem Gestade
Und sah in süßer Ruh'
Des muntern Fisches Bade
Im klaren Bächlein zu.

Ein Fischer mit der Rute
Wohl an dem Ufer stand,
Und sah's mit kaltem Blute,
Wie sich das Fischlein wand.
So lang dem Wasser Helle,
So dacht' ich, nicht gebricht,
So fängt er die Forelle
Mit seiner Angel nicht.

[…]

Christa Wolf

aus: Störfall. Nachrichten eines Tages (1987)

[…] Leichtfertig und unbesorgt habe ich das Wasser beim Duschen an mir herunterrinnen lassen. Jeder einzige der zahllosen Experten, die jetzt wie Pilze aus der Erde schießen (Pilze! ungenießbar für diese Saison!), hat das Grundwasser für noch lange, lange nicht – vielleicht diesmal überhaupt noch nicht! – gefährdet erklärt. In einem Bächlein helle. Es ist eine Unart, beim Duschen zu singen. Auch erschwert es, aus dem kleinen Radiogerät Marke Sanyo die Nachrichten zu empfangen, in welche DIE NACHRICHT jede Stunde umgemünzt und zerkleinert wird. Die launische Forelle. Speicherfisch für radioaktive Zerfallsprodukte. Je nachdem, welcher der Parteien, in die auf vorhersagbare Weise die Öffentlichkeit zerfällt, der Experte angehört hat und ob er Optimist oder Pessimist gewesen ist, hat er gesagt: Nein. Keinesfalls wird der Reaktorkern durchschmelzen. Oder: Aber doch. Doch, doch: Auch das ist gar nicht ausgeschlossen. […]

Um dir die wichtigsten Informationen nachzuliefern, die du in Schlaf oder Halbschlaf versäumst: Am Sonnabend voriger Woche, um ein Uhr fünfundzwanzig Ortszeit, gab es einen Brand im Maschinenhaus des vierten Reaktorblocks. Um ihn auszulösen, mußten mehrere unglückliche Umstände unvorhersehbarer Art zusammentreffen. Was nach Aussage der Physiker höchstens einmal in 10 000 Jahren hätte geschehen können, ist jetzt geschehen. Zehntausend Jahre sind eingeschmolzen auf diesen Tag. Das Gesetz der Wahrscheinlichkeit hat uns zu verstehen gegeben, daß es ernst genommen werden will. Die Physiker fahren fort, in ihrer uns unverständlichen Sprache zu uns zu sprechen. Was sind „15 Millirem fall-out pro Stunde". Wie lange müßte ich, wie lange müßte ein einjähriges Kind, wie lange ein Embryo im Mutterleib ihnen ausgesetzt sein, um Schäden davonzutragen. […] R

1. Christa Wolf interpoliert immer wieder Teile aus Christian Friedrich Daniel Schubarts Gedicht „Die Forelle" in ihren Text. Können Sie einen Grund dafür erkennen?
2. Fügen Sie weitere Teile aus dem hier abgedruckten Gedichttext in Wolfs Text ein. Begründen Sie Ihre Wahl.

Tschernobyl, 1986:
Blick in die zerstörte Reaktorhalle
drei Tage nach dem GAU

Friedrich Christian Delius

Gute Zeiten für Ghostwriter (1987)

[…] Bis jetzt kann ich nicht erkennen, warum Autoren, die sich der größeren oder begrenzten, der gesellschaftlichen (ökonomischen, ökologischen, psychosozialen) oder individuellen Katastrophen und Krisen bewusst sind, „nach Tschernobyl" anders schreiben sollten als vordem […]

Folgen sehe ich eher auf anderen ästhetischen Feldern. Die radioaktiven Wolken haben jedermann belehrt, wie trügerisch der Augenschein, wie lügenhaft Fotos sein können. Dem Foto von einer blühenden Wiese sieht man nicht an, ob sie verseucht ist oder nicht. Die Bilder stehen seit Ende April 1986 unter neuem Verdacht – die Wörter dagegen und die Fiktionen nicht mehr als vorher […]

3. Wort – Bild – Fiktion: Grenzen Sie die Begriffe im Sinne Delius' gegeneinander ab und zeigen Sie, welche Manipulationsmöglichkeiten es gibt.
4. Vergleichen Sie seine Aussagen mit denen Christa Wolfs: Stimmen sie überein?
5. Was meint Delius mit dem Begriff „Ghostwriter"?

DA BIN ICH NOCH: MEIN LAND GEHT IN DEN WESTEN – DIE LITERATUR DER WENDE

1987 veröffentlichte Volker Braun den Gedichtband „Langsam knirschender Morgen", in dem sich folgender Text findet:

Volker Braun

Das Lehen

Ich bleib im Lande und nähre mich im Osten.
Mit meinen Sprüchen, die mich den Kragen kosten
In anderer Zeit: noch bin ich auf dem Posten.
In Wohnungen, geliehn vom Magistrat
Und eß mich satt, wie ihr, an der Silage*.
Und werde nicht froh in meiner Chefetage
Die Bleibe, die ich suche, ist kein Staat.
Mit zehn Geboten und mit Eisendraht:
Sähe ich Brüder und keine Lemuren*.
Wie komm ich durch den Winter der Strukturen.
Partei mein Fürst: *sie hat uns alles gegeben*
Und alles ist noch nicht das Leben.
Das Lehen, das ich brauch, wird nicht vergeben. [R]

* hier: minderwertige Nahrungsmittel

* hier: Gespenster

1. Erläutern Sie den Titel des Gedichts:
   Wer bekam früher von wem ein Lehen?
   Welche Rechte und Pflichten waren damit verbunden?
2. Wie kann das Gedicht auf diesem Hintergrund verstanden werden?
3. Informieren Sie sich über Volker Braun:
   Inwiefern trägt dieses Gedicht biografische Züge?

Einige Jahre später, nämlich 1990 – und somit nach der „Wende" –, meldete sich Braun mit einem Komplementärgedicht wieder zu Wort:

Volker Braun

Das Eigentum *Wessen?*

Da bin ich noch: mein Land geht in den Westen.
KRIEG DEN HÜTTEN FRIEDE DEN PALÄSTEN.
Ich selber habe ihm den Tritt versetzt.
Es wirft sich weg und seine magre Zierde.
Dem Winter folgt der Sommer der Begierde.
Und ich kann *bleiben wo der Pfeffer wächst.*
Und unverständlich wird mein ganzer Text.
Was ich niemals besaß, wird mir entrissen.
Was ich nicht lebte, werd ich ewig missen.
Die Hoffnung lag im Weg wie eine Falle.
Mein Eigentum, jetzt habt ihrs auf der Kralle.
Wann sag ich wieder *mein* und meine alle.

Büchner: Was soll das (veränderte) Zitat?

Winter = Osten
Sommer = Westen
= dazwischen?

Wer ist gemeint?

Inwiefern? Systemkritik?

Zeilenstil? Funktion?

Faust: Was man nicht hat, das eben brauchte man / Und was man hat, kann man nicht brauchen.

Solidarität?

4. Interpretieren Sie das Gedicht, indem Sie die Randnotizen zu Hilfe nehmen.
   Was spricht für, was gegen eine Etikettierung des Gedichts als Text der Postmoderne?
5. Wie sieht Volker Braun die politische und gesellschaftliche Entwicklung?
6. Vergleichen Sie beide Gedichte inhaltlich und sprachlich.

Auch westdeutsche Schriftsteller beurteilten die Ereignisse des Jahres 1989 durchaus nicht nur positiv. Früh schon gab es kritische Stimmen zur Wiedervereinigung, und so stellten sich deren Befürwortern – die freilich in der großen Mehrzahl waren – durchaus auch einige Kritiker entgegen.

Stefan Heym
(1913–2001)

Stefan Heym
Rede auf der Demonstration am 4. November

Berlin, Alexanderplatz. NOVEMBER 1989

Freunde! Mitbürger!

Es ist, als habe einer die Fenster aufgestoßen nach all den Jahren der Stagnation, der geistigen, wirtschaftlichen, politischen, den Jahren von Dumpfheit und Mief, von Phrasengewäsch und bürokratischer Willkür, von amtlicher Blindheit und Taubheit. Welche Wandlung: Vor noch nicht vier Wochen die schön gezimmerte Tribüne hier um die Ecke mit dem Vorbeimarsch, dem bestellten, vor den Erhabenen – und heute ihr, die ihr euch aus eigenem freien Willen versammelt habt für Freiheit und Demokratie und für einen Sozialismus, der des Namens wert ist. In der Zeit, die hoffentlich jetzt zu Ende ist, wie oft kamen da die Menschen zu mir mit ihren Klagen: Dem war Unrecht geschehen, und der war unterdrückt und geschurigelt worden, und allesamt waren sie frustriert. Und ich sagte: So tut doch etwas!
Und sie sagten resigniert: Wir können doch nichts tun.
Und das ging so, in dieser Republik, bis es nicht mehr ging. Bis sich so viel Unbilligkeit angehäuft hatte im Staate und so viel Unmut im Leben der Menschen, dass ein Teil von ihnen weglief, die andern aber, die Mehrzahl, erklärten, und zwar auf der Straße, öffentlich: Schluss! Ändern! Wir sind das Volk! Einer schrieb mir, und der Mann hat Recht: Wir haben in diesen letzten Wochen unsere Sprachlosigkeit überwunden und sind jetzt dabei, den aufrechten Gang zu erlernen. Und das, Freunde, in Deutschland, wo bisher sämtliche Revolutionen danebengegangen und die Leute immer gekuscht haben, unter dem Kaiser, unter den Nazis und später auch.
Aber sprechen, frei sprechen, gehen, aufrecht gehen. das ist nicht genug. Lasst uns auch lernen, zu regieren. Die Macht gehört nicht in die Hände eines Einzelnen oder ein paar weniger oder eines Apparats oder einer Partei. Alle müssen teilhaben an dieser Macht, und wer immer sie ausübt und wo immer, muss unterworfen sein der Kontrolle der Bürger, denn Macht korrumpiert, und absolute Macht, das können wir heute noch sehen, korrumpiert absolut.
Der Sozialismus, nicht der stalinsche, der richtige, den wir endlich erbauen wollen zu unserem Nutzen und zum Nutzen ganz Deutschlands, ist nicht denkbar ohne Demokratie. Demokratie aber, ein griechisches Wort, heißt Herrschaft des Volkes.

Freunde! Mitbürger – üben wir sie aus, diese Herrschaft!

Martin Walser (* 1927)

Martin Walser

11. November 1989

Zum erstenmal in diesem Jahrhundert, dass deutsche Geschichte gut verläuft. Zum erstenmal, dass eine deutsche Revolution gelingt. Die Deutschen in der DDR haben eine Revolution geschaffen, die in der Geschichte der Revolutionen wirklich neu ist: die sanfte Revolution. Das ist eine Revolution, die die Leute selbst vollbringen, ohne importierte Theorie. Diese sanfte Revolution wird die Welt davon überzeugen, dass die Deutschen eine neue politische Form brauchen. Nachkriegszeit und Kalter Krieg haben gedauert bis zum 9. November 1989. Wir sind jetzt friedfertig. Und kämen jetzt alle Deutschen herüber, sie wären alle willkommen. Wir haben etwas gutzumachen an ihnen. Wo jeder schließlich bleibt, wird sich finden. Jetzt ist es wichtig, dass wir mit unseren Landsleuten vollkommen solidarisch sind. Zuerst richten wir uns jetzt das deutsche Zimmer ein, bevor wir vom europäischen Haus* reden. Und wenn es zwei Zimmer werden sollten, so müssten sie doch enger miteinander verbunden sein als die anderen Zimmer dieses Hauses. Jetzt ist die Zeit, glücklich zu sein, sich zu freuen, dass Deutschen auch einmal Geschichte gelingt.

* Gorbatschow prägte den Begriff des „europäischen Hauses"

Patrick Süskind

Deutschland, eine Midlife-crisis* (1990)

* Hinweis zum Titel: vgl. Heinrich Heine: „Deutschland – ein Wintermärchen"

Nichts Unzusammenhängenderes läßt sich denken als DDR und BRD! Verschiedene Gesellschaften, verschiedene Regierungen, verschiedene Wirtschaftssysteme, verschiedene Erziehungssysteme, verschiedener Lebensstandard, verschiedene Blockzugehörigkeit, verschiedene Geschichte, verschiedene Promillegrenze – gar nichts wächst da zusammen, weil gar nichts zusammengehört. [...] Und nun, da wir glaubten, unsere Existenz im Griff und die Welt verstanden zu haben und wenigstens in groben Zügen zu wissen, wie der Hase läuft und wie er weiterlaufen wird ... – jetzt kommt plötzlich die Midlife-crisis in Gestalt der deutschen Einheit über uns! Auf Potenzstörungen wären wir vorbereitet gewesen, auf Prostata, Zahnersatz, Menopause, auf ein zweites Tschernobyl, auf Krebs und Tod und Teufel – bloß nicht auf „Deutsch-land-ei-nig-Va-ter-land"! Diesen politischen Ladenhüter! Diese älteste der alten Kamellen, die wir längst in die hinterste Ecke der untersten Schublade gesteckt hatten! Rumms! – da liegt sie, unsere kleine Kommode, und ringsum verstreut liegen die Stolpersteine.

„Moment!" sagen wir, „Augenblick mal!" und reiben uns verblüfft die Augen, „was ist hier eigentlich passiert? Wie geht es weiter? Deutsche Einheit? Wieso das? Wozu? Wollen wir das überhaupt?" Aber ehe wir diese Fragen noch recht gestellt haben, tönt uns schon allenthalben – von links und rechts, von alt und jung – die Antwort entgegen: „Der Zug ist abgefahren!" „Aha", sagen wir, auf Zugfahren gar nicht eingestellt, „aber kann man diesen Zug denn nicht mehr anhalten ... oder wenigstens in irgendeine Richtung lenken ... oder zumindest ein wenig bremsen, damit er nicht so rast?"

„Unmöglich", sagen uns die Macher, sagen uns die, die auf der Höhe der Zeit sind, „die Sache rollt jetzt von alleine. Die Ereignisse werden jetzt nicht mehr von den Politikern bestimmt, die Ereignisse bestimmen sich selbst. Eins, zwei, drei im Sauseschritt marschiert die darwinistisch gestimmte Geschichte: Währungsunion zum 1. Juli – Beitritt der DDR-Länder nach Artikel 23 Grundgesetz im Herbst – gesamtdeutsche Wahlen im Dezember – Hauptstadt Berlin – fertig, basta!" R

1. Gliedern Sie die drei Texte, indem Sie Zwischenüberschriften formulieren.
2. Fassen Sie die zentralen Aussagen der Texte in eigenen Worten zusammen.
3. Zeigen Sie am Text Heyms, welche rhetorischen Mittel der Redner benutzt, um die Menschen anzusprechen.
4. Könnten die Texte Walsers und Süskinds sprachlich ebenfalls als Rede zu einem bestimmten Anlass gehalten werden?
5. Ost und West: Worin zeigt sich die spezifische Sicht der Dinge in den drei Beiträgen?
6. Erarbeiten Sie aus den Texten die positiven wie auch die kritischen Aspekte zum Thema „Deutsche Einheit" und nehmen Sie dann aus heutiger Sicht erörternd dazu Stellung.

Aber heimatlos sind wir doch alle ...

Die Literatur der 1990er Jahre ist vor allem durch das Ereignis der „Wende" in der DDR 1989 und der deutschen Wiedervereinigung 1990 geprägt. Die friedliche Massenbewegung, die in Montagsdemonstrationen ihre Absicht kundtat, Demokratie einzufordern, war vorbereitet durch die Atmosphäre der Perestrojka in der Sowjetunion, die diesen Umbruch erst ermöglichte.

Die Ereignisse selbst, aber auch deren Folgen, die sich im komplizierten Wiedervereinigungsprozess niederschlugen, sowie die Auseinandersetzung mit der DDR-Geschichte und der Rolle, die dabei Schriftsteller und Intellektuelle gespielt hatten, waren Themen, die in den verschiedensten Textsorten, autobiografischen Texten, Essays, Lyrik, Drama und Prosa aufgegriffen wurden.

1. Hat für Sie die Wende noch eine Bedeutung? Gibt es für Sie einen Unterschied zwischen alten und neuen Bundesländern? Diskutieren Sie diese Fragen in Kleingruppen.

DIE MAUER IST GEFALLEN

In atemberaubendem Tempo vollzog sich der Umbruch.

Mai 1989: Nach den Kommunalwahlen in der DDR protestieren Bürger gegen Wahlfälschungen

August/September 1989: DDR-Bürger besetzen Botschaften in Prag, Budapest und Warschau sowie die Ständige Vertretung der Bundesrepublik in Ostberlin

30. September 1989: Prager Botschaftsbesetzer dürfen in die Bundesrepublik ausreisen

7. Oktober 1989: 40-Jahr-Feier der DDR, Gegendemonstrationen

9. Oktober 1989: Großdemonstration in Leipzig (70 000 Teilnehmer)

18. Oktober 1989: Egon Krenz löst Erich Honecker als SED-Generalsekretär ab

3. November 1989: Ankündigung von Reformen

4. November 1989: Massendemonstration von mehr als einer halben Million Menschen in Berlin

8. November 1989: Das Politbüro der SED tritt zurück

9. November 1989: Die DDR öffnet die Grenzen zur Bundesrepublik und zu Westberlin

Die Menschen hatten in Leipzig die Parole „Wir sind das Volk" gerufen. Unmittelbar nach dem Fall der Mauer wurde sie umformuliert, sie lautete nun „Wir sind ein Volk".

„Wir sind das Volk."

„Wir sind ein Volk."

2. Analysieren Sie den Bedeutungsunterschied zwischen beiden Parolen.
3. Fragen Sie Ihre Eltern, Lehrer und andere Erwachsene, ob sie sich an den 9. November 1989 erinnern können und was sie damals dachten und fühlten. Berichten Sie in Ihrem Kurs über diese Erinnerungen.

DIE WENDE ERLEBEN

Dass die Wende eine kaum zu überschätzende Bedeutung für die Menschen in der DDR hatte, zeigen die zahlreichen autobiografischen Schriften, die unmittelbar oder auch noch Jahre nach dem Mauerfall entstanden. Sie beschreiben zum einen aus der Rückschau das Leben in der DDR, zum anderen dokumentieren sie die Erlebnisse während der friedlichen Revolution und die dann folgenden, als erdrutschartig empfundenen Umwälzungen.

Thomas Rosenlöcher

Dresdner Tagebuch (1989)

5. November

Besuche eine Zusammenkunft von Basisgruppen. Bin geplättet über den Mangel an Konzeption.

6. November

Die Zahl der Übersiedler wird nun schon pro Stunde angegeben und geht allmählich auf die dreihundert zu.

8. November

Gestern Regierungsrücktritt. Die einstmals stillstehende Zeit ist in einen Galopp übergegangen, als wollte sie die verlorenen vierzig Jahre wieder einholen. Landesweites Stuhlbeben und reumütiges Haareausraufen.

Wenn wir die plötzlich gewonnene Leichtigkeit nicht doch noch bezahlen müssten: Es wäre wider die Unvernunft der Geschichte.

10. November

Die irrsinnigste Meldung wieder früh am Morgen, da ich noch mit ohropaxverpaxten Ohren auf meinem Notbett in der Stube liege: Die Grenzen sind offen! Liebes Tagebuch, mir fehlen die Worte. Mit tränennassen Augen in der Küche auf und ab gehen und keine Zwiebel zur Hand haben, auf die der plötzliche Tränenfluss zu schieben wäre.

11. November

Nachdem Dornröschen wachgeküsst wurde, erwachten die Majestäten und der „… ganze Hofstaat und sahen einander mit großen Augen an. Und die Pferde im Hof standen auf und rüttelten sich; die Jagdhunde sprangen und wedelten; die Tauben auf dem Dache zogen das Köpfchen unterm Flügel hervor, sahen umher und flogen ins Feld …" und selbst die Fliegen an den Wänden wunderten sich, warum sie so lange geschlafen hatten.

Claudia Rusch, 1971 geboren, erlebte die Wende als Schülerin. Ihre Mutter war befreundet mit der Familie des Dissidenten Robert Havemann, sodass Claudia Rusch bereits als Kind erlebte, was es hieß, in einem Überwachungsstaat zu leben, z.B. auch in der Schule Außenseiterin zu sein.

Claudia Rusch

Mauer mit Banane (aus: **Meine freie deutsche Jugend,** 2001)

Am Morgen des 9. November 1989 wurden meiner Mutter in einer komplizierten Operation die zertrennten Sehnen der rechten Hand genäht. Damit zusammenwächst, was zusammengehört. Als sie aus der Narkose erwachte, waren alle Fernsehprogramme unterbrochen und an den geöffneten Grenzübergängen floss der Sekt bereits in Strömen. [...]

Ich hatte den Abend auf der Abschiedsparty bei Freunden verbracht, die den Nachtzug nach Prag nehmen wollten. Ihre Sachen waren gepackt, die Möbel verkauft und der Rest verschenkt. Go West.

Wir waren nochmal kurz am Ostbahnhof vorbeigefahren, um das letzte Geld in Kronen umzutauschen. Ich wartete so lange im Auto und hörte RIAS. „Die Mauer ist offen: Der Ost-Berliner Parteichef Günther Schabowski hat am Abend bekannt gegeben ..." Ich reagierte nicht:

Aus dem Radio überschlugen sich die begeisterten Stimmen der Berliner und das Hupen der Trabis. Der Moderator weinte vor Rührung. Bei mir regte sich nichts. Ich hatte ein Blackout. Bis heute weiß ich nicht, was los war. Ich hatte die Information verstanden, aber sie löste nichts aus. Auch als meine Freunde zurückkamen und sofort auf die Neuigkeit reagierten, passierte bei mir nichts. The person you have called is temporarily not available.

Wir fuhren zurück auf die Party. Die anderen tanzten ausgelassen nach Marius Müller-Westernhagen. Sie hatten noch keine Ahnung. Erst als jetzt die Aufregung um sich griff, dämmerte es mir allmählich. Meine Synapsen begannen wieder zu arbeiten. Die Mauer war offen ...

Das war das Ende. Montagsdemos, Neues Forum, Friedenswachen, alles umsonst. Kein reformierter Sozialismus. Die Mauer war gefallen und der Weg zu Aldi offen: Das war viel zu früh, das bedeutete Wiedervereinigung. Und die passte nicht in meinen Plan. Ich glaubte tapfer an eine eigenständige DDR. Der Gedanke an ein Deutschland war mir fremd. Ich hatte zu Hause gelernt, dass die DDR, trotz Stalinismus und Volksverdummung, von den Grundlagen her der bessere deutsche Staat sei. Es wäre unsere Aufgabe, ihn zu reformieren und auf den richtigen Weg zu bringen. Darum blieben wir hier, das war der Grund, warum wir nicht in den Westen gingen. [...]

Auf der Party war die Stimmung umgeschlagen. Alle wollten raus. Völlig planlos brachen wir zum nächstbesten Grenzübergang auf. Als wir die Bornholmer Straße erreichten, sprang die Euphorie der Stunde endlich auf mich über. Hier war es unmöglich, sich der Freude und Verwirrung zu entziehen. In allen Köpfen hämmerte es. Haben sie wirklich die Mauer aufgemacht? Ich spürte plötzlich, inmitten der vielen aufgelösten Menschen, dass ich diesen Moment niemals wieder vergessen würde, dass sich mein Leben gerade in einer Weise änderte, die ich noch nicht übersah.

1. Vergleichen Sie die beiden Reaktionen auf die Maueröffnung.
   Berücksichtigen Sie dabei, dass der Autor (* 1947) und die Autorin unterschiedlich alt sind.
2. Stellen Sie fest, welche Auswirkung der Zeitpunkt der Niederschrift für die Beschreibung der Situation hat.

AUFGESTANDEN UND RUINIERT*

Eine andere Form, die Erfahrung des Mauerfalls und die Wende darzustellen, zeigen die zahlreichen Gedichte zu diesem Thema. Lyrische Texte sind häufig Ausdruck der sehr subjektiven Haltung eines Dichters, und doch erfährt das individuelle Erleben durch den Prozess der sprachlichen Verdichtung und der formalen Gestaltung eine Verallgemeinerung und Abstraktion. Das lyrische Ich emanzipiert sich vom Autor.
Erarbeiten Sie die hier und auf der nächsten Seite abgedruckten Gedichte in Form eines Projekts.

* Anspielung auf die DDR-Nationalhymne: „Auferstanden aus Ruinen"

Heinz Czechowski

Die überstandene Wende

Was hinter uns liegt,
Wissen wir. Was vor uns liegt,
Wird uns unbekannt bleiben,
Bis wir es
Hinter uns haben.

Projektvorschlag

1. Bilden Sie Gruppen und wählen Sie jeweils ein Gedicht.
   Versuchen Sie Ihr Gedicht zu verstehen. (Welches Thema wird angesprochen? Welche Haltung wird zur Wende eingenommen? Versuchen Sie herauszulesen, ob der Autor bzw. die Autorin zum Zeitpunkt der Wende in der DDR oder in der BRD lebte, und informieren Sie sich dann über den Autor. Untersuchen Sie vor allem die verwendeten sprachlichen Bilder.)
2. Stellen Sie sich Ihre Gedichte gegenseitig vor.
3. Stellen Sie zusammen, um welche Themen die Gedichte kreisen.
4. Suchen Sie ein weiteres Wende-Gedicht und stellen Sie es vor.

Hans-Ulrich Treichel

Wendezeit

Die kleinen Friedenauer
Geräusche, und gleich
da hinten wird Geschichte
gemacht. Mein Fahrrad
lehnt friedlich am Zaun,
durchs Fernsehen flattern
die Akten. Vielleicht
fahr ich doch noch mal
rüber, an diesem mildwarmen
Abend, Spitzel angucken
und Sprüche austeilen.

Kurt Drawert

... doch

es muss auch eine Hinterlassenschaft geben,
die die Geschichte des Körpers,
auf die ich selbst einmal, denn das Vergessen
wird über die Erinnerung herrschen,
zurückgreifen kann wie auf eine Sammlung
fotografierten Empfindens, und die die Geschichte,
denn das innere Land
wird eine verfallene Burg sein
und keinen Namen mehr haben und betreten sein
von dir als einem Fremden
mit anderer Sprache, erklärt.

Christa Wolf
Prinzip Hoffnung
(Dezember 1991)

Genagelt
ans Kreuz Vergangenheit.

Jede Bewegung
treibt die Nägel
ins Fleisch.

Durs Grünbein
Novembertage I. 1989

An diesem Abend brach ein Stottern die Gesetze,
Ein Lesefehler hob die heiligen Verbote auf.
So nüchtern wie die Meldung in die Welt ging
Vor Mikrofon und Kamera, war jener Spuk vorbei,
Den sie verordnet hatten. Erstmals sah man
Die kommunistischen Auguren zögernd lächeln
Wie Spieler, die verlieren, und jetzt wissen sie,
Was sie, gewiegt in Sicherheit, vergessen hatten.
Mit einer letzten Drohung, einer Atempause,
Erklärten Greise meine Geiselnahme für beendet.
In dieser Nacht, als man die Schleusen aufzog,
Ergoß ein Menschenstrom sich in den hellen Teil
Der Stadt, die eine Festung war seit dreißig Jahren,
Geschleift von einem falschen Wort im Protokoll.
Bevor die Eisentore widerriefen, hob die Menge
Den Bann auf, der hier alle Muskeln lähmte.
Mit offnem Mund am Straßenrand ein Offizier
Stand wie verrenkt, weil kein Befehl mehr lenkte,
Das Machtwort ausblieb wie seit Jahren nie.
Als gegen Morgen auf den Boulevards im Westen,
Nach Feuerwerk und Kreisverkehr und Tränen,
Das Freibier ausging, war das Glück vollkommen.
Bei einer Kreuzung stand verlassen, abgebrannt
Bis zu den Rädern, ein Trabant, und die Besitzer
Hatten den Autoschlüssel an den Baum gehängt.
Von ihren Kindern angetrieben, ganze Clans
Zogen durchs Zentrum, orientierungslos und still.
Die ersten schliefen schon, sie lagen eingerollt
Vorm Kaufhaus selig unter den Vitrinen,
Auf teurem Pflaster träumend freien Grund. [R]

Stefan Döring

aufgestanden und ruiniert*
gewandter in losen gewändern
neuer vergangenheit zugewandt
heult in zukunft ruinen
zeitwinds wehn von ursprung
durch dies loch jetzt
zuhälter und aufreißer
meister im flötenspiel
dem rechten augenblick
zu pfeifen den totentanz

* s. Anm. S. 63 oben

Reiner Kunze
Die mauer
Zum 3. oktober 1990

Als wir sie schleiften, ahnten wir
nicht
wie hoch sie ist
in uns.

Wir hatten uns gewöhnt
an ihren horizont

Und an die windstille

In ihrem schatten warfen
alle keinen schatten

Nun stehen wir entblößt
jeder entschuldigung. [R]

Durch die Öffnung der Mauer konnten die Menschen der DDR in westliche Länder reisen. Reisen – konkret und metaphorisch – ist ein immer wieder verwendetes Motiv in der Literatur am Anfang der 1990er Jahre.

In „Die Wiederentdeckung des Gehens beim Wandern. Eine Harzreise" (1991) lässt Thomas Rosenlöcher seinen Ich-Erzähler eine Wanderung durch den Harz machen, die ihm ermöglichen soll, „wenigstens andeutungsweise wieder Gedichte schreiben zu können". Sie beginnt am 1. Juli 1990, dem Tag, als die D-Mark in der DDR eingeführt wurde. Die Harzreisen von Goethe und Heine im Kopf beobachtet der Erzähler die sich verändernde DDR, die Touristen aus der BRD und sich selbst.

Thomas Rosenlöcher

aus: **Die Wiederentdeckung des Gehens beim Wandern. Eine Harzreise**

Die Stiftskirche war auch geschlossen, und die über den Burgberg irrenden Kameras wussten nicht ein noch aus. „Alles zu", sagte die eine. „Normalerweise müßte offen sein", recherchierte die andere. „Was ist hier normal?" sagte, hinzutretend, ein cremefarbener Sommermantel.

„Das wird dauern, bis die hier im Osten gelernt haben, was eigentlich Arbeiten ist", bemerkte eine Kleinbildkamera spitz.

„Sind Sie aus dem Osten?", fragte der cremefarbene Mantel. Die Kameras nahmen sich selber herunter, sodass hinter ihnen mehrere weißhaarige Herren auftauchten, die beruflich Apotheker waren.

„Nicht ganz", sagte ich sybillinisch.

Der Nachmittag war sonnendurchkräht. Der cremefarbene Sommermantel zog sich aus und hängte sich bei sich selbst über den Arm, sodass er nunmehr eine weiße Spitzenbluse abgab, die ihrerseits eine Dame darstellte, die, trotz entfernter Ähnlichkeit mit der englischen Königin, Apothekersgattin war. Interessiert sah sie an meinen gewiss etwas dürftigen Hosen herab.

„Woher sind Sie dann?"

Mein Kopf transzendierte in sämtliche Richtungen des Himmels, um schließlich in Richtung der Berge zu weichen, wo wohl der Westen war.

Noch immer krähte die Nachmittagssonne. Unterhalb des Burgbergs lagen die Dächer der Stadt: ein mürbes Schindeltheater, ein Wirrwarr von Regenrinne und First, noch einmal den Himmel zu meinen; kraft eines Giebels bedenklicher Schiefe und der Ratlosigkeit eines Dachstuhlgerippes. Ein brüchiges Auf und Nieder, Winkelzug um Winkelzug das Eh und Je einzukreisen und Schornstein an Schornstein trotzig die Jahre des Qualmens zu zählen. Von unten, über den Flieder herauf, kam ein Geruch nach versottener Zeit.

„Was haben die hier aus unserem Deutschland gemacht!"

Alle Apotheker sahn mich von der Seite an. Woher wussten sie, dass ich das aus Deutschland gemacht hatte? Ich allein hatte Schuld, wo keiner sich erinnern konnte. Dass keiner sich erinnern konnte, war auch meine Schuld. Die Schuld, im Verfall keine Sprache für den Verfall gefunden zu haben. Denn wer eine Sprache fand, hatte das Land schon verlassen, das, doch als Kummerland meins, auf einmal den Apothekern gehörte.

„Sie sind doch wohl von hier?"

Ich schüttelte den Kopf. Quer durch das Nachmittagslicht krähte der Hahn.

1. Stellen Sie in Ihren Worten dar, wie sich der Ich-Erzähler in dieser Situation fühlt. Welche Haltung nimmt er gegenüber den Westdeutschen ein, welche gegenüber der DDR?
2. Untersuchen Sie, wie diese Haltungen sprachlich zum Ausdruck kommen.

F. C. Delius schildert in seiner 1995 erschienenen Erzählung „Der Spaziergang von Rostock nach Syrakus" die Geschichte eines DDR-Bürgers, Paul Gompitz aus Rostock, der auf den Spuren Johann Gottfried Seumes* nach Syrakus reisen möchte. Die Erzählung beginnt folgendermaßen:

* Johann Gottfried Seume (1763 – 1810) führte ein bewegtes Leben mit nicht immer freiwilligem Dienst in verschiedenen Armeen, mehrfacher Desertion, Tätigkeit als Erzieher. Zahlreiche mehrmonatige Fußreisen durch Europa, deren erste, die lang geplante Reise nach Syrakus im Jahre 1802, er in seinem erfolgreichen Werk „Spaziergang nach Syrakus" beschrieb.

Friedrich Christian Delius

aus: **Der Spaziergang von Rostock nach Syrakus** (1995)

In der Mitte seines Lebens, im Sommer 1981, beschließt der Kellner Paul Gompitz aus Rostock, nach Syrakus auf der Insel Sizilien zu reisen. Der Weg nach Italien ist versperrt durch die höchste und ärgerlichste Grenze der Welt, und Paul Gompitz ahnt noch keine List, sie zu durchbrechen. Er weiß nur, dass er Mauern und Drähte zweimal überwinden muss, denn er will, wenn das Abenteuer gelingen sollte, auf jeden Fall nach Rostock zurückkehren.

Nach jahrelanger Vorbereitung gelingt Gompitz die Flucht mit einem Boot über die Ostsee. Nach ernüchternden Begegnungen mit der bundesrepublikanischen Realität überspringt der Erzähler einige Etappen, lässt Gompitz nach Wien reisen und schließlich in Rom ankommen.

Er hat das Höchste erreicht, was ein DDR-Bürger erträumen kann, ist auf eigene Faust bis an die Quellen der abendländischen Zivilisation vorgestoßen, hat etwas Zeit, etwas Geld und keinen Stasi-Aufpasser, kann die Seele baumeln lassen oder sich bilden, er ist frei wie nie, fort von allen lästigen Zwängen, und gleichzeitig völlig erschöpft und allein mit nie erwarteten Eindrücken und Erlebnissen. Alles schweigend aufzunehmen, überfordert ihn, und alles nur in Briefen festzuhalten, scheint ihm ungenügend. Er fühlt sich provoziert von dem lustigen Völkchen der Italiener, die ihre Zufriedenheit und ihr Glück aller Welt zeigen. Es ist ihm, als verhöhnten sie ihn, der diese Gelegenheit nicht hat und nur mit seiner nutzlosen Sehnsucht nach Helga und den Freunden aus Rostock und Sachsen allein ist. Gestört von der neuen Erfahrung, dort, wo er sich jahrelang hingewünscht hat, vom Wunsch geplagt zu werden, möglichst schnell wieder zu Hause zu sein, wird ihm die Ewige Stadt ein Alptraum.

Gompitz kehrt zurück und darf, nachdem die Behörden ihn einige Wochen festgehalten und verhört haben, wieder in die DDR einreisen.

„Sie werden jetzt in die DDR entlassen", sagt ein Offizier, offenbar der Chef des Lagers, „Ihr Ermittlungsverfahren ist von unserer Seite aus abgeschlossen, ein Strafverfahren wird nicht eingeleitet, aber die Staatsanwaltschaft Rostock wird die endgültige Entscheidung treffen. Aber eins würde ich gern noch wissen, Herr Gompitz, wie haben Sie sich Ihr Leben nun vorgestellt, haben Sie denn sowas wieder mal vor?"

„Natürlich mach ich sowas nicht mehr, so nicht, aber eigentlich möchte ich gern in meinem Leben noch mal nach Großbritannien. Das wollte ich jetzt schon machen, aber das ging leider nicht wegen meiner Frau."

„Na, was dachten Sie denn, wann haben Sie das denn vor mit Britannien?"

„Ich dachte, wenn ich 50 bin, im Frühjahr 91."

„Ach, dann erst", meinte der Chef und winkte ab, „bis dahin brauchen Sie sich keine Sorgen zu machen. Bis dahin wird das schon gehen!"

Da muss es aber bös aussehen im Land, denkt Paul, wenn sie einem Grenzdurchbrecher schon so freundlich die nächste Reise anbieten!

1. Versetzen Sie sich in Paul Gompitz' Rolle. Welche Gründe für die gefährliche Reise und welche für die Rückkehr in die DDR würde er anführen?
2. Warum erzählt ein westdeutscher Autor einige Jahre nach der Wiedervereinigung diese Geschichte? Stellen Sie Vermutungen an.

Die Wiedervereinigung führte zu einem raschen Zusammenbruch der Wirtschaft der neuen Bundesländer. Die Arbeitslosenquote stieg, viele Menschen suchten im Westen Arbeit. Mit dem Staat waren nicht nur die Ideologie, sondern auch die Strukturen verschwunden. „Ohne auch nur den Fuß vor die Tür zu setzen, hatte ich mein altes Heimatland verlassen (bzw. – es mich)", räsoniert Hinrich Lobek in Jens Sparschuhs Roman „Der Zimmerspringbrunnen". Bei seinen Bemühungen, Arbeit zu finden, gelangt er auf ein Seminar einer Firma für Zimmerspringbrunnen.

Jens Sparschuh

aus: **Der Zimmerspringbrunnen** (1995)

Kurze Kaffeepause. Draußen war inzwischen ein kleines Buffet aufgebaut worden, Sekt und belegte Brötchen. Doch zuvor gab es, als kleinen Höhepunkt, die feierliche Enthüllung eines neuen Modells.

Herr Strüver, unter dessen Mitwirkung es entwickelt worden war, stellte kurz Aufbau und Funktionsweise vor: JONA, ein etwa fingergroßer Walfisch (Typ U-Boot, metallic-blau), schnob eine schüchterne Wasserfontäne aus, dann tauchte er im Becken ab. Nach ca. 15 Sekunden wiederholte sich das von neuem. Die klassische Ära Blumentopfecke/Sesselgarnitur, so Strüver in seiner kleinen Ansprache, sei vorbei: Dies hier sei ein erster Schritt weg von der altbekannten „Plätscherecke" – hin zum Ereignisspringbrunnen, „the new generation". Boldingers Blicke, ich sah es, gingen interessiert-bekümmert zwischen Strüvers Modell und den versammelten Vertretern hin und her.

Am Ende dankte er Strüver für dessen Ausführungen und schloss mit den Worten, dies sei eine Herausforderung, die neue Maßstäbe an den Verkauf stelle. Geeignet sei dieses Modell sicher ebenso für den erfahrenen Vertreter wie für den hochmotivierten Neueinsteiger. Dann ging es endlich zum Buffet.

Ich war noch ganz in Gedanken, und mir war dabei unversehens ein zähes Stück Schwarzwälder Schinken, das ich an keiner Stelle hatte durchbeißen können, in ganzer Länge in den Mund geraten; und sosehr ich auch darauf herumkaute, es schien nur immer größer zu werden, ein atemberaubender Klumpen in meiner Mundhöhle, mit dem ich still verbissen kämpfte – als Direktor Boldinger noch einmal auf mich zutrat. „Na, das ist alles sicher noch ein bisschen neu und ungewohnt für Sie. – Wir müssen uns ja auch erst noch richtig kennenlernen."

Er streifte dann noch einmal den letzten Teil seiner Rede und sagte etwas von einer „Mauer in den Köpfen" – dabei gelang es mir, den Schinkenklumpen unbemerkt in eine Ruheposition zu bringen, sodass ich zwar flach, aber wieder regelmäßig atmen konnte.

„Ich will Ihnen klipp und klar sagen, Herr Lobek: Ihre Bewerbung hat uns sehr gefallen! – Auf einer Schreibmaschine geschrieben. Mit ausbrechendem ‚e', nicht wahr? Das ist ja noch fast wie Handschrift! Aber, was die Hauptsache ist: Sie haben künstlerisch-handwerkliche Fähigkeiten, ganz wichtig. Sie fahren Auto, sehr gut. Sie haben eine Wohnung in Berlin. Und, last not least, Sie haben einschlägige Erfahrungen in der Vertreterbranche! – [...] Alles Punkte, die alle sehr für Sie sprechen, Herr Lobek. Und dunkle Punkte in Ihrer Vergangenheit gab es ja meines Wissens auch nicht?"

Ich schüttelte atemlos den Kopf, wobei sich allerdings mein Schinkenkloß in Erinnerung brachte – er war ein Stück in den Hals hinabgerutscht. Mit einem kurzen, kräftigen Würger, ich musste die Augen fest zusammenpressen, brachte ich ihn wieder, ehe es zu einem Erstickungsanfall kam, in die Ausgangslage ... Boldinger sah mich forschend an. Ich atmete schwer.

„Aber – wenigstens in der Partei, in der Partei waren Sie doch?", fragte Boldinger nun vorsichtig nach.

Ich nickte zaghaft.

1. Stellen Sie sich vor, Sie sollten diese Szene verfilmen. Wie würden Sie Lobek, Strüver und Boldinger besetzen? Welche Kleidung, welche Körpersprache wären angemessen?
2. Arbeiten Sie heraus, durch welche Mittel hier Komik erzeugt wird.
3. Schreiben Sie einen Text, in dem Sie ausführen, wie in diesem Textauszug der Westen, wie der Osten und wie der Wiedervereinigungsprozess gesehen wird.

Die Literatur der 1990er Jahre war aber nicht nur durch die Wiedervereinigung bestimmt. Ein weiteres auffälliges Phänomen stellen die zahlreichen jungen Autorinnen und Autoren dar, die in diesen Jahren zum ersten Mal mit Werken an die Öffentlichkeit traten und eine ungeheure Aufmerksamkeit durch die Medien erhielten.

1. Untersuchen Sie, welche Assoziationen dieses Titelbild des Spiegels vom 11.10.1999 auslösen will. Sie können dazu auch die Informationen zu Günter Grass auf S. 88 in diesem Heft heranziehen.

Thomas Kraft

Abschied von der Krise (2005)

Vieles hat sich in den letzten Jahren in Deutschland verändert, nicht zuletzt die Literatur – als Ausdruck gesellschaftlichen Bewusstseins – und demzufolge auch der Marktplatz, auf dem Autoren, Leser, Kritiker, Buchhändler und Verlagsleute zusammenkommen. Lange Zeit hatte die deutschsprachige Literatur unter erheblichen Komplexen gelitten, im In- und vor allem im Ausland wurde sie wenig geliebt und gelesen, galt sie doch als zu sehr mit sich selbst beschäftigt. Doch plötzlich geschah Mitte der neunziger Jahre das Unerwartete: Mit großem medialen Getöse entstand ein regelrechter Hype um die – vor allem junge – deutschsprachige Literatur. Autoren zierten Titelblätter, immense Vorschüsse wurden auf Manuskriptentwürfe gezahlt, auf der Frankfurter Buchmesse wetteiferte man um Jungstars und Debütanten, sodass mancher in die Jahre gekommene Autor neidvoll und kopfschüttelnd dieses Treiben beobachtete. Was war geschehen? War das der pure Größenwahn oder Ausdruck eines neuen Selbstwertgefühls im Zuge des wiedervereinten Landes oder doch nur wieder ein geschickt eingefädelter Marketingcoup? Wahrscheinlich von allem ein wenig.[…] Ein munterer Ringelreihen, an dem viele freudig partizipierten, solange der Spuk nur hielt. Man erfand ein literarisches „Fräuleinwunder", Schreiben galt als „in" und „Pop", die Creative-writing-Seminare, die wie Pilze aus dem Boden schossen, waren rappelvoll, die leidvolle Diskussion über E- und U-Literatur schien urplötzlich kein Thema mehr, es wurde erzählt wie noch nie. […]

Dem Boom folgte die Ernüchterung, der Mitte der neunziger Jahre gestartete Aufschwung versandete, die hohen ökonomischen Erwartungen wurden nicht erfüllt. Viele junge Menschen schreiben jetzt, doch manches vielversprechende Talent sah sich nach dem zweiten Buch, das sich doch nicht so blendend verkaufte, wie es sich der Verlag erhofft hatte, plötzlich im Abseits. Gegenüber ernüchternden Zahlen fehlen dann die Argumente. […] So ist die Situation, und keiner weiß im Augenblick, wann sich die Lage entspannen wird.

Projekt: Junge deutsche Literatur

Informieren Sie sich über die abgebildeten und andere dieser jungen Autorinnen und Autoren (Christian Kracht, Zoë Jenny, Judith Hermann, Thomas Hettche, Nadja Einzmann, Maike Wetzel, Marcel Beyer, Maxim Biller, Terézia Mora, Malin Schwertfeger, Feridun Zaimoglu, Juli Zeh, Jakob Hein, Daniel Kehlmann, Inka Parei …). Lesen Sie jeweils ein Werk und stellen Sie es sich gegenseitig vor.

2. Arbeiten Sie aus dem Text die genannten Gründe für den Boom der jungen deutschen Literatur heraus.
3. Überlegen Sie, woran es gelegen haben könnte, dass dem Boom schon bald eine Ernüchterung am Buchmarkt folgte.
4. Informieren Sie sich darüber, wie ein Bestseller „gemacht" wird (z. B. durch Literatursendungen in Funk und Fernsehen, Skandale, Rezensionen in der Presse, Werbung, …).

DAS LITERARISCHE FRÄULEINWUNDER

Unter den neuen Autoren finden sich besonders viele junge Frauen. In diesem Zusammenhang prägte Volker Hage in seinem Spiegel-Artikel „Ganz schön abgedreht“ vom 22. März 1999 den Begriff des „literarischen Fräuleinwunders“.

Der Begriff „deutsches Fräuleinwunder“, auf den Hages Formulierung anspielt, entstand in den 1950er Jahren in Amerika und bezeichnete die jungen, glamourösen Frauen der entstehenden Model- und Modebranche Deutschlands. Er ist einer der zahlreichen Wunder-Bezeichnungen der 1950er und 1960er Jahre (vgl. Wirtschaftswunder, Das Wunder von Bern).

1. Untersuchen Sie den Begriff „literarisches Fräuleinwunder“, indem Sie der Bedeutung seiner Wortbestandteile auf den Grund gehen.
2. Legen Sie dar, welche Einschätzung gegenüber diesen Autorinnen unterschwellig mit der Verwendung dieses Begriffes zum Ausdruck kommt.

Felicitas Hoppe

Die Sommerverbrecher (aus: **Picknick der Friseure,** 1996)

In der Nacht vor meiner Flucht in die Sommerfrische schlich ich ins Badezimmer, bezog Stellung vor dem Ganzkörperspiegel, verband mir die Augen und schnitt mir die Haare, bis ich mich nicht mehr erkannte. Vor dem ersten Hahnenschrei bestieg ich, ein Hemd, ein Hut, eine Schürze, den Bus. Den Sonnenschirm ließ ich da, ich wollte kein Aufsehen erregen. Außerdem wuchsen die Bäume im Garten unseres Sommerhauses schon in den Himmel.

Ich hielt den Atem an bis zur letzten Sekunde und aß den Teller leer bis zum Grund, denn meine Mutter liebte das kratzende Geräusch von Löffeln beim Essen. Ein nur zur Hälfte geleerter Teller erweckte Misstrauen wie ein gepackter Koffer vor einer angelehnten Zimmertür oder wie ein Paar allzu frisch geputzte Schuhe auf der Schwelle. Was soll das schon wieder, hätte meine Mutter gerufen, der Koffer, die glänzenden Schuhe, diese Appetitlosigkeit und der leere Blick bei Tisch! Ganz zu schweigen von ihrer Empörung beim Anblick der nicht zu Ende gelesenen Bücher auf meinem Kopfkissen, der leeren Hefte in meinen Schubladen, des gefährlich weit geöffneten Fensters bei Nacht und ihrer halb erhobenen Hand, die nie wusste, in welche Richtung sie ausholen sollte, halb Krieg und halb Frieden.

Unermüdlich bereitete meine Mutter mich auf das Leben vor, seit mein Vater eines Morgens den Bus bestiegen hatte, als führe er wieder zur Arbeit. Aber auf seinem Weg wurde es plötzlich Sommer. Ein lauer Windstoß musste ihm ins Genick gefahren sein, sodass ihm die Tasche aus der Hand fiel und sich noch im Fallen öffnete. Akten und Hefte wehten auf die Straße, konnten jedoch von vorübergehenden Sammlern geborgen und in das nächste Museum für Arbeit und Unglück gebracht werden, das unsere Nachbarn seither an Wochenenden gern und kostenlos besuchen.

Meine Mutter verlor keine Zeit und breitete große Bögen weißen Papiers über meinen Schreibtisch, als decke sie festlich die Tafel mit folgenden Worten: Warum, lieber Vater, hast du uns verlassen, den Teller halbvoll und die Tür noch halboffen und die Hand nur so halb erhoben zum Schlag, so darf man nicht gehen! Ich füllte die Bögen bis hinunter zum Rand, denn meine Mutter liebte das Geräusch der kratzenden Feder beim Schreiben. Aber die Nachbarn riefen, man tut ja kein Auge zu, und klopften heftig gegen die Wand und behaupteten, mein Vater sei bei der Besichtigung des Museums für Arbeit und Unglück auf den Aussichtsturm gestiegen und, allzusehr in die Betrachtung des Umlands versunken, in die Tiefe gestürzt.

Zwar wussten die Nachbarn viel, aber ich wusste es besser. Mein Vater hatte sich in unser Sommerhaus zurückgezogen, wo er ohne Zweifel seine Tage damit verbrachte, die Bäume im Garten zu wässern und mich zu erwarten, während meine Mutter, deren Tüchtigkeit keine Jahreszeiten kannte, nicht müde wurde, mich bei fest verschlossenen Fenstern auf das Leben vorzubereiten.

Felicitas Hoppe (* 1960)

1. Notieren Sie unmittelbar nach dem Lesen dieses Erzählanfangs Ihre Eindrücke und tauschen Sie sie in einer Gruppe aus.
2. Der Text wirkt sicher befremdlich. Versuchen Sie genau zu benennen, wodurch die Irritationen im Text ausgelöst werden, und versuchen Sie sie zu interpretieren.

Judith Hermanns Erzählungen „Sommerhaus später" wurden schnell ein großer literarischer Erfolg. Die neun Erzählungen beschreiben in sehr sachlicher Sprache Alltagssituationen, die eine besondere Wendung erhalten.

Judith Hermann (* 1970)

Judith Hermann

Sonja (aus: Sommerhaus später, 1998)

Sonja war biegsam. Ich meine nicht dieses „biegsam wie eine Gerte", nicht körperlich. Sonja war biegsam – im Kopf. Es ist schwierig zu erklären. Vielleicht – dass sie mir jede Projektion erlaubte. Sie erlaubte mir jede mögliche Wuschvorstellung von ihrer Person, sie konnte eine Unbekannte sein, eine kleine Muse, jene Frau, der man einmal auf der Straße begegnet und an die man sich noch Jahre später mit dem Gefühl eines ungeheuren Versäumnisses erinnert. Sie konnte dumm sein und bieder, zynisch und klug. Sie konnte herrlich sein und schön, und es gab Augenblicke, da war sie ein Mädchen, blass im braunen Mantel und wirklich unwichtig; ich glaube, sie war so biegsam, weil sie eigentlich nichts war.

Ich begegnete Sonja auf einer Zugfahrt von Hamburg nach Berlin. Ich hatte Verena besucht und war auf dem Heimweg; ich hatte acht Tage mit ihr verbracht, und ich war sehr in sie verliebt. Verena hatte einen Kirschmund und rabenschwarzes Haar, das ich ihr jeden Morgen zu zwei dicken, schweren Zöpfen flocht, wir gingen am Hafen spazieren, ich sprang um sie herum, rief ihren Namen, verscheuchte die Möwen, fand sie wunderbar. Sie fotografierte Docks, Frachtkähne und Imbissbuden, redete viel, lachte ständig über mich, und ich sang „Verena, Verena", küsste ihren Kirschmund und hatte große Lust, nach Hause zu fahren und zu arbeiten, den Geruch von ihren Haaren an den Händen.

Es war Mai, der Zug fuhr durch die Mark Brandenburg, und die Wiesen waren sehr grün unter langen, frühabendlichen Schatten. Ich verließ das Abteil, um eine Zigarette zu rauchen, und draußen, auf dem Gang, stand Sonja. Sie rauchte und stemmte das rechte Bein gegen den Aschenbecher; als ich neben sie trat, zog sie die Schultern unwillkürlich etwas nach vorn, und irgendetwas stimmte nicht mit ihr. Die Situation war gewöhnlich – der schmale Gang eines ICE irgendwo zwischen Hamburg und Berlin, zwei Menschen, die zufällig nebeneinanderstehen, weil sie beide eine Zigarette rauchen wollen. Sonja aber starrte aus dem Fenster mit einer unglaublichen Sturheit, sie hatte eine Körperhaltung wie bei einem Bombenalarm. Sie war überhaupt nicht schön. Sie war in diesem allerersten Moment alles andere als schön, wie sie dastand, in einer Jeans und einem weißen, zu kurzen Hemd, sie hatte schulterlanges, glattes, blondes Haar, und ihr Gesicht war so ungewohnt und altmodisch, wie eines dieser Madonnenbilder aus dem 15. Jahrhundert, ein schmales, fast spitzes Gesicht. Ich schaute sie von der Seite an, ich fühlte mich unwohl und war ärgerlich, weil mir die Erinnerung an Verenas Sinnlichkeit entglitt. Ich zündete mir eine Zigarette an und lief rauchend den Gang hinunter, ich hatte das Bedürfnis, ihr einen zotigen Ausdruck ins Ohr zu flüstern. Als ich mich umdrehte, um in mein Abteil zurückzugehen, schaute sie mich an.

Irgendetwas Ironisches ging mir durch den Kopf, etwas darüber, dass sie es nun doch gewagt hatte, mich anzusehen, der Zug ratterte, und in einem der hinteren Abteile schrie ein Kind. Ihre Augen waren nichts Besonderes, sie waren vielleicht grün, nicht sehr groß, und sie standen ziemlich eng beieinander. Ich dachte überhaupt nichts mehr, ich schaute sie an, sie schaute zurück, ohne Erotik, ohne Flirt, ohne Schmelz, aber mit einem Ernst und einer Direktheit, dass ich sie hätte ins Gesicht schlagen können. Ich trat zwei Schritte auf sie zu, sie lächelte ansatzweise. Dann war ich in meinem Abteil und riss die Tür hinter mir zu, fast außer Atem.

1. Stellen Sie die Ausgangssituation dieser längeren Erzählung dar. Überlegen Sie, welchen Sprechanlass der Erzähler haben könnte; belegen Sie Ihre Überlegungen. Entwerfen Sie dann eine Fortsetzung.
2. Untersuchen Sie den Stil des Textes. Achten Sie vor allem auf Vergleiche und die Interpunktion. Welche Wirkung wird damit erzielt?

Terézia Mora wurde 1971 in Ungarn geboren und lebt seit 1990 in Berlin. Sie übersetzt aus dem Ungarischen und schreibt Drehbücher, Romane und Erzählungen. Die Orte im Grenzbereich zwischen Österreich und Ungarn sind der Schauplatz ihrer Erzählungen.

Terézia Mora

Seltsame Materie (aus: **Seltsame Materie. Erzählungen,** 1999)

Erzähl ja niemandem, wie es passiert ist. Und erzähl auch sonst nichts von hier.
Mein Bruder macht sich Sorgen. Wir düngen den Garten mit dem Inhalt der Latrine. Es ist zu spät dafür, das neue Jahr hat schon begonnen, der schwere Dung der Latrine wird bis zum Frühjahr nicht mehr verrotten. Dennoch. Wir haben es in der vergangenen Nacht beschlossen und heute früh damit angefangen, als es noch dunkel war. Mein Bruder schaufelt den Dung in die Schubkarre, dann schiebe ich sie in den Garten, dann grabe ich die Furche um, dann schaufelt mein Bruder den Dung hinein, dann decke ich sie wieder zu. Da ich ihm nicht antworte, arbeiten wir stumm. Meine Haare sind an manchen Stellen noch fast fünf Zentimeter lang. Sie wippen im Wind, als wäre es schon Frühling, als würde der Flaum der Pappeln an meiner Kopfhaut kleben.

Terézia Mora (* 1971)

Die Haare hat man mir am Sonntag geschnitten. Vater hatte sie, nachdem wir Mutter in den Krankenwagen gelegt hatten und der Hof voller Nachbarinnen war und ich mit dem Zigeuner Florian alleine wiederkam, in einem unbemerkten Moment angezündet. Und dann schrie er in den Armen der Männer, die ihn festhielten und in den Kot des Hühnerhofes drückten. Über den Schmerz. Ich selbst verspürte keinen. Tante Ella stand ganz in der Nähe und löschte das Feuer in meinen Haaren mit den Zipfeln ihres Kopftuchs: Es war nur die Hälfte verbrannt. Von dort fiel das Haar auf die Erde hinunter, wie Maishaar, und manche Strähnen waren seltsamerweise gar nicht am Ende verbrannt, sondern erst weiter oben.

Tante Ella hat uns zwanzig Eier dagelassen. Die taugen nicht viel, sagt sie. Der Winter ist zu warm, das ist nicht gut, sagt Tante Ella. Für die Tiere nicht und für die Pflanzen nicht und nicht für die Menschen. Sie werden zu schwach davon, und manche von ihnen werden verrückt, und manche sterben – wie unser Vater und unsere Mutter. Ich aber, die ich lebe und gesund bin, dünge mit meinem Bruder das Feld, und ich halte den Kopf in den lauen Wind, der den Geruch unseres Dungs hinüber zu den Nachbarn trägt, wie sonst zu uns den bitteren Geruch ihres Holzes und der Iltisse, die Attila Hornák in seiner Veranda hält. Das sollten wir auch machen, sagt mein Bruder, das bringt eine Menge Geld.

Nach dem Düngen wasche ich die Haare meines Bruders und anschließend mich selbst in der Waschschüssel mit dem Monogramm. Mein Bruder sitzt mit einem Handtuch auf dem Kopf dabei und sieht mir zu. Wir behalten beim Waschen immer unsere Unterwäsche an. Danach setzt mein Bruder seinen von Großvater geerbten Hut auf die nassen Haare und zieht seinen alten Wintermantel an. Während wir zur Bushaltestelle an der Fernstraße gehen, schlagen im Wind die Flügel des Mantels wie in den Filmen. Mein Bruder hat milchweiße Haut und eine zarte Statur. Manche sagen, er sei schwachsinnig, aber das stimmt nicht.

1. Welche Farben sehen Sie, wenn Sie sich die hier dargestellte Szenerie vor Augen führen?
2. Rekonstruieren Sie die Chronologie der Ereignisse, soweit sie aus dem Textauszug ersichtlich sind.
3. Welche Wirkung hat das achronologische Erzählen?
4. In diesem Textauszug ist von mehreren Personen die Rede. Wie sind die Beziehungen unter diesen Personen? Zeigen Sie am Text, durch welche Stilmittel diese deutlich werden.

In Zoë Jennys Roman „Das Blütenstaubzimmer" besucht die Ich-Erzählerin Jo nach dem Abitur ihre Mutter Lucy, die sie zwölf Jahre nicht gesehen hat. Nach dem Unfalltod ihres Lebensgefährten hat sich Jos Mutter in dessen Zimmer eingeschlossen, das sie mit den Staubgefäßen zahlloser Blüten gefüllt hat. Jo bringt sie regelmäßig zu ihren Therapiestunden und holt sie anschließend wieder ab.

Zoë Jenny
aus: **Das Blütenstaubzimmer** (1997)

Die Kirche steht erhöht oberhalb einer mächtigen Treppe, wie eine Mumie eingefasst in ein eisernes Gerüst, das in der Mittagssonne glänzt. Auf den Stufen der Treppe sitzen junge Leute, die essen, schlafen oder teilnahmslos auf den Platz hinunterblicken. Vorbei an den teuren Geschäften und einer Bank, gelange ich zu der Rolltreppe, die mich in die Unterirdische Stadt bringt. Die Unterirdische Stadt trennt die obere Stadt in zwei Teile und wird als Unterführung benutzt. Unlängst hat man hier Skelette gefunden, und seither ist die Unterirdische Stadt eine Attraktion für Touristen. Rasch gehe ich durch die schwach beleuchtete, schmale Gasse. Es riecht nach kalten Steinen, und es ist immer feucht hier unten, auch im Hochsommer. Unter einer Glasscheibe, in der Erde versenkt, ist eines der Skelette ausgestellt; der Schädel, die Beckenknochen und Splitter vom Unterschenkel liegen sorgfältig angeordnet da. Vermutlich ein achtjähriger Junge, ist der Informationstafel zu entnehmen. Am Gitter davor stehen einige Touristen und flüstern. In den unbeleuchteten Nischen treffen sich die Drogensüchtigen. Sie stellen Kerzen auf, damit sie ihre Venen besser finden. Bisweilen erkennt man ihre ausgemergelten Gesichter im flackernden Licht einer Kerze oder sieht einen Steinquader bespickt mit Kerzenstummeln, die die Reinigungstruppe, die allabendlich durch die Unterirdische Stadt zieht, vergessen hat. Ein unaufhörliches Hämmern erfüllt die Unterirdische Stadt; noch immer wird gegraben.

Am anderen Ende der Gasse bringt mich eine Rolltreppe wieder an die Oberfläche. Helligkeit und Hitze knallen auf mich herunter, so sehr, dass ich mir für einen Moment wünsche, wieder nach unten zu gehen. Oben angekommen, sehe ich als Erstes das Reiterdenkmal. Fremd und unwirklich steht es neben einer dicht befahrenen Straße. Dahinter ragen die Kamine und Wohntürme in den blauen Himmel. Vor dem Reiterdenkmal sitzt ein Mädchen und spielt Cello. Man hört das Cello nur, wenn die Ampeln auf Rot wechseln und die Autos anhalten. Sie trägt blaue, über den Knien abgeschnittene Trainingshosen und schwarze Schnürstiefel. Ihr blond gefärbtes Haar ist nachlässig hochgesteckt. Eine Brille mit großen orangefarbenen Gläsern verdeckt die Hälfte ihres Gesichtes: Ich erinnere mich, dass ich sie auch das letzte Mal hier gesehen habe, auch das vorletzte Mal und alle Male, die ich hier vorbeigegangen bin. Sie scheint nichts anderes zu tun zu haben, und ihr Anblick bleibt in meinem Kopf, bis ich bei Albertis Praxis ankomme. Aufgeregt gehe ich vor dem Haus auf und ab. Es ist immer, als hätte ich Lucy schon lange nicht mehr gesehen, weil ich mich, sosehr ich mich auch anstrenge, an ihr Gesicht nicht erinnere. Sobald sie aus der Tür tritt, begrüßen wir uns mit abgehackten Bewegungen und gehen dann schweigend nebeneinander die Straße hinunter zum Restaurant.

1. Jo beschreibt ihre Umgebung genau, benennen Sie möglichst präzise, was sie sieht, und überlegen Sie, welche Funktion diese Motive für den Roman haben könnten.
2. Sammeln Sie Adjektive, die das Lebensgefühl Jos beschreiben, wie es in diesem Textauszug zum Ausdruck kommt.

Zusammenfassende Aufgabe:

„Fräuleinwunder" – eine sinnvolle Kategorie?

Vergleichen Sie die Auszüge aus Erzählungen und einem Roman von vier verschiedenen Autorinnen. Stellen Sie Gemeinsamkeiten und Unterschiede fest.

POPLITERATEN – DIE GENERATION GOLF

Die Popliteratur hat ihren Ursprung in der Popkultur der 1960er Jahre. Diese wandte sich zuerst auf meist provozierende Weise sowohl gegen affirmative Unterhaltungskunst als auch gegen die etablierte, als elitär empfundene Hochkultur. Die kritische Haltung der frühen Popliteraten wird von den jüngeren jedoch kaum geteilt, nicht zuletzt deshalb, weil Pop heute zum kommerziellen Mainstream gehört.

Man kann die Popliteratur nach dem Verhältnis von Autor, Werk und Öffentlichkeit bestimmen (Popularität, Beliebtheit vor allem beim jungen Publikum, Aufbauen von Autoren nach Popstarmuster, Verbindung der Autoren zur Popwelt, z. B. dichtende Popstars), nach ihren Themen (Schilderung der Popwelt, jugendlicher Subkulturen, Adoleszenzthematik, Unterwegssein, Ekstase und Exzess etc.) und nach ihrer Sprache und ihrem Stil (Slang und Szenesprache, Alltagssprache, Rasanz, Legerheit, Genreüberschreitungen).

Einige Autorinnen, die dem „Fräuleinwunder" zugeordnet werden, gelten als Popliteratinnen, wie z. B. Alexa Hennig von Lange. Eine eindeutige Grenzziehung ist allerdings nicht immer möglich.

Dirk Frank

Was ist Popliteratur (2003)

Formale Eingängigkeit, d.h. die Verwendung von einfachen Prosa- und Lyrikformen, von Umgangs- und Szenesprache; inhaltlich ein affirmatives, also bejahendes Verhältnis zur zunehmend medial geprägten Alltagswelt jugendlicher und junggebliebener Menschen. Die Popliteraten suchen ihr Material, ihre Themen und Schreibanlässe dort, wo die Hochliteratur, die sich traditionell dem Unergründeten, Unbeschriebenen und Authentischen widmet, die Inszenierung, den Hype, die Oberfläche vermutet. Popliteratur wendet sich der Oberfläche zu, ohne dabei selber oberflächlich sein zu wollen.

1. Formulieren Sie mit eigenen Worten eine Definition von Popliteratur.

1999 trafen sich die Popliteraten Christian Kracht, Alexander von Schönburg, Joachim Bessing, Eckhart Nickel und Benjamin von Stuckrad-Barre im vornehmen Berliner Hotel Adlon. Ein Mitschnitt des Gesprächs, in dem das „popkulturelle Quintett" eine Standortbestimmung vornahm, wurde unter dem Titel „Tristesse Royale" veröffentlicht.

Die Langeweile ist der Hauptfeind unserer Generation, weil wir damit aufgewachsen sind. Wir sehnen uns nach der Unterbrechung der Langeweile. Wer an Hunger leidet und nicht im Adlon sitzt langweilt sich nicht. Wir sind nichts als Produkte einer postmateriellen Generation, die nur noch mit der Langeweile zu kämpfen hat. *(Alexander von Schönburg)*

Popkulturelles Quintett

2. Nehmen Sie Stellung zu dieser Aussage, indem Sie einen Brief an Alexander von Schönburg schreiben, in dem Sie sich mit dieser Position auseinander setzen.

Dem Roman „Soloalbum“ von Benjamin von Stuckrad-Barre sind die folgenden beiden Zitate als Motti vorangestellt.

if love is the answer
what was the question
and can it cure my indigestion
baby?

Carter USM
„The Music That Nobody Likes“

und du bist nicht da
und wenn du da wärst
könnte ich das nicht
schreiben

Jörg Fauser
„Solo Poem“

1. Was erwarten Sie von diesem Roman?
   Welches Thema oder welche Themen könnten behandelt werden?
   Welche Sprache und welche Haltung des Protagonisten zum Geschehen erwarten Sie?

Der Roman beginnt damit, dass Feuerwehr und Polizei in die Wohnung des Ich-Erzählers eindringen. Sie sind verständigt worden, weil man sich Sorgen um den Bewohner macht, der zu einer Verabredung nicht gekommen ist. Sie finden eine völlig zugemüllte Wohnung. „Seit Katharina weg ist (3 Wochen und 2 Tage), habe ich große Schwierigkeiten, den Betrieb hier aufrechtzuerhalten“, kommentiert der Erzähler.

Benjamin von Stuckrad-Barre
aus: **Soloalbum** (1998)

Per Fax ist natürlich gemein. Dafür hatte ich das Ding nun wirklich nicht angeschafft. Bei aller Geringschätzung meine ich auch, man hat schon das Anrecht auf eine staatstragende Beendigungszeremonie mit Heulen und Umarmen und allem. Oder wenigstens ein Brief. Aber doch kein Fax! Warum nicht gleich per Sportflugzeugspruchband, oder Maren Gilzer dreht beim Glücksrad einfach mal „Aus die Maus“ um. Das wäre doch toll.
So aber nur ein Fax, und auf 2 Seiten wurden einfach mal so in völlig nebensächlicher mir-doch-egal-Schrift vier Jahre letztgültig verhandelt und verurteilt, weg damit. Da fehlt der theoretische Unterbau, wird auch sie sich zum Schluss gedacht haben, das Fundament, die Legitimation. Und als könne das nun irgendwas nützen, hat sie einfach mal, völlig zusammenhanglos, ein Zitat von den Smashing Pumpkins dazugeschrieben. Ein Satz, der uns erfreut hat, von einer Platte, die uns viel bedeutet hat, DAMALS. Aber jetzt einfach so isoliert, die Bedeutung zahlt der Empfänger:
„The killer in me is the killer in you“
Gewiss doch.
Ich bin nun also allein: Diese Liebe war natürlich schon lange nicht mehr diese Liebe. Aber es war noch was. Plötzlich nun denke ich, es war das Einzige überhaupt, das hatte ich vorher gar nicht gemerkt. Ich habe zwar einen neuen Job. Das Klischee wäre ja: Ich habe gerade meinen Job verloren. Und durch die Decke tropft es, und ich habe einen Kater, und der Kühlschrank ist leer, und im Briefkasten nur Mahnungen und Pizza-Prospekte. Stimmt auch alles, bis auf den Job.
Erst vor einer Woche habe ich bei der Zeitschrift gekündigt, um bei einem Musikverlag anzufangen. Einfach so, damit mal wieder was passiert, denn eigentlich war es bei der Zeitschrift mehr als in Ordnung.

2. Stellen Sie dar, wie der Ich-Erzähler mit der Trennung umgeht, und belegen Sie Ihre Ausführungen mit Textstellen und Untersuchungen des Stils.
3. Zeigen Sie, welche Rolle die Medien und die Musik hier spielen.

Feridun Zaimoglu gilt als „Galionsfigur der neueren deutschen Migrantenliteratur". Er versteht sich als politischer Autor insofern, als er zeigen möchte, dass die türkische Gesellschaft in der deutschen ebenso vielgestaltig ist wie die deutsche selbst.

Feridun Zaimoglu

Der direkte Draht zum schwarzen Mann (aus: **Kanak Sprak,** 2005)

Der sound (des Rap) besteht aus krawall und city-hektik, zu tosendem klang und stadtgebrüll und gellendem misslaut hackt er den knallharten text ab. Klar bruder, dass die bewegung überschwappte über den großen teich und uns ergriff wie ne gottverdammte heiße offenbarung, so ende 83 hat's mich denn auch erwischt, wie ich noch als jungblutbengel durchs viertel kackstelzte, in so ner schmorigen unruhe gehalten, und ich nahm gleich auch den guten kodex an, der da heißt: wirf dein leben nicht weg, wenn du echt bronx sein willst, pfoten weg von dem, was dich und die gemeinde schwächt, no drugs, no crime, und stärke und respekt vor schwestern und brüdern, und schutz nur in der gemeinschaft derer, die sich clean halten aus purer überzeugung.

1. Erschließen Sie, welches Personal hier im Mittelpunkt steht.
2. Arbeiten Sie die sprachlichen Besonderheiten und deren Wirkung heraus.
3. Vergleichen Sie die Auszüge aus Texten der Popliteratur.
   Worin bestehen Ähnlichkeiten, welche Unterschiede gibt es?
   Achten Sie auf Themen, Personal und Sprache.

Feridun Zaimoglu (* 1964)

Auch Kathrin Röggla wird zu den Popliteraten gezählt. In ihren Werken „niemand lacht rückwärts" (1995), „abrauschen" (1997) und „irres wetter" (2000) beobachtet und notiert sie Alltagssituationen, die sie dann sprachspielerisch verarbeitet. Im folgenden Text beschreibt sie ihren Schreibprozess.

Kathrin Röggla

Wie kommt man zu seinem Material? Einerseits auf einer „authentischen" Ebene: In der U-Bahn, auf Parties, Veranstaltungen, beim Arzt einfach O-Töne sammeln. Ich beobachte oder führe Gespräche, Interviews. Andererseits auf medialer Ebene, ich mache den Fernseher an und schreibe – wie so viele andere Autoren – einfach mit. Und drittens die sogenannte Lektüreebene: Theorie, Recherche. All das ist aber nur die Basis. Das wird dann montiert, umgeformt. Ein wichtiger Impuls dabei ist eine ironische Haltung, der Spaß am satirischen Umgang mit dem Material, etwa durch Kontrastierung oder Inversion, durch Insistieren, Wiederholen, Vergrößern, Verkleinern.

1. Versuchen Sie selbst einen Pop-Text nach dieser „Anleitung" zu schreiben.
   Lesen Sie sich Ihre Texte gegenseitig vor und tauschen Sie sich über Ihre Schreiberfahrungen aus.
2. Besorgen Sie sich einen der Texte von Kathrin Röggla
   und vergleichen Sie ihn mit Ihren eigenen Texten.

Kathrin Röggla (* 1971)

Solange es Menschen gibt ...

„[...] die Zeiten der Vergangenheit / Sind uns ein Buch mit sieben Siegeln. / Was ihr den Geist der Zeiten heißt, / Das ist im Grund der Herren eigner Geist, / In dem die Zeiten sich bespiegeln."

Dieses mürrische Wort Fausts an den Quälgeist Wagner, der glaubt, die Vergangenheit verstehen zu können, galt damals, gilt heute und gilt ganz besonders für die Zukunft. Blicke nach vorn sind Blicke aus der Gegenwart und von Menschen der Gegenwart. Wer hätte in den siebziger Jahren des 20. Jahrhunderts voraussagen können, was die Literatur nach 1989 bringen würde. Und wer hätte sich gar zu Beginn der dreißiger Jahre trauen können, eine Vorhersage für die Fünfziger zu machen.

Wie also sollte man die Frage angehen, wie die Literatur der nächsten Jahre, ja gar Jahrzehnte aussehen könnte? Eine rapide sich entwickelnde Medienlandschaft, eine schnell fortschreitende Globalisierung und Öffnung der Gesellschaft in alle Richtungen, unvorhersehbare Naturereignisse, politische Umwälzungen oder technische Neuerungen machen jede Prognose über das Wesen der Literatur kommender Zeiten zur Kaffeesatzleserei.

[...] Es ist ein Bestreben, unser oft geschmähtes Land zu kennen und zu verherrlichen, uns die Vergangenheit und verdunkelte Zeiten zur Gegenwart zu erheben; – vielleicht misslicher, aber nicht ganz zu verwerfen, möchte das Bestreben eines Aufmerksamen sein, aus den Anfängen, die uns unsre Poeten gegeben, [...] unsre künftige Dichtkunst und ihr eigentliches Wesen im Voraus zu lesen oder zu ahnden.

Wenn überhaupt irgendjemand diesen Blick nach vorne wagen kann, so sind es – nach Tiecks Satz aus dem frühen 19. Jahrhundert – all jene, die heute schreiben, die heute Teil sind des literarischen Prozesses, Mitgestalter dessen, was in einigen Jahrzehnten Literaturgeschichte sein wird und was man dann als „Literatur um 2000" bezeichnen wird.

Was also liegt näher, als erfolgreiche und bekannte Autorinnen und Autoren unserer Zeit zu bitten, diesen Blick in ferne Zukunft zu wagen und eine Prognose darüber abzugeben, wie unsere deutschsprachige Literatur sich wohl in den nächsten Jahrzehnten entwickeln wird? Sie sind die Seismografen, die aus dem, was zur Zeit geschieht, eine Vorausschau wagen können auf das, was kommen könnte. Dies betrifft natürlich gerade in einem Arbeitsheft für Schülerinnen und Schüler auch die Frage, was Literatur für die Schule noch sein kann und sein wird: Welchen Stellenwert wird sie haben? Wird sie von den elektronischen Medien verdrängt worden sein? Oder wird sie im Gegenteil eine Renaissance erfahren?

Einige der angeschriebenen Schriftstellerinnen und Schriftsteller haben in ganz unterschiedlichen Beiträgen auf unsere Fragen geantwortet. Vorgabe war, dass die Beiträge möglichst nicht viel mehr als 150 Wörter umfassen sollten. Aus Platzgründen ist es unmöglich, biografische Angaben zu den einzelnen Autorinnen und Autoren zu machen. Deshalb haben wir uns darauf beschränkt, außer dem Geburtsdatum (an dem sich auch die Reihenfolge der Beiträge orientiert) und einem Foto noch ein Werk anzugeben, das man unbedingt gelesen haben sollte.

Kurzbiografien zu Autorinnen und Autoren der Kapitel 1–6 sind auf den Seiten 86 ff. zusammengestellt.

GEBOREN IN DEN ZWANZIGER UND DREISSIGER JAHREN

GÜNTER KUNERT (*6.3.1929)

Die Literatur höret nimmer auf – weil immer wieder Menschen dem Zwang erliegen werden, ihrer Erfahrung, ihrem Erleben Ausdruck zu verleihen, selbst in der Gewißheit, daß sie nur wenig Interesse dafür zu finden vermögen. Zwar ändern sich stets die künstlerischen Formen, vielleicht wandelt sich der Sprachschatz, aber obsessive Intentionen, die Empfangsbereitschaft für Inspirationen dürften sich stets als mächtiger erweisen als jeweilige Zeitgeister nebst den entsprechenden „Trends“. Ergo: Keine Grabrede für die Literatur. R

Selbstporträt Günter Kunerts vom 21.8.94

1. Was sieht Kunert als Urgrund, als Quelle für Literatur?
2. Wogegen grenzt er den Begriff „Literatur“ ab?
3. Welches sind Konstanten, welches Variablen in Kunerts Literaturverständnis, wie es in diesem Text zum Ausdruck kommt?

LESETIPP
Verspätete Monologe

REINER KUNZE (*16.8.1933)

Nur wenige Menschen brauchen zum Leben das Gedicht. Das aber heißt nicht, daß das Leben das Gedicht nicht braucht. Der Dichter wäre der Natur nicht eingefallen, wäre er nicht notwendig, und die Poesie hätte die Jahrtausende nicht überdauert, gäbe es nicht Daseinsbereiche, deren wir uns nur über poetisches Denken vergewissern können. Solange es Menschen gibt, wird es Poesie geben. R

1. „Der Dichter wäre der Natur nicht eingefallen, wäre er nicht notwendig.“ – Versuchen Sie, diesen Satz auszuloten: Welches Verständnis von Natur, Mensch und Dichtung drückt sich darin aus?

LESETIPP
Die wunderbaren Jahre

VOLKER BRAUN (*7.5.1939)

Das Gemälde „Die heilige Thekla“ Hans Holbeins d. Ä. in Augsburg, der schöne Rücken, der sanfte Nacken, ein breiter Hintern auf dem stabilen Stuhl, eine delikate Person, die ihrerseits einen delikaten Raum betrachtet: Ist sie nicht das leibhaftige Bild der Poesie, das Gedicht in seiner sinnlichen Gestalt, die uns anzieht und nicht losläßt, aber sie führt unsern Blick über sich hinaus, an sich vorbei auf einen Hintergrund, auf die eigentliche Szene, auf der entsetzliche Greuel geschehn, Folterungen, Mord. Sie hält, diese Heilige und Obszöne, offenbar dem Anblick stand; wir sehen ja ihre Augen nicht, nicht ihr

LESETIPP
Unvollendete Geschichte

Gesicht mit ihren vielleicht verzerrten, vielleicht ganz ruhigen Zügen; sie wagt zu schaun und wendet sich nicht ab, ja sie hat sich auf den Stuhl gesetzt wie eine Zuschauerin, die alles genau beobachten will und auskosten bis zum Schluß. Sie nimmt es auf ihren Buckel, sie läßt sich die Sache bieten, schamlos unbeirrt, und der Widerspruch zwischen der Anmut ihrer Gestalt und dem Furchtbaren, das sie wahrnimmt ohne Regung, ohne sich ins Haar zu fassen oder in die Kleider, läßt sie erbarmungslos, unmenschlich erscheinen, und es bleibt die Frage: sollte sie nicht aufspringen, eingreifen, schreien? Hat sie die Macht dazu, oder den Mut? Was brächte es? Wer ist sie denn? Wo sitzt sie, auf einem Richterstuhl? Auf einer Folterbank? Was bewegt sie, ist sie vielleicht blind? All diesen Fragen, die sich stellen, entgegnet die eine Antwort: daß es schlimmer wäre, wenn sie nicht da säße und uns betörte und erregte mit ihrem schmerzlichen und wahrhaftigen Rätsel. R

1. Was kennzeichnet nach Volker Braun die Poesie? Bilden Sie auf der Basis seines Textes Kurzsätze, die die Poesie charakterisieren, zum Beispiel: „Poesie hält stand." Oder: „Poesie wendet sich nicht ab." etc.
2. Wandeln Sie dann seine Fragen je nach Ihrer Einschätzung in Aussagen um und vergleichen Sie Ihre Ansichten gegenseitig.
3. Erläutern Sie den letzten Satz des Textes.

KAI HERMANN (*29.1.1938)

Auch „anspruchsvolle" Literatur hat gegenüber den modernen Medien eine Chance. Dann, wenn an den Schulen die Freude am Lesen geweckt und nicht ausgetrieben wird. Das heißt, dass junge Lesende ihren Anspruch an Literatur einbringen dürfen und nicht allein die Maßstäbe von Germanistik-Seminaren gelten. Die unsinnige deutsche Mauer zwischen „ernster" und „unterhaltender" Literatur muss weg. Literatur, die gelesen werden will, sollte auch unterhalten. Sie muss erzählen, wenn sie die Heranwachsenden zu Lesern machen will. Geschichten, die sich treffen mit den Sehnsüchten, Ängsten, Realitäten, Hoffnungen, Problemen der Lesebereiten. Das Genre der abgehobenen, selbstverliebten Nabelschau vieler preisgekrönter deutscher Literaten wird allenfalls noch in den Feuilletons registriert werden. Was spannend ist in Form und Inhalt wird bleiben. Also nicht nur Philip Roth, sondern auch Shakespeare.

LESETIPP
Engel und Joe

1. Formulieren Sie Fragen an den Text (z. B.: „Wer definiert, was ‚anspruchsvolle' Literatur ist?"). Erörtern Sie dann die Aussagen Hermanns. Können Sie Ihre Aussagen mit eigenen Erfahrungen illustrieren?
2. Vergleichen Sie die Aussagen Hermanns mit jenen von Günter Kunert (s. S. 77).

GEBOREN IN DEN VIERZIGER JAHREN

FRIEDRICH CHRISTIAN DELIUS (*13.2.1943)

Leute mit Bildungshunger und Leselust sind in aller Regel auch die mit dem weiteren Horizont und größeren Einfühlungsvermögen, sie sind als Unterwerfungsobjekte nicht besonders brauchbar, sind nicht so leicht politisch zu manipulieren – denn wer liest, der fragt auch und lernt zu zweifeln. Leute mit Fantasie und Neugier sind nicht sehr brauchbar für Generäle, Bürokraten, Ayatollahs und Meinungsvereinheitlicher welcher

LESETIPP
Der Spaziergang von Rostock nach Syrakus

Art auch immer. Damit sind sie die eigentliche Avantgarde, das Salz der Gesellschaft, die wirklich fortschrittlichen, zukunftsorientierten, zukunftstauglichen Kräfte. Die Ironie daran ist, dass sie das meistens gar nicht wissen.

Wer sich zu Büchern hingezogen fühlt, von Romanen bewegen, vielleicht sogar von Gedichten entzücken und irritieren lässt, wer nicht leben will ohne die schwer in Worte zu fassenden Sprachen der Musik und der großen Bilder wer nicht verzichten will auf die Irritationen und Bewusstseinserweiterungen durch Theater und Filme – ist vielleicht nicht schlauer als andere, als Rechtsanwälte, Informatiker, Makler, Politiker, Genetiker und all die wissenschaftlichen Experten, die an unserer Zukunft basteln. Aber sie oder er will mehr wissen über das Leben als die anderen. Stark genug, die eigenen Ansichten hin und wieder in Frage stellen zu lassen, wissen diese Leser, dass Bücher die Dummheit gefährden – nicht alle Bücher, aber doch erstaunlich viele. Sie geben sich nicht mit schnellen Antworten zufrieden. Sie suchen das Vielfältige, nicht das Einfältige, Einförmige. Sie haben Gefallen an sprachlichen Spielen, Melodien, Figuren. An Individualität und Eigensinn. Sie wissen, dass menschliches Leben sich nicht auf Ja-Nein, In-Out, Gut-Böse, Gewinn-Verlust usw. oder ähnliche Formeln reduzieren lässt. Damit wissen sie mehr als die meisten, jedenfalls mehr als die, die alles der Rationalität des Geldes oder Rationalität von Paragrafen unterwerfen und damit jetzt schon verarmt und gescheitert, jetzt schon von gestern sind. …

1. Vergleichen Sie den Text von Delius mit dem Beitrag von Brussig (s. S. 83): Welcher Stellenwert hat gute Literatur heute?
2. Setzen Sie den Text nun in Beziehung zu dem folgenden von Wolf Wondratschek.
3. Nehmen Sie den Beitrag von Friedrich Christian Delius (evtl. zusammen mit jenen von Kunert, s. S. 77, und Hermann, s. S. 78) als Grundlage für eine Texterörterung.
4. Stellen Sie einen Kanon von Lektüren zusammen, die man Ihrer Ansicht nach im Unterricht des Gymnasiums lesen sollte.

WOLF WONDRATSCHEK (*14.8.1943)

Es ist seltsam, wieviel wir erfinden müssen, um das Leben zu verstehen, denn was wäre die Realität ohne die Einsicht ihrer Erfindung, was für einen Wert hätte die Wahrheit ohne den Komfort des Humors und welche Wahrheit die Liebe ohne das Schicksal jener, die leiden?

LESETIPP
Kelly-Briefe

1. Welche der folgenden Aussagen sind im Sinne des Textes richtig?
   a) Man muss einsehen, dass die Realität immer nur eine Erfindung ist.
   b) Die Realität wäre unerträglich, wenn sie nicht auch Erfundenes, Fiktives hervorbrächte.
   c) Wer die Wahrheit sagt, sollte dies mit Humor tun.
   d) Die Wahrheit ist nur mit Humor zu ertragen.
   e) Wer wahre Liebe empfinden will, muss leiden.
   f) Wahre Liebe braucht jemanden, der leidet.
   g) Wahre Liebe ist die Liebe aus Mitleid.
   h) Die Literatur ist eine Erfindung, um das Leben zu verstehen.
   i) Wer das Leben verstehen will, muss schreiben.
2. Diskutieren Sie die These, Literatur könne dazu beitragen, „das Leben zu verstehen". Finden Sie Beispiele für literarische Werke, die diesen Anspruch erfüllen?

LESETIPP
Krokodil im Nacken

KLAUS KORDON (*21.9.1943)

Ich bin kein Kaffeesatzdeuter, doch glaube ich, mich nicht zu irren, wenn ich sage, es wird immer gelesen und es wird auch immer sogenannte gehobene Literatur benötigt werden.

Die erste Frage, die sich uns heute stellt, lautet: Wie viele LeserInnen wird es in zehn, zwanzig, dreißig Jahren noch geben? Zur Zeit liest nur noch etwa ein Drittel aller Kinder und Jugendlichen; Mädchen zu fünfzig, Jungen nur zu zehn Prozent.

Die zweite Frage: Was wird heute gelesen und wie soll der jugendliche Leser oder die Leserin von der größtenteils kommerziell aufbereiteten Lesefutter-Produktion der Gegenwart später zur gehobenen Literatur finden? Wird es, wie in jenen Zeiten, als Bücher für ärmere Bevölkerungsschichten kaum erschwinglich waren, bald nur noch eine Elite geben, die wirkliche Literatur schätzt und verdauen kann?

Die dritte Frage: Wie wird Lesen in der Zukunft vermittelt? Werden unsere Grundschulen es bis dahin schaffen, den Kindern Lesen nicht als Arbeit, sondern als Spaß nahe zu bringen?

Das alles sind Fragen, keine Antworten. Aber es tut mir leid, Antworten habe ich nicht.

1. Sieht Kordon die Situation für die Literatur eher positiv oder negativ?
2. Was würden Sie Kordon antworten?
   Wovon ist Ihrer Ansicht nach Lesevergnügen abhängig?

ULLA HAHN (*30.4.1946)

Das aufregendste Computerspiel kann die Lust an den einmalig eigenen Bildern, die bei der Transformation von Schrift in die eigene Imagination entstehen, nicht ersetzen. Selbst da, wo der Spieler sich seine Geschichte angeblich selbst herstellen soll (erst die Prinzessin retten, den Feind besiegen, das verlorene Gedächtnis wiederbeleben etc.), besteht seine Kreativität doch nur in der Wahl vorgegebener Möglichkeiten. Wirklich frei und spontan bin ich nur, wenn meine Erfahrungen, meine Gefühle und – nicht zu unterschätzen – mein Tempo die Rezeption bestimmt, das heißt: wenn ich lese. Möglichkeiten zur freien Assoziation bietet allein der gelesene Text. Freiheit und Fantasie sind eben etwas anderes als sich per Mausklick durch eine vorgefertigte Link-Welt zu zappen. Lesen ist ein Vorgang, der qualitativ von dem der Verlinkung noch so immenser Datenbanken verschieden ist. Das macht mehr Mühe? Ja. Wie Kochen mehr Mühe macht als das Zusammenpantschen eines Fertiggerichts.

Solange die Erfahrung nicht schwindet, dass Schreiben und Lesen etwas mit Zaubern und Verzaubern zu tun hat, solange wird es den neuen Medien nicht gelingen, die Schrift, den Text zu entzaubern.

LESETIPP
Das verborgene Wort

1. Erarbeiten Sie aus dem Text, was für Ulla Hahn „lesen" bedeutet und in welchem Kontext sie das Lesen sieht.
2. Welchen Stellenwert haben für Sie Fantasie und Kreativität?
3. Fertigen Sie eine Mindmap an, was „lesen" in Abhängigkeit von seinem Gegenstand bedeuten kann und welche Anforderungen es an die Leserin bzw. den Leser stellt – auch im Hinblick auf das Lesen von Hyperlink-Texten aus dem Internet.

LESETIPP
Ost-Berlin,
Leben vor dem Mauerfall

LUTZ RATHENOW (*22.9.1952)

Alles wird sich ändern. Und der Schreibende darf listig bis energischlässig seine Neugier pflegen. Die Dichtung findet sich oft dort, wo sie keiner erwartet. Schon jetzt blühen die Aphorismen in der Werbung.
Literaturunterricht wird stärker in die Literaturgeschichte (einerseits) und ein aktives Kreativitätstraining (andererseits) auseinanderdriften. Musik, Film, Internet, das Herstellen eigener Bücher müssen das Selbst-Geschriebene mit anderen Kulturtechniken in Berührung bringen. In der Schule wie im Leben.

1. Analysieren Sie Satz für Satz des Beitrags und dessen innere Logik.
2. Nehmen Sie kritisch-erörternd Stellung zu Rathenows Äußerungen.

KURT DRAWERT (*15.3.1956)

LESETIPP
Spiegelland.
Ein deutscher Monolog

150 Wörter

(1)
wo geht die entwicklung unserer gehobenen literatur und unseres leseverhaltens hin entstehen neue literarische formen was wird auf der strecke bleiben hat dichtung neben den modernen medien noch eine chance usw. siehe redaktionelle vorbemerkung …

(2)
Diesen interessanten, wichtigen, komplizierten Fragekomplex mit 150 Wörtern beantworten zu sollen ist ebenso unmöglich, wie ein literarisches Wertebewusstsein, das sich von der Aufklärung bis zur zweiten Hälfte des 20. Jahrhunderts herausgebildet hatte und nach dem Literatur ein Gegentext zur entfremdeten Welt ist, in eine Zeit hinüberretten zu wollen, in der es um substanzielle Abschaffungen, Vereinfachungen bis zur Unkenntlichkeit und hauptsächlich ökonomische Effizienzen geht.

(3)
Insofern stellt sich auch ein Zusammenhang her zu den relevanten Fragen, wie ich sie hier vor mir habe, und der editorischen Notlage, in der Beantwortung auf ein Textfeld von der Größe eines aufgefalteten Bonbonpapiers zu verweisen. Der Inhalt ist, um nun im Bilde zu bleiben, schon gegessen oder muss, aus Platzgründen, geopfert werden.

1. Kurt Drawerts Text umfasst genau 150 Wörter.
   Setzen Sie diese Information und seinen Titel in Bezug zu dessen Inhalt:
   a) Erklären Sie die Dreiteilung des Beitrags.
   b) Erläutern Sie Drawerts „negativen Vergleich" (… ist ebenso unmöglich, wie …); welche Kritik versteckt sich dahinter?
   c) Vergleichen Sie Drawerts Aussagen im zweiten Teil mit jenen Kunerts (s. S. 77): Stimmen beide überein?
2. Wie sieht Drawert das Umfeld, in dem Literatur heute bestehen muss?

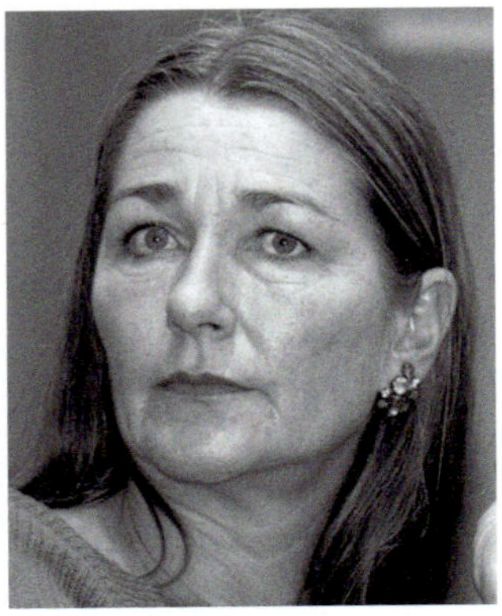

LESETIPP
Das Muschelessen

BIRGIT VANDERBEKE (*8.8.1956)

Voraussetzung für Literaturempfänglichkeit ist, dass ein Mensch das Gefühl hat, sich durch eigenes, durch sein ganz besonderes, ihm zu eigenes Sprechen mit der Welt um sich herum und besonders den anderen Menschen in eine differenzierte und differenzierende Beziehung setzen zu können, die eine Bereicherung darin erfährt, den anderen Menschen in ihrem eigenen Sprechen differenziert und differenzierend zuzuhören. Voraussetzung ist weiterhin vielleicht sogar das Gefühl, dass ihm daraus das Vermögen erwächst, sprechend einen Einfluss auf die ihn umgebende Wirklichkeit nehmen zu können oder auch, schmerzhafter, die Grenzen dieses Einflusses erkennen zu können sowie durch das Sprechen anderer beeinflusst werden zu können. Dieses Gefühl ist im Begriff, gegen null zu schwinden, weil der Wert der Sprache als gesellschaftliches Austauschmittel geschwunden ist. Wenn aber Eindrücke wesentlich nicht mehr sprachlicher Art sind, ist die Empfänglichkeit für sprachlichen Ausdruck gering. Die Konfrontation mit literarischen Texten ist dann nichts weiter als lästig und marginal. Zeitgenössischer und zukünftiger Literaturunterricht sollte mit der Einsicht in seine überaus bescheidene Bedeutung beginnen und es sich zur Aufgabe machen, sowohl Texte als auch die Schüler zum eigenen Hören und Sprechen zu bringen. Ja: Texte können nämlich auch hören. Allerdings nur gute.

1. Markieren Sie im Text eventuelle Unklarheiten und klären Sie diese im Gespräch.
2. Geben Sie die Aussagen von Birgit Vanderbeke in eigenen Worten wieder: Inwiefern haben Sie durch die Bearbeitung der ersten Aufgabe schon einige der von ihr genannten Voraussetzungen für Literaturempfänglichkeit erfüllt?
3. Stellen Sie den Text grafisch dar. Wenn Ihnen dies hilfreich scheint, können Sie folgendes Inventar an Begriffen verwenden: *Literaturempfänglichkeit – aktive und passive Welterfahrung – Einflussnahme – beeinflusst werden – Sprache als Austauschmittel – Aufgabe des Literaturunterrichts.*
4. Was könnte Birgit Vanderbeke damit meinen, wenn sie sagt, Texte könnten hören?

GEBOREN IN DEN SECHZIGER JAHREN

INES GEIPEL (*7.7.1960)

Bloß Verse

Was kann sich noch zeigen hinter all dem medialen Wust, den täglichen Hervorbringungen, hinter dem ganzen unübersehbaren Sinn? Vielleicht nichts mehr. Vielleicht aber gibt es noch etwas. Etwas, was es bisher nicht gibt. Vielleicht müssen wir erneut fragen, was es nicht gibt und zugleich sagen, dass es zu viel gibt. Wäre nicht genau das zuerst Sinn von Poesie: jene Überzahl der Stimmen und Sprachen? Verwehen, Zersetzen, Aufgehen, Dauern? Könnte er nicht genau in jener Fülle eine breitere Spur einnehmen, einfach Verse im Eröffnen vielfältiger Welt? Eine Form für die Armut außerhalb der Fülle? Weil sich niemand da befindet, wo über sie nachgedacht werden kann? Weil wir nicht wesentlich herausverlangen und darauf bestehen, dass es anderes, immer weiter noch anderes gibt? Doch wie steht es mit dem Glück, dem Fremden, der Liebe, dem, was wir das Eigene nennen? Wenn nicht die Sprache unsere Wahrnehmung bis zu ihnen erweitert? Und wo soll jene Erweiterung sichtbar werden, wenn nicht in der Poesie und der Literatur? Es gibt immer nur diese Möglichkeit: Texte, die jenen einzigartigen Sinn bergen, der entdeckt werden will. Und Leser, die Sehnsucht,

LESETIPP
Heimspiel

Lust oder auch Not haben, diesen zu finden. Ein anthropologischer Akt, in dem man sich verfehlen kann. Was aber nicht heißt: nicht zu schreiben. Und auch nicht heißt: nicht zu lesen.

1. „Bloß Verse" – Versuchen Sie den Text von der Überschrift ausgehend zu entschlüsseln. Welches sind die zentralen Sätze und Begriffe?
2. Was ist für Ines Geipel der Sinn von Poesie? Formulieren Sie ihn in eigenen Worten.
3. Vergleichen Sie Ines Geipels Text mit dem Gedicht „Reklame" (1956) von Ingeborg Bachmann (s. Lösungshinweise, S. 12) und beachten Sie dabei insbesondere die Fragen.

LESETIPP
Gedichte

DURS GRÜNBEIN (*9.10.1962)

Die Dichtung ist eine der Urkräfte des Menschen. Nicht nur, daß sie sich schwer unterdrücken läßt, sie wird auch jede künftige Neuzeit und ihre Medien, Maschinen und Moden spielend überleben und seelenruhig Schritt halten mit allem, was kommt. Die Langeweile, die jede neue Technik im Menschen freisetzt, ist ihr verläßlichster Nährboden. Dichtung fragt nicht erst, wem sie nützt, wo sie hingehört oder was sie bedeuten soll. Bisher hat sie noch jede neue literarische Form absorbiert. Allerdings wirkt sie nur auf Leser mit einer gewissen Intelligenz und Herzensbildung, sie wendet sich an das Individuum, an ein Wesen also, das jedes Schulsystem übersteht, ganz gleich, was vom Literaturunterricht dereinst übrigbleibt. R

1. Vergleichen Sie die Aussagen Grünbeins mit denen Günter Kunerts (s. S. 77) und Lutz Rathenows (s. S. 81): Wo sehen Sie Gemeinsamkeiten, wo Unterschiede?

THOMAS BRUSSIG (*19.12.1965)

Wer heute schreibt, weiß, daß sich das Buch an Minderheiten richtet. Ein Buch, das nach Mehrheiten schielt, stinkt. In dieser scheinbaren Rückzugsposition der Literatur liegt in Wahrheit ihre Stärke: Sie gewinnt daraus einen langen Atem, eine Authentizität, eine Kraft und eine Glaubwürdigkeit. Und überhaupt ist mir um die Literatur nicht bange. Das Fernsehen hat sich als zuverlässiges Flach- und Schwachsinnsmedium etabliert, da ist das Lesen ein Akt der Notwehr. Es gibt nichts, was beim Begreifen so hilft wie Bücher. Bücher sind das Tiefere, das Reichere. Bücher sind das Andere. Lesen kann Abenteuer sein. R

1. Erörtern Sie, für welche Arten von Büchern die Aussagen Brussigs gelten.
2. Ließen sich die Texte Brussigs und Grünbeins zu einem Text zusammenfassen?

LESETIPP
Am kürzeren Ende der Sonnenallee

LESETIPP
Das Blütenstaubzimmer

ZOË JENNY (*16.3.1974)

Die Literatur hat mein Leben gerettet. Dank ihr war ich nie einsam. Denn Bücher können Freunde sein, die einen an die Hand nehmen und mitnehmen auf eine Reise. Durch Lesen lernte ich die Welt kennen, den Geruch fremder Länder, die Farben der Meere, die Namen der Tiere. Es war die Dichtung, die mir Augen und Ohren öffnete.

Ein einziges Gedicht kann Trost bedeuten in einer verzweifelten Stunde, ein paar Worte nur, die dich erinnern, jemand vor dir war schon dort, genau so und hat sich hingesetzt und es aufgeschrieben, schwarz auf weiß, dich wissen zu lassen, du bist nicht allein. Die Literatur ist nicht ersetzbar und noch weniger die Poesie; solange der Mensch berührbar ist, braucht er sie wie die Luft zum Atmen, denn sie holt ihn dort ab und gibt Trost, wo er am fragilsten ist und wie gehäutet ohne Schutz dasteht in seiner namenlosen Angst, die die menschliche Existenz mit sich bringt.

1. Vorschlag für eine Ersatzprobe:
   Wir ersetzen im ersten Abschnitt die Wörter „Literatur", „Bücher", „Lesen" und „Dichtung" durch den Begriff „Fernsehen" und passen die Sätze grammatikalisch entsprechend an: Bliebe der Text für Sie stimmig? – Begründen Sie.
2. Vergleichen Sie Zoë Jennys Aussagen mit denen von Reiner Kunze (s. S. 77): Was unterscheidet sie, worin stimmen sie überein?
3. Suchen Sie sich aus einer Anthologie ein ganz persönliches Gedicht aus, das Ihnen etwas bedeutet und an das Sie sich auch später vielleicht noch zurückerinnern wollen.

JULI ZEH (*30.6.1974)

Es ist ein beliebter Volkssport, die Literatur mit Worten zum Tode zu verurteilen. Alle paar Jahre sind die Menschen mal wieder zu dumm, die Zeiten zu schnell und zu oberflächlich, als dass noch lange mit der Wertschätzung einer so sperrigen Angelegenheit zu rechnen sei. Und trotzdem ist die europäische Literatur, wenn man irgendwo bei den Dramen der Antike beginnt, inzwischen 2.500 Jahre alt. Totgesagte leben länger.

Nicht umsonst heißt es in einem der berühmtesten Bücher der Welt, dass „am Anfang das Wort" gewesen sei. Der Mensch denkt in Sprache, er *ist* Sprache. Die *Geschichte* der Menschheit ist eine ebensolche. Jeder unserer Versuche, uns selbst zu betrachten, besteht in einem Akt der Erinnerung – und damit in einer Narration. Die Angst vor dem Verlust oder auch nur der Veränderung von Literatur entspricht der Angst vor Selbstverlust und Selbstveränderung. Sie ist deshalb keine kulturelle Prognose, sondern ein psychologisches Phänomen.

Ganz gleich, ob am Lagerfeuer, mit einem Buch in der Hand oder beim Spazierflug durchs Internet – immer sagt uns das große Menschheitsgeflüster: *Narro ergo estis* – ich erzähle, also seid ihr. In diesem recht verstandenen Sinn ist die Literatur genauso sterblich oder unsterblich wie der Mensch. Es ist schön, sehr schön sogar, darauf zu vertrauen. Nicht nur für eine Schriftstellerin.

LESETIPP
Spieltrieb

1. Erläutern Sie die Aussage Juli Zehs, die Angst vor dem Verlust der Literatur entspreche der „Angst vor Selbstverlust und Selbstveränderung. Sie [sei] deshalb keine kulturelle Prognose, sondern ein psychologisches Phänomen." Widerspricht diese Aussage einem oder mehreren anderen Beiträgen?
2. Wie steht die Schriftstellerin dazu, dass die Literatur gerade „mit Worten" „zum Tode verurteilt" werde?
3. Vergleichen Sie Juli Zehs Text mit jenen von Günter Kunert und Reiner Kunze (s. S. 77). Wo sehen Sie Gemeinsamkeiten, wo Unterschiede?
4. Was versteht Juli Zeh unter „Literatur"?

Aufgaben zu den Texten allgemein:

1. Suchen Sie zu mindestens fünf Texten dieses Kapitels eine aussagekräftige Überschrift.
2. Recherchieren Sie im Internet: Welche Informationen finden Sie über die Autorinnen und Autoren dieses Kapitels?
3. Stellen Sie jeweils eine/n von ihnen genauer vor, indem Sie neben der Biografie auch auf mindestens ein Werk eingehen.
4. Versuchen Sie die Autorinnen und Autoren in einer grafischen Übersicht so anzuordnen, dass eventuelle Gemeinsamkeiten wie auch unterschiedliche Auffassungen deutlich werden. Bilden Sie dabei tragfähige Kategorien der Einteilung.
5. Überprüfen Sie sich selbst: Welchem Ansatz stehen Sie nahe, welche Position lehnen Sie eher ab? Tragen Sie auf der untenstehenden Grafik Nähe und Distanz ein, indem Sie an der entsprechenden Position ein Kreuzchen machen.
6. Sie verfassen für eine Literaturzeitschrift einen Beitrag mit dem Titel „Zeitgenössische deutschsprachige Schriftsteller/innen und die Zukunft der Literatur" …
7. Prüfen Sie Ihre eigene Einstellung zur anspruchsvollen Literatur: Wie wichtig ist diese für Sie? Verfassen Sie ebenfalls ein Statement bis zu einem Umfang von ca. 150 Wörtern.

Meine Position zu den Beiträgen

(–) Distanz –10 … –1	**(+) Nähe** +1 … +10	**Namen**
		Kunert
		Kunze
		Braun
		Hermann
		Delius
		Wondratschek
		Kordon
		Hahn
		Rathenow
		Drawert
		Vanderbeke
		Geipel
		Grünbein
		Brussig
		Jenny
		Zeh

Kurzbiografien

Die folgenden Kurzbiografien dienen lediglich einem ganz groben Überblick über die Schriftstellerinnen und Schriftsteller, von denen sich Texte in diesem Arbeitsheft zur Literaturgeschichte finden. Damit diese bequemer auffindbar sind, werden die entsprechenden Seitenzahlen im Anschluss an die Kurzbiografie abgedruckt. Kursive Zahlen beziehen sich auf die Seitenzahl einer Porträtabbildung.

Die Kärntnerin **Ingeborg Bachmann** wurde am 25. Juni 1926 geboren. Sie ist eine der bedeutendsten Autorinnen Österreichs. Ihr Werk umfasst Romane, Kurzgeschichten, Hörspiele und zahlreiche Gedichte. Darüber hinaus arbeitete sie als Hörfunkredakteurin. Bachmann gelang 1952 bei einer Lesung der Gruppe 47 der Durchbruch. In der Folgezeit erhielt die langjährige Partnerin von Max Frisch mehrere wichtige Literaturpreise. Am 17. Oktober 1973 starb die Autorin in Rom an den Folgen eines Brandunfalls. (S. 16, ***16***)

Hans Bender stammt aus Mühlhausen im Kraichgau, wo er 1919 geboren wurde. Nach der sowjetischen Kriegsgefangenschaft begann er Kurzgeschichten und Gedichte zu schreiben, in denen er seine Kriegserfahrungen verarbeitete. Er war auch als Herausgeber tätig. Bender lebt heute in Köln. (S. 10)

Gottfried Benn (1886 – 1956) war Arzt und Schriftsteller. Seine literarischen Anfänge fallen in die Zeit des Expressionismus. Anfang der dreißiger Jahre zeigte er Sympathien für die nationalsozialistische Ideologie. Benn distanzierte sich jedoch später davon, was ihm ein Publikationsverbot einbrachte. Nach dem Zweiten Weltkrieg eröffnete er in Berlin eine Arztpraxis. Mit seinen späten Gedichten prägte er maßgeblich das Verständnis von Literatur in den fünfziger Jahren. (S. 19)

Wolf Biermann kam 1936 in Hamburg zur Welt. Sein jüdischer und kommunistischer Vater wurde in Auschwitz ermordet. 1953 übersiedelte Biermann in die DDR. Er studierte politische Ökonomie, Philosophie und Mathematik. Außerdem arbeitete er beim Theater. 1965 erhielt Biermann in der DDR Auftritts- und Publikationsverbot. Während einer Konzertreise in der BRD im Jahre 1976 wurde er ausgebürgert. Von da an lebte er in Westdeutschland und setzte dort seine künstlerische Tätigkeit als Liedermacher sowie sein politisches Wirken fort. (S. 27, ***27***)

Heinrich Böll, 1917 geboren, begann mit seiner literarischen Tätigkeit erst nach dem Zweiten Weltkrieg, den er als Soldat erlebte. Seine diesbezüglichen Erlebnisse stehen im Zentrum seines Frühwerks. Seit den fünfziger Jahren wandte Böll sein Interesse den gesellschaftlichen und politischen Verhältnissen in der BRD zu. Kritik an staatlichen Autoritäten und an der katholischen Kirche sind häufig behandelte Themen des Literatur-Nobelpreisträgers (1972), der sich immer wieder auch bei tagespolitischen Auseinandersetzungen zu Wort meldete. So kämpfte er beispielsweise in den achtziger Jahren mit der Friedensbewegung gegen die Nachrüstungspolitik der Bundesregierung. Böll starb 1985. (S. 8, 11, 24, ***25***)

Wolfgang Borchert (1921 – 1947) begann eine Buchhändlerlehre, brach diese aber ab, nachdem er die Abschlussprüfung als Schauspieler bestanden hatte. Der Zweite Weltkrieg machte seine Karriere jedoch zunichte. 1941 wurde er eingezogen, dann wiederholt wegen des Verdachts der Wehrmachtszersetzung verurteilt. Mehrere Verwundungen und Erkrankungen setzten seiner Gesundheit schwer zu. Nach dem Krieg arbeitete er in Hamburg am Theater und schrieb mehrere Erzählungen, Prosastücke sowie Gedichte. Borchert starb während eines Kuraufenthaltes in Basel. (S. 10, ***10***)

Am Silvestertag 1937 wurde **Nicolas Born** in Duisburg geboren. Nach einer Lehre unternahm er in den fünfziger Jahren erste literarische Schreibversuche. 1964 entschied sich Born dafür, als freier Schriftsteller zu leben. Er war zunächst in der 68er-Bewegung aktiv; in den siebziger Jahren engagierte er sich dann in der Antiatomkraftbewegung. Der Autor veröffentliche mehrere Romane und einige Gedichtbände. Nicolas Born starb am 7. Dezember 1979. (S. 44)

Im Zentrum des Werks von **Volker Braun** (geb. 1939) steht die Auseinandersetzung mit dem System der DDR. Anfangs setzt er große Hoffnungen in den Aufbau des Sozialismus in der DDR, nach der Niederschlagung des Prager Frühlings betrachtet er das Leben im Osten Deutschlands zunehmend kritisch. Nach 1989 setzt sich Braun intensiv mit dem Scheitern der DDR auseinander. Er erhielt wichtige Literaturpreise und lebt heute in Berlin. (S. 5, 57, 77, ***77***)

Bertolt Brecht wird 1898 in Augsburg geboren. Nach dem Notabitur wird er 1918 als Lazarettsoldat eingezogen. 1922 hat Brecht die ersten literarischen Erfolge: Ihm wird der renommierte Kleist-Preis verliehen. 1924 übersiedelt Brecht nach Berlin, wo er, zusammen mit Carl Zuckmayer, als Dramaturg am Deutschen Theater arbeitet. In der Nacht des Reichstagsbrandes vom 27. zum 28. Februar 1933 verlässt Bertolt Brecht mit seiner Familie das Deutsche Reich und emigriert über Prag, Wien, die Schweiz und Paris nach Dänemark, von wo aus er im April 1936 aus Furcht vor der drohenden Besetzung durch Nazi-Deutschland ins benachbarte Schweden emigriert. Im Mai 1941 emigriert die Familie über Russland in die USA. Im Oktober 1948 reist Brecht nach Ostberlin. Er stirbt am 14. August 1956. (S. 8)

Thomas Brussig wurde 1965 in Ostberlin geboren, wo er auch aufwuchs. Der Wehrdienst in der Nationalen Volksarmee der DDR machte ihm schwer zu schaffen, und er geriet in Konflikt mit den Anforderungen, die der kommunistische Staat an ihn stellte. In der Folgezeit verdiente Brussig seinen Lebensunterhalt mit verschiedenen Aushilfstätigkeiten. Nach der Wende begann er ein Studium an der Filmhochschule in Potsdam. Heute lebt der erfolgreiche Schriftsteller und Drehbuchautor in Berlin. (S. 83, ***83***)

Paul Celan kam als Kind jüdischer Eltern 1920 in Czernowitz/Bukowina zur Welt. Sein Leben und dichterisches Schaffen wurden geprägt von der Erfahrung der Verfolgung durch die Nationalsozialisten. Er selbst verbrachte mehrere Jahre in Zwangsarbeitslagern, seine Eltern wurden deportiert und ermordet. Seine Lyrik thematisiert das Leiden, das er als Überlebender des Holocausts empfand und woran er schließlich zerbrach. Celan nahm sich 1970 in Paris das Leben. (S. 14, ***14***)

Heinz Czechowski (*7.2.1935) ist ein deutscher Lyriker und Dramaturg. Erste Gedichte erschienen 1957. 1971 bis 1973 war er Dramaturg in Magdeburg. Arbeitet mittlerweile als freier Schriftsteller. (S. 63)

Friedrich Christian Delius stammt aus Hessen. Er wurde 1943 geboren und studierte Literaturwissenschaft in Berlin. Danach arbeitete er bei verschiedenen Verlagen, bis er sich 1978 entschied, als freier Schriftsteller zu leben. In seinen – oft satirischen – Werken beschäftigt Delius sich häufig mit Themen aus der Geschichte der Bundesrepublik. (S. 56, 66, 78, ***79***)

Stefan Döring, 1954 in Oranienburg geboren, 1972 Abitur, bis 1974 NVA-Dienst, bis 1978 Studium der Informationstechnik an der TU Dresden, bis 1980 Entwicklungsingenieur für medizinische Elektronik in Hohenneuendorf, seit 1980 freischaffender Autor und Übersetzer, lebt in Berlin. (S. 64)

Kurt Drawert (geb. 1956) übte zahlreiche Hilfstätigkeiten aus, bevor er mit dem Literaturstudium in Leipzig begann. Seit 1986 ist er als freier Schriftsteller tätig. Er erhielt mehrere Literaturpreise und lebt in Darmstadt. (S. 63, 81, ***81***)

Friedrich Dürrenmatt (1921–1990) studierte Philosophie und Literatur in Bern, begann aber schon früh zu schreiben und zu publizieren. Seine Theaterstücke (z. B. „Der Besuch der alten Dame", „Die Physiker") und Kriminalromane haben ihn zu einem der bekanntesten und bedeutendsten Schweizer Schriftsteller gemacht. Dürrenmatt war auch ein wichtiger Dramentheoretiker. Auf ihn geht das groteske Schauspiel zurück. Ferner war er als Regisseur und bildender Künstler tätig. (S. 36, ***36***)

Günter Eich (1907–1972) war ein wichtiger Lyriker und Hörspielautor. Er gehörte zu den Gründungsmitgliedern der Gruppe 47, verzichtete allerdings – im Gegensatz zu vielen anderen Autoren der Gruppe – auf ein direktes politisches Engagement, sondern versuchte seine moralischen Appelle in seinen Werken zu vermitteln. (S. 9, 17, ***17***)

Hans Magnus Enzensberger wurde 1929 in Kaufbeuren geboren. Er gehört zu den vielseitigsten Autoren der BRD. Als Lektor, Herausgeber, Übersetzer, Lyriker und Essayist tritt er immer wieder hervor. Dabei steht sein gesellschaftspolitisches Engagement fast immer im Zentrum. Mitte der sechziger Jahre gründete er die Zeitschrift „Kursbuch", mit der er wesentlichen Einfluss auf die Studentenbewegung gewann. (S. 19, 26, 28, ***19***)

Dirk Frank ist ein Vertreter der Popliteratur. Er wurde 1966 geboren und studierte Anglistik, Germanistik und Geschichte. Frank arbeitet als Redakteur. (S. 72)

Erich Fried wurde am 6. Mai 1921 als einziges Kind einer jüdischen Familie in Wien geboren. Nach der Annexion Österreichs durch Deutschland 1938 und der Verhaftung seiner Eltern floh er allein nach England. Dort schloss er sich Exilorganisationen an. Nach dem Ende des Zweiten Weltkriegs blieb Fried in London und arbeitete zuerst als Journalist, ab 1968 dann als freier Schriftsteller. Private Kontakte und Reisen nach Deutschland führten zu einer Annäherung an die APO. Erich Fried starb am 22. November 1988 in Baden-Baden. (S. 16, 40, 41, ***40***)

Ines Geipel wurde 1960 in Dresden geboren. Nach Abbruch ihrer Karriere als Spitzensportlerin in der DDR aus politischen Gründen studierte sie Germanistik und Philosophie. Kurz vor der Wende flüchtete sie 1989 in den Westen. Heute arbeitet sie als Professorin an der Berliner Hochschule für Schauspielkunst „Ernst Busch". (S. 82, ***82***)

Geboren wurde **Robert Gernhardt** in Tallinn in Estland, aufgewachsen ist er nach Flucht und Vertreibung seiner Familie aber in Göttingen. Hervorgetreten ist der Autor vor allem mit seinen satirischen und ironischen Gedichten, in denen er immer wieder den moralischen Anspruch vieler Schriftsteller karikiert. 1980 war er zudem Mitbegründer des Satire-Magazins „Titanic". Gernhardt starb im Sommer 2006. (S. 13)

Eugen Gomringer wurde 1925 als Sohn eines Schweizers und einer Bolivianerin in Bolivien geboren. In der Schweiz studierte er Kunstgeschichte und Nationalökonomie. Er arbeitete als Herausgeber und Professor für Ästhetik in der Schweiz und in Deutschland. – 1953 prägte Gomringer den Begriff der konkreten Poesie. Seine Gedichte schreibt er in fünf Sprachen. (S. 33, 34, ***33***)

Günter Grass (geb. 1927) gilt als eine moralische Instanz in Deutschland. Diesen Ruf erwarb er sich insbesondere mit seinen Ende der fünfziger und Anfang der sechziger Jahre erschienenen Romanen („Die Blechtrommel", „Hundejahre") und Novellen („Katz und Maus"). Darüber hinaus mischt sich Grass immer wieder aktiv in politische Auseinandersetzungen ein. 1999 erhielt der gebürtige Danziger den Literatur-Nobelpreis für sein Lebenswerk. Die Debatte um den streitbaren Autor gewann 2006 eine neue Qualität, als Grass in seiner Autobiografie bekennt, als Jugendlicher am Ende des Zweiten Weltkriegs Mitglied der Waffen-SS gewesen zu sein. (S. 21, 29, ***21***)

Der Lyriker und Essayist **Durs Grünbein** wurde 1962 in Dresden geboren. Vor der Wende arbeitete er bei mehreren Zeitschriften, hatte jedoch nie eine feste Anstellung. Heute lebt der freie Schriftsteller und Büchner-Preisträger in Berlin. (S. 53, 64, 83, ***83***)

Ulla Hahn – 1946 im Sauerland geboren – ist eine bedeutende Lyrikerin, die mit sehr vielen Literaturpreisen ausgezeichnet wurde. Daneben ist sie vor allem durch ihren Roman „Das verborgene Wort" bekannt geworden, in dem sie die Nachkriegszeit im katholisch geprägten Rheinland thematisiert. Heute lebt die Autorin in Hamburg. (S. 80, ***80***)

Christoph Hein (geb. 1944) war 1998 der erste gesamtdeutsche PEN-Präsident. Aufgewachsen ist der Schlesier in Berlin. Als Pfarrerssohn durfte er in der DDR kein Gymnasium besuchen, sodass er bis zum Bau der Mauer im Westteil der Stadt zur Schule ging. Später blieb er im Osten und arbeitete in den verschiedensten Berufen, bis er 1979 freiberuflicher Schriftsteller wurde. Neben Romanen, in denen er sich häufig mit psychosozialen Folgen von historischen Erfahrungen beschäftigt, schreibt er auch Theaterstücke. Hein bekam zahlreiche Literaturpreise. (S. 49)

Helmut Heißenbüttel (1921–1996) wurde im Zweiten Weltkrieg als Soldat schwer verwundet. Danach studierte er Architektur, Germanistik und Kunstgeschichte. Später arbeitete er als Verlagslektor und als Redakteur beim Süddeutschen Rundfunk in Stuttgart. Ab 1981 lebte er als freier Schriftsteller. (S. 22, ***22***)

Judith Hermann wurde 1970 in Berlin geboren. Ihren Wunsch, Journalistin zu werden gab sie während eines USA-Aufenthalts auf. Stattdessen begann sie Kurzprosa zu schreiben. Ihr erster Erzählband wurde von den Literaturkritikern sehr positiv aufgenommen. (S. 70, ***70***)

Der 1938 in Hamburg geborene **Kai Hermann** ist ein erfolgreicher Journalist und Publizist, der für viele renommierte Zeitungen und Journale gearbeitet hat. Daneben schrieb Hermann mehrere Drehbücher. (S. 78, ***78***)

Stefan Heym war ein überzeugter Sozialist. 1913 in Chemnitz geboren, musste er 1933 als Jude vor den Nationalsozialisten fliehen. In den USA fand er Zuflucht und wurde US-amerikanischer Staatsbürger. Im Zweiten Weltkrieg kämpfte er auf der Seite der Alliierten und ging danach wieder zurück. Wegen der Verfolgung linker Intellektueller durch die US-amerikanische Regierung kehrte Heym Anfang der fünfziger Jahre nach Deutschland zurück und lebte fortan als freier Schriftsteller in der DDR, zu der er aber zunehmend ein distanziertes Verhältnis bekam. In den achtziger Jahren unterstütze er die Bürgerrechtsbewegung und nach der Wiedervereinigung machte er wiederholt auf die Situation der Menschen in den neuen Bundesländern aufmerksam. Heym starb am 16. Dezember 2001. (S. 58, ***58***)

Wolfgang Hildesheimer (1916–1991) begann erst spät zu schreiben. Zunächst arbeitete er im Exil in Palästina als Lehrer und Dolmetscher. Nach dem Zweiten Weltkrieg gehörte er zur Gruppe 47. Seine literarischen Werke stehen in der Anfangsphase im Zeichen einer satirischen Kulturkritik. Später beschäftige sich der Autor, der auch als Maler hervortrat, mit historischen Persönlichkeiten. (S. 55)

Felicitas Hoppe wurde 1960 in Hameln geboren, wo sie auch aufwuchs. In den achtziger Jahren studierte sie in der BRD und den USA Literatur, Rhetorik und Religionswissenschaft. Später arbeitete sie als Dramaturgin sowie als Journalistin. Sie erhielt u. a. den Nicolas-Born-Preis des Landes Niedersachsen. (S. 69, ***69***)

Der Wiener **Ernst Jandl** (1925–2000) studierte nach seiner Entlassung aus der britischen Kriegsgefangenschaft Deutsch und Englisch. Er arbeitete lange Jahre als Lehrer. Seit Anfang der fünfziger Jahre veröffentlichte er Gedichte. Seine Lyrik zählt zur experimentellen Poesie. Sie beruht vor allem auf den Prinzipien der verzerrten Artikulation, des Falschsprechens und des Buchstabentausches. Jandl trug seine Gedichte oft selbst vor, was Teil seiner Kunst war. Hiervon gibt es zahlreiche Tonträger. (S. 6, 35, ***6***)

Die Schweizerin **Zoë Jenny** wurde 1974 in Basel geboren und verbrachte ihre Kindheit in ihrer Geburtsstadt, im Tessin und in Griechenland. Schon früh, 1997, hatte sie einen sehr großen Erfolg mit ihrem ersten Roman „Das Blütenstaubzimmer“, für den sie 1997 das 3-sat-Stipendium beim Ingeborg-Bachmann-Wettbewerb in Klagenfurt, den Aspekte-Literaturpreis sowie den Literaturförderpreis der Jürgen-Ponto-Stiftung erhielt. Außerdem wurde der Roman in mehr als 20 Sprachen übersetzt. Vortragsreisen führten Zoë Jenny nach China, Japan und in die USA, wo sie zeitweise in New York City lebte. Seit 2003 hat sie ihren Wohnsitz in London. – Weitere Werke: z. B. die Romane „Der Ruf des Muschelhorns (2000) und „Ein schnelles Leben“ (2002). (S. 72, 84, ***84***)

Marie Luise Kaschnitz (1901 – 1974) schrieb Gedichte und Erzählungen. Sie wuchs in Berlin, Potsdam und im badischen Bollschweil auf. Nach ihrer Heirat begleitete sie ihren Mann, einen Archäologen, auf dessen ausgedehnten Forschungsreisen. Mehrfache Wohnsitzwechsel führten sie auch nach Weimar, München, Rom, Königsberg und Frankfurt am Main. (S. 15, 20, ***15***)

Die Schriftstellerin **Karin Kiwus** wurde am 9. November 1942 in Berlin geboren. Nach ihrem Studium arbeitete sie verschiedentlich als Lektorin, Dozentin und in leitenden Positionen an der Akademie der Künste in Berlin. Für ihr lyrisches Werk erhielt sie mehrere Preise. Heute lebt die Autorin in der Bundeshauptstadt. (S. 44)

Sarah Kirsch (geb. 1935 im Südharz) heißt eigentlich Ingrid mit Vornamen. Aus Protest gegen die Verfolgung der Juden im Dritten Reich nannte sie sich selbst aber Sarah. Nach einem Biologie-Studium in Halle (Saale) wandte sie sich Ende der fünfziger Jahre verstärkt dem Schreiben zu. 1976 gehörte sie zu den Unterzeichnern der Protesterklärung gegen die Ausbürgerung Wolf Biermanns, woraufhin sie aus dem Schriftstellerverband der DDR ausgeschlossen wurde. Im Jahr darauf übersiedelte die Autorin in den Westen, wo sie u. a. als Journalistin arbeitete. In den Folgejahren veröffentlichte sie mehrere Gedichtbände und nahm immer zu aktuellen Themen dezidiert Stellung. Kirsch lebt in Schleswig-Holstein. (S. 54, ***54***)

Klaus Kordon, 1943 in Berlin geboren, wurde mit 13 Jahren Vollwaise und wuchs deshalb in mehreren Heimen in der DDR auf. Nach seiner Schulzeit arbeitete er in verschiedenen Berufen. 1973 scheitere ein Fluchtversuch aus der DDR, und Kordon wurde verurteilt. Die Bundesrepublik kaufte ihn 1973 frei. Im Westen etablierte er sich als Autor von Kinder- und Jugendbüchern, in denen häufig Außenseiter im Mittelpunkt stehen. Ein anderes Thema, mit dem sich Klaus Kordon in seinen Büchern beschäftigt, ist die deutsche Geschichte des 19. und 20. Jahrhunderts. Er erhielt mehrere Preise. (S. 80, ***80***)

Günter Kunert (geb. 1929) konnte aufgrund der nationalsozialistischen Rassegesetze – seine Mutter war Jüdin – keine höhere Schule besuchen. Dennoch beginnt er nach dem Zweiten Weltkrieg in Ostberlin ein Studium, das er aber abbricht. Er beginnt zu schreiben. Bis 1979 lebt er in der DDR und übersiedelt dann in den Westen. Sein Werk ist enorm vielseitig. Neben Gedichten machte ihn vor allem seine Kurzprosa bekannt. Aber auch als Drehbuch- und Hörspielautor hat er sich einen Namen gemacht. Kunert befasst sich in seinem literarischen Schaffen einerseits mit dem Nationalsozialismus, andererseits mit aktuellen gesellschaftspolitischen Fragen. Der gebürtige Berliner lebt heute bei Itzehoe. (S. 16, 20, 28, 53, 77, ***77***)

Reiner Kunze wurde 1933 in einem kleinen Ort im Erzgebirge geboren. Seit den fünfziger Jahren publiziert er. Zunächst ein Anhänger der SED-Herrschaft, distanzierte sich der Autor immer stärker von deren Ideologie. 1968 trat Kunze aus Protest gegen den Einmarsch des Warschauer Pakts in die CSSR aus der Partei aus. Nach der Veröffentlichung seines Prosabandes „Die wunderbaren Jahre“ im Jahre 1976 wurde er aus dem Schriftstellerverband der DDR ausgeschlossen. Weil er wiederholt Repressalien ausgesetzt war, siedelte er im folgenden Jahr in die Bundesrepublik über. Heute lebt Kunze bei Passau. (S. 45, 64, 77, ***77***)

Alexander Mitscherlich (1908 – 1982) war wie seine Frau **Margarete** (geboren 1917) Mediziner. Bekannt wurden beide durch ihre psychoanalytischen Studien. 1967 veröffentlichten sie gemeinsam das viel diskutierte Buch „Die Unfähigkeit zu trauern“. Darin zeigen sie auf, wie die unzulängliche Aufarbeitung der NS-Vergangenheit in der Adenauer-Ära die Abwehrhaltung des Einzelnen in der Gesellschaft gegen die Frage nach Schuld und Verantwortung für politische Verbrechen bedingt und verstärkt. (S. 23)

Franz Mon (eigentl. Franz Löffelholz) wurde 1926 in Frankfurt/M. geboren. Er arbeitete nach seinem Studium der Germanistik, Geschichte und Philosophie als Verlagslektor in seiner Heimatstadt. – Als Schriftsteller gehört er zu den konsequentesten Vertretern der konkreten Poesie, die er auch theoretisch umfassend begründet. (S. 34)

Terézia Mora, 1971 in Sopron, Ungarn geboren, seit 1990 in Berlin, Studium der Hungarologie und der Theaterwissenschaft an der Humboldt-Universität, Drehbuchstudium an der Deutschen Film- und Fernsehakademie (dffb), kurzzeitig Drehbuchdramaturgin, seit 1998 freie Autorin. 1999 Ingeborg-Bachmann-Preis für „Seltsame Materie“. (S. 71, ***71***)

Die Chemnitzerin **Irmtraud Morgner** (1933 – 1990) war eine erfolgreiche Autorin in der DDR. Sie studierte in Leipzig Germanistik und arbeitete danach als Redakteurin. In den sechziger Jahren wandte sie sich dem literarischen Schreiben zu. Ihre zunehmende Kritik an den Verhältnissen drückte sie vor allem durch Gestaltungsmittel der Komik oder des Fantastischen aus. (S. 52, ***52***)

Inge Müller, geboren 1925 in Berlin, wurde im Zweiten Weltkrieg mehrfach verschüttet. Vor allem diese Erfahrung verarbeitete die Autorin in ihren Werken, die allerdings in der DDR nur wenig Resonanz fanden, da Müllers Texte nicht in die Programmatik der Kulturpolitik der SED passten. Sie war mit dem Dramatiker Heiner Müller verheiratet. 1961 nahm sie sich das Leben. (S. 10)

Günter Neumann (1913 – 1972) war als Kabarettist im Nachkriegsdeutschland sehr erfolgreich. 1948 gründete er im Westteil Berlins das Kabarett „Die Insulaner", das sowohl im Radio als auch später im Fernsehen ausgestrahlt wurde. Thematisch beschäftigte Neumann sich darin mit der Ost-West-Problematik und der damit verbundenen Insellage Berlins. (S. 27)

Lutz Rathenow, 1952 in Jena geboren, leitete während seines Studiums einen oppositionellen Arbeitskreis Literatur. Als Regimegegner wurde er mehrfach verhaftet. Sein Studium konnte er deshalb nicht abschließen, sodass er als Transportarbeiter seinen Lebensunterhalt verdienen musste. Rathenow war Mitglied der Bürgerrechtsbewegung und beschäftigt sich seit dem Ende der DDR mit der Rolle der Staatssicherheit. (S. 81, ***81***)

Brigitte Reimann (1933 – 1973) arbeitete nach dem Abitur zunächst als Lehrerin, seit 1955 dann als Schriftstellerin. Anfang der sechziger Jahre begann sie in Hoyerswerda in einem Braunkohlekombinat zu arbeiten. Hintergrund dieses Schrittes war der sogenannte „Bitterfelder Weg" – Autoren sollten in die „sozialistische Produktion" gehen und aus eigener Anschauung über das Leben der Werktätigen schreiben. Ihre anfängliche Begeisterung für das System der DDR verlor sie gegen Ende ihres kurzen Lebens. (S. 46, ***46***)

Christa Reinig wurde 1926 in einem Arbeiterviertel im Osten Berlins geboren. Nach dem Zweiten Weltkrieg holte sie in der DDR das Abitur nach und studierte Archäologie und Kunstgeschichte. Nebenher begann sie zu schreiben. Bereits Anfang der fünfziger Jahre geriet sie in Konflikt mit den DDR-Behörden, da sie sich immer wieder gegen jede Form von Autorität auflehnte. In der Folge erhielt sie Publikationsverbot. 1964 nutzte sie einen Aufenthalt in Bremen zur Flucht in den Westen. Seither lebt sie in München. In den siebziger Jahren fand die Autorin den Weg zur Frauenbewegung. (S. 9)

Der 1947 in Dresden geborene **Thomas Rosenlöcher** ist von Haus aus Wirtschaftsfachmann. Während seines Studiums begann er jedoch zu schreiben. Neben Kinderbüchern und Gegenwartsgedichten beschäftigt sich Rosenlöcher auch essayistisch mit der Situation der Menschen in den neuen Bundesländern. (S. 61, 65)

Kathrin Röggla, 1971 in Salzburg geboren und dort aufgewachsen, Studium der Germanistik und Publizistik, 1992 Umzug nach Berlin. In Berlin schrieb sie zunächst hauptsächlich Prosa, seit 1998 Radioarbeiten (Hörspiele, akustische Installationen, Netzradio), seit 2002 schreibt sie auch Texte für das Theater. Sie lebt seit 1996 in Berlin-Neukölln. Ausgezeichnet u. a. mit dem Salzburger Landesliteraturpreis (1992), dem Preis der SWR-Bestenliste und dem Bruno-Kreisky-Preis für das politische Buch (2004). (S. 75, ***75***)

Gerhard Rühm (geboren 1930 in Wien) ist ein sehr vielseitiger Künstler: Schriftsteller, Musiker, bildender Künstler. Seit Anfang der fünfziger Jahre schreibt er. Rühm war Mitinitiator der „Wiener Gruppe", eines Zusammenschlusses experimenteller Künstler. Sein Werk wurde mit zahlreichen Preisen ausgezeichnet. (S. 34)

Peter Rühmkorf, 1929 in Dortmund geboren, gilt als einer der bedeutendsten Lyriker der Zeit nach 1945. Während seines Studiums in den fünfziger Jahren schrieb Rühmkorf für verschiedene Studentenzeitungen. Danach arbeitete er als Verlagslektor in Hamburg. Seit 1964 ist er freier Schriftsteller. In seinen Gedichten dominiert zumeist ein ironisch-sarkastischer, bisweilen auch aggressiver Ton. Peter Rühmkorf, der auch unter verschiedenen Pseudonymen veröffentlicht, erhielt zahlreiche Auszeichnungen. (S. 54, Umschlag hinten, ***54***)

Claudia Rusch kommt 1971 in Stralsund zur Welt. Mit ihrer Mutter, die zu einem Kreis von Regimegegnern Kontakt hat, zieht sie später nach Berlin. Nach ihrem Studium der Germanistik und Romanistik arbeitete sie mehrere Jahre beim Fernsehen. Heute lebt sie als freie Autorin in Berlin. (S. 62)

Peter Schneider wurde am 21. April 1940 in Lübeck geboren. Nach dem Abitur studierte er Germanistik, Geschichte und Philosophie . Ab Mitte der sechziger Jahre schrieb der Autor Wahlreden für SPD-Politiker und arbeitete bis 1971 aktiv in der Studentenbewegung in Berlin und Italien mit. Er erhielt mehrere Literaturpreise. Peter Schneider lebt in Berlin. (S. 37, 42)

Jens Sparschuh, geboren am 14. Mai 1955 in Karl-Marx-Stadt, wuchs in Ostberlin auf. Bis 1983 verfolgte er eine Wissenschaftskarriere an verschiedenen Universitäten. Seitdem lebt er als freier Schriftsteller. Ende der achtziger Jahre engagierte sich Sparschuh in der Bürgerrechtsbewegung der DDR. In seinen Romanen beschäftigt er sich häufig mit Themen aus der deutschen Vergangenheit. (S. 67)

Die Dramen von **Botho Strauß,** der 1944 in Naumburg geboren wurde, gehören zu den meistgespielten Stücken der Gegenwart. Neben seinen Schauspielen, in denen er häufig die Entfremdung des Menschen auf die Bühne bringt, hat sich der Autor auch durch zahlreiche Romane einen Namen gemacht. Darüber hinaus thematisiert er in gesellschaftskritischen Essays immer wieder kulturelle oder zivilisatorische Zustände. (S. 53, ***53***)

Benjamin von Stuckrad-Barre (geboren 1975) ist ein Vertreter der sogenannten Popliteratur. Neben seiner literarischen Arbeit hatte der gebürtige Bremer verschiedene Jobs in der Medienbranche. (S. 74)

Patrick Süskind wurde 1949 in Ambach am Starnberger See geboren. Er ist einer der bekanntesten Autoren der jüngeren deutschen Literaturgeschichte. Neben Romanen schreibt er vor allem Drehbücher für Kinofilme oder Fernsehproduktionen. Süskind lebt heute völlig zurückgezogen mit seiner Familie am Starnberger See. (S. 49, 59)

Hans-Ulrich Treichel, 1952 in Versmold/Westf. geboren, lebt in Berlin und Leipzig. Studium der Germanistik an der Freien Universität Berlin, Promotion 1984 mit einer Arbeit über Wolfgang Koeppen. Seit 1995 Professor am Deutschen Literaturinstitut der Universität Leipzig. (S. 63)

Birgit Vanderbeke wurde 1956 in der DDR geboren, wuchs aber nach der Übersiedlung ihrer Familie (1961) in den Westen in Frankfurt/M. auf. Nach ihrem Studium – Jura und Romanistik – arbeitete sie als Journalistin. Seit 1993 ist sie freie Schriftstellerin und lebt in Südfrankreich. (S. 82, ***82***)

Günter Wallraff, geboren am 1. Oktober 1942, machte zunächst eine Buchhändlerlehre und begann bereits früh Gedichte zu schreiben. Bekannt wurde er aber erst durch seine unkonventionellen Reportagen aus der Arbeitswelt, die er seit Mitte der sechziger Jahre veröffentlichte. Hierzu arbeitete er – meist unter falschem Namen – längere Zeit in verschiedenen industriellen Großbetrieben. Seine Recherchen konzentrieren sich auf die Lebens- und Arbeitsbedingungen der Beschäftigten sowie das Vorgehen der Konzernleitungen. 1970 gehörte Wallraff zu den Mitbegründern des „Werkkreises Literatur der Arbeitswelt". (S. 42, ***42***)

Martin Walser wurde 1927 in Wasserburg am Bodensee geboren. Er ist ein sehr produktiver Autor, der zahlreiche Romane geschrieben hat. Nach dem Zweiten Weltkrieg, dessen Ende er als Soldat miterlebt, machte Walser sein Abitur. Anschließend studierte er Literatur, Geschichte und Philosophie. Nebenbei arbeitete er für den Rundfunk. Nach dem Erfolg seines ersten Romans „Ehen in Philippsburg" 1957 wird er freier Schriftsteller. In den folgenden Jahren wendet er sich in seinen Werken verstärkt der kritischen Auseinandersetzung mit den gesellschaftlichen Verhältnissen in der Bundesrepublik zu. 1998 löste er eine heftige Debatte aus, als er sich in seiner Dankesrede für den Friedenspreis des deutschen Buchhandels gegen die Instrumentalisierung des Holocausts wandte. (S. 58, ***58***)

Der am 8. November 1916 als Sohn jüdischer Eltern geborene **Peter Weiss** verbrachte seine Kindheit und Jugend im großbürgerlichen Milieu. 1934 floh die Familie vor den Nazis über London und Prag nach Schweden, wo Peter Weiss bis zu seinem Tod am 10. Mai 1982 lebte. Anfang der sechziger Jahre wird die Öffentlichkeit in der Bundesrepublik auf die Texte von Weiss aufmerksam. (S. 38, ***38***)

Christa Wolf, die 1929 in Landsberg/Warthe geboren wurde, ist eine der erfolgreichsten Schriftstellerinnen der DDR. Schon früh trat sie in die SED ein. Nach dem Abitur studierte sie Germanistik und arbeitete anschließend als Lektorin bzw. Redakteurin. In ihren Werken thematisiert sie immer wieder Themen der jüngeren deutschen Geschichte sowie allgemein gesellschaftspolitische Fragen, wie etwa die Rolle der Frau. Nach der Wiedervereinigung war sie Mittelpunkt einer Diskussion über die Rolle der Intellektuellen in der DDR. (S. 32, 56, 64, ***31***)

Wolf Wondratschek, der 1943 in Thüringen geboren wurde, wuchs in Karlsruhe auf. Nach dem Studium der Soziologie, Literaturwissenschaft und Philosophie arbeitete er zunächst als Redakteur einer Literaturzeitschrift. Seit 1967 ist er freier Schriftsteller. Bekannt geworden ist Wondratschek als Lyriker und Autor von Kurztexten. In seinen Werken wendet er sich von den herkömmlichen Formen ab. Seine Hauptthemen sind dabei Geschlechterbeziehungen. Daneben verfasst er auch Essays, Reportagen, Kinderbücher, Musiktexte und Hörspiele. (S. 79, ***79***)

Feridun Zaimoglu ist ein deutschsprachiger Schriftsteller türkischer Abstammung. Er wurde 1964 in Bolu geboren, kam aber schon mit einem Jahr in die Bundesrepublik. Neben Romanen und Erzählungen schreibt der Autor auch Drehbücher und arbeitet für das Theater. (S. 75, ***75***)

Juli Zeh wurde 1974 in Bonn als Tochter des damaligen Direktors des Deutschen Bundestages, Wolfgang Zeh, geboren. Sie studierte Literatur und Jura in Passau und Leipzig. In ihren vielfach ausgezeichneten Werken beschäftigt sich Zeh bevorzugt mit dem Gegensatz von Ordnung und Chaos. (S. 84, ***84***)

Ein Schriftsteller-Projekt

In einem Arbeitsheft zur zeitgenössischen Literaturgeschichte, dessen Umfang natürlich Grenzen gesetzt sind, kann es nicht ausbleiben, dass zahlreiche Schriftstellerinnen und Schriftsteller nicht erwähnt sind, obwohl sie zum Teil ganz bedeutende Werke verfasst haben. Dies rührt zu einem Teil daher, dass es sich dabei oft um Werke handelt, die nicht oder nicht sinnvoll in gekürzter Form präsentiert werden können (z.B. Kurzgeschichten, Dramen, komplexe Romane). Des weiteren hat es mit der hier praktizierten thematischen Ausrichtung der einzelnen Kapitel zu tun, die Schwerpunkte setzt, die bündelt – was natürlich dazu führt, dass jene Werke keine Berücksichtigung finden können, die sich unter keines der angesprochenen Themen subsumieren lassen.

Damit diese Autorinnen und Autoren dennoch nicht unerwähnt bleiben, regen wir ein Kurs- oder Klassenprojekt an, bei dem alle Schülerinnen und Schüler jeweils in Einzel- oder Partnerarbeit eine der folgenden Personen vorstellen, und zwar mit einer Kurzbiografie sowie einem detailliert besprochenen zentralen Werk. Diese Monografien werden digital erstellt und dann mittels Hyperlinks (wahlweise mit der Textverarbeitung oder in html-Text) sinnvoll nach unterschiedlichen Kriterien vernetzt (z.B. Herkunftsland, Hauptgattung, Jahrgang etc.). Anschließend wird das Ganze entweder ins Internet gestellt oder für alle Schülerinnen und Schüler auf CD-ROM kopiert.

Folgende Schriftstellerinnen und Schriftsteller könnten zum Beispiel mit ihrem Werk vorgestellt werden:

Ilse Aichinger, Alfred Andersch, H. C. Artmann, Jurek Becker, Peter Bichsel, Rolf Dieter Brinkmann, Hermann Broch, Günter de Bruyn, Elias Canetti, Hilde Domin, Heimito von Doderer, Tankred Dorst, Max Frisch, Franz Fühmann, Max von der Grün, Peter Hacks, Peter Härtling, Peter Handke, Elke Heidenreich, Günter Herburger, Stephan Hermlin, Rolf Hochhuth, Walter Höllerer, Peter Huchel, Thomas Hürlimann, Uwe Johnson, Hermann Kant, Walter Kempowski, Heinar Kipphardt, Franz Xaver Kroetz, Karl Krolow, Brigitte Kronauer, Siegfried Lenz, Monika Maron, Kurt Marti, Heiner Müller, Herta Müller, Sten Nadolny, Oskar Pastior, Ulrich Plenzdorf, Elisabeth Plessen, Hans Werner Richter, Bernhard Schlink, Arno Schmidt, Anna Seghers, Peter Stamm, Martin Suter, Uwe Timm, Dieter Wellershoff, Gabriele Wohmann.

QUELLENVERZEICHNISSE

BILDQUELLEN

Abbildungen Umschlag vorn im Uhrzeigersinn:
Christa Wolf, Günter Kunert: pa/dpa;
Günter Grass: Peter Peitsch/peitschphoto.com;
Ingeborg Bachmann, Heinrich Böll,
Birgit Vanderbeke: pa/dpa;

Umschlag hinten: Abb. von Peter Rühmkorf:
Unerwarteter Ausklang, aus: Bleib erschütterbar – und widersteh. Aufsätze – Reden – Selbstgespräche. Rowohlt Verlag, Reinbek bei Hamburg 1984

S. 6: pa/ZB-Fotoreport;

S. 8: Bertolt Brecht, Kriegsfibel. Eulenspiegel Verlag, Berlin 5/1994, S. 66;

S. 9: DHM, Berlin;

S. 10 oben: ullstein – R. Clausen;
unten: ullstein bild;

S. 12: bpk/Friedrich Seidenstücker;

S. 14: pa/Imagno;

S. 15: rechts: © Volkswagen AG, Wolfsburg; © Blaupunkt GmbH, Hildesheim; © Robert Bosch GmbH, Abt. C/CCH, Stuttgart;
links: pa/akg-images;

S. 16: pa/akg images;

S. 17: pa/akg-images;

S. 18: Ernst Hürlimann, München;

S. 19: pa/dpa;

S. 20 oben: Eiichi Matsumoto/The Asahi Shimbun Company, Tokyo;
unten: pa/dpa-Bildarchiv;

S. 21: Horst Janssen: Günter Grass. © VG Bild-Kunst, Bonn 2006;

S. 22: pa/dpa-Bildarchiv;

S. 25: pa/dpa-Bildarchiv;

S. 26 links: Volkswagen AG, Wolfsburg;
rechts: DHM, Berlin;

S. 27: pa/dpa-Bildarchiv;

S. 31 oben: © Steidl Verlag, Göttingen 2006;
unten: pa/ZB-Fotoreport;

S. 32: © A. R. Penck, Courtesy Galerie Michael Werner, Köln und New York;

S. 33 oben: ullstein – Friedrich;
Mitte: Eugen Gomringer, Heinz-Günter Prager, Identitäten. Verlag Constantin Post, Köln 1981;

S. 34: © Sigmar Polke;

S. 35 oben: © Hans Ticha, Maintal;
unten: © Sammlung Günter Brus;

S. 36: pa/dpa-Bildarchiv;

S. 37: pa/dpa-Bildarchiv;

S. 38: pa/dpa-Bildarchiv;

S. 39: pa/dpa-Bildarchiv;

S. 40: pa/akg-images/Brigitte Hellgoth;

S. 41 oben: akg-images;
Mitte: pa/dpa;

S. 42: pa/dpa-Fotoreport;

S. 44: privat; pa/scanpix; pa/KPA TG; Voller Ernst/Holger Petersen;

S. 45 oben: akg-images;
unten: HIPP-Foto;

S. 46: pa/dpa-Bildarchiv;

S. 47: akg-images/Florian Profitlich;

S. 48: pa/akg-images;

S. 50: defd, Hamburg;

S. 52: pa/akg-images;

S. 53: Associated Press/Isolde Ohlbaum;

S. 54 oben: pa/dpa;
unten: Wolf Hockenjos, Donaueschingen;

S. 55 oben: Associated Press/Anupam Nath;
unten: © Blume Bild, Celle-Osterloh;

S. 56: Okapia KG, Frankfurt;

S. 58 oben: pa/dpa-Bildarchiv;
unten: pa/dpa-Report;

S. 60: ullstein – Seyboldt;

S. 61: ullstein – C. T. Fotostudio;

S. 63: pa/dpa-Report;

S. 64: Ostkreuz/Werner Mahler;

S. 68: © DER SPIEGEL, 41/1999;

S. 69: pa/dpa-Report;

S. 70: pa/dpa-Fotoreport;

S. 71: pa/dpa;

S. 73: Foto Neumann, Berlin;

S. 75: pa/dpa-Fotoreport;

S. 77 oben: Selbstportrait Günter Kunert;
Mitte: Reiner Kunze, privat;
unten: Bayerische Staatsgemäldesammlungen, Staatsgalerie in der Katharinenkirche Augsburg;

S. 78 oben: pa/ZB-Fotoreport;
Mitte: Kai Hermann, privat;

S. 79 oben: pa/akg-images;
unten: pa/dpa-Bildarchiv;

S. 80 oben: Doris Poklekowski, Berlin;
unten: Manfred Thomas, Münster

S. 81 oben: Lutz Rathenow, privat;
Mitte: Ute Döring, Darmstadt;

S. 82 oben: pa/dpa-Fotoreport;
unten: Ines Geipel, privat;

S. 83 oben: pa/dpa-Fotoreport;
unten: Thomas Brussig, privat;

S. 84 oben: Susanne Schleyer/Autorenarchiv;
unten: pa/dpa-Report.

TEXTQUELLEN

Eine andere Weltwerdung …

S. 4: Goethe, J. W.: Maximen und Reflexionen (1833), S. 224. Digitale Bibliothek Band 1: Deutsche Literatur, S. 26041 (vgl. Goethe-BA Bd. 18, S. 627)

S. 5: Heine, H.: Die romantische Schule (1836), aus: Heinrich Heine Werke, Band 2, hrsg. v. M. Greiner. Kiepenheuer & Witsch, Köln, Berlin o. J., S. 223

Übrig geblieben zufällig …

S. 6: Jandl, E.: markierung einer wende, aus: Sprechblasen und verstreute Gedichte 3, Luchterhand, München 1997, S. 15

S. 7: Schülerin, aus: Prenzlauer Berg Museum, A. Gröschner (Hg.): „Ich schlug meiner Mutter die brennenden Funken ab“. Berliner Schulaufsätze aus dem Jahr 1946. rororo Sachbuch, Reinbek bei Hamburg, Dezember 2001 © KONTEXT Verlag, Berlin 1996, S. 317 f.

Schüler, aus: Knabenoberschule, 1. Klasse XIX, 76
LAB (STA), Rep. 134/13, Nr. 18z/z, Bl. 97
Ein Jahr Wiederaufbau im Bezirk Prenzlauer Berg. Frauen räumen auf, a.a.O. S. 322

S. 8: Brecht, B., Kriegsfibel. Eulenspiegel Verlag, Berlin 5/1994, S. 66
Böll, H.: Bekenntnis zur Trümmerliteratur, aus: Essayistische Schriften und Reden 1952–1963, hrsg. v. B. Balzer. Kiepenheuer & Witsch, Köln 1979, S. 31–35

S. 9: Reinig, C.: Mein besitz, aus: 1945 – Ein Jahr in Bericht und Dichtung. Fischer Verlag, Frankfurt/Main 1965, S. 208
Eich, G.: Inventur, aus: Gesammelte Werke in vier Bänden, hrsg. v. S. Müller-Hanpft et al. Suhrkamp, Frankfurt/Main 1973, Band 1: Die Gedichte, S. 35

S. 10: Borchert, W.: aus: Draußen vor der Tür und ausgewählte Erzählungen, rororo 170, Reinbek 1969, S. 82
Müller, I.: Heimweg 45, aus: Wenn ich schon sterben muss. Aufbau Verlag, Berlin/Weimar 1985, S. 34
Bender, H.: Heimkehr, aus: Lyrische Biografie, Werkkunstschule, Wuppertal 1957

S. 11 f.: Böll, H.: Abschied, aus: Wanderer, kommst du nach Spa. Erzählungen; dtv, München 1967, S. 64 ff.

S. 13: Schnurre, W.: Dreizehn Thesen gegen die Behauptung, dass es barbarisch sei, nach Auschwitz ein Gedicht zu schreiben. In: Der Schattenfotograf. Aufzeichnungen, List Verlag, München 1978, 12. These, S. 457
Gernhardt, R.: Frage, aus: Reim und Zeit. Gedichte, Reclam Verlag, Stuttgart 2005, S. 5

S. 14: Celan, P.: Todesfuge, aus: Die Gedichte, Suhrkamp, Frankfurt/Main 2003, S. 40 f.

S. 15: Kaschnitz, M. L.: Die Angst vor einem neuen Krieg, aus: Gesammelte Werke, Band 5: Die Gedichte, hrsg. v. C. Büttrich und N. Müller. Insel Verlag, Frankfurt/Main 1985, S. 146 f.

S. 16: Bachmann, I.: Alle Tage, aus: Werke I, Piper, München 1978, S. 37
Kunert, G.: Über einige Davongekommene, aus: Schatten entziffern. Lyrik, Prosa 1950–1994, hrsg. v. J. Richter. Reclam Verlag, Leipzig 1995, S. 195
Fried, E.: Spruch, aus: Befreiung von der Flucht, Claassen Verlag, Düsseldorf 1958
Umfrage aus: Die fünfziger Jahre in der Bundesrepublik Deutschland. Reihe Politik und Unterricht, Heft 4/91, hrsg. v. der Landeszentrale für politische Bildung Baden-Württemberg, S. 45

S. 17 f.: Eich, G.: Träume, aus: Träume. Hörspiele, Gustav Kiepenheuer Verlag, Leipzig und Weimar 1980, S. 5 ff.

S. 19: Enzensberger, H. M.: Ins Lesebuch für die Oberstufe, aus: Verteidigung der Wölfe, Suhrkamp Verlag, Frankfurt/Main 1963, S. 85
Benn, G.: Nur zwei Dinge, aus: Sämtliche Werke. Stuttgarter Ausgabe. Band I: Gedichte 1. In Verb. m. Eilse Benn, hrsg. v. Gerhard Schuster. Klett-Cotta, Stuttgart 1986.
Benn, G.: Ein Wort, aus: Statische Gedichte. © 1983, 2006 by Arche Literatur Verlag AG, Zürich, Hamburg.

S. 20: Kaschnitz, M. L.: Hiroshima, aus: Gesammelte Werke, Band 5: Die Gedichte, Suhrkamp, Frankfurt/Main 1985, S. 258 f.
Kunert, G.: Laika, aus: Schatten entziffern. Lyrik, Prosa 1950–1994, hrsg. v. J. Richter. Reclam Verlag, Leipzig 1995, S. 86

Die Väter ausspeien …

S. 21: Grass, G.: Kleine Aufforderung zum großen Mundaufmachen, aus: Die Gedichte 1955–1986. Mit einem Nachwort von Volker Neuhaus. Luchterhand, Darmstadt 1988, S. 119

S. 22: Heißenbüttel, H.: Kalkulation über was alle gewusst haben, aus: Textbücher 1–6. Verlag Klett-Cotta, Stuttgart 1980

S. 23: Mitscherlich, A. und M.: Die Unfähigkeit zu trauern, aus: Die Unfähigkeit zu trauern. Grundlagen kollektiven Verhaltens, München 1967 (Piper), S. 77–83; zit. nach: Bundesrepublikanisches Lesebuch. Drei Jahrzehnte geistiger Auseinandersetzung, hrsg. v. H. Glaser. Fischer, Frankfurt/Main 1980, S. 351–353

S. 24 f.: Böll, H.: Ansichten eines Clowns (1963). In: Werkausgabe. Band 4: Romane und Erzählungen, Büchergilde Gutenberg, Frankfurt/Main 1978, S. 85 ff.

S. 26: Enzensberger, H. M.: Landessprache. In: Landessprache, Suhrkamp, Frankfurt/Main 1960; zit. nach: Die sechziger Jahre. Ein Suhrkamp Lesebuch. Suhrkamp, Frankfurt/Main 1990, S. 34–36

S. 27: Neumann, G.: Chanson vom Wirtschaftswunder. © 1958 Rolf Budde Musikverlag GmbH (Edition Takt & Ton), Berlin
Biermann, W.: Kleinstadtsonntag, aus: Alle Lieder. Kiepenheuer & Witsch, Köln 1991, S. 59

S. 28: Kunert, G.: Bürgerlicher Sonntag, aus: Wegschilder und Mauerinschriften, Aufbau Verlag, Berlin 1950
Enzensberger, H. M.: Middle Class Blues. In: Blindenschrift, Suhrkamp, Frankfurt/Main 1964, S. 32 f.

S. 29 f.: Grass, G.: Im Zwiebelkeller. In: Die Blechtrommel, Fischer, Frankfurt/Main 1962, S. 436 ff.

S. 32: Wolf, C.: Nachdenken über Christa T. Darmstadt, Neuwied 1974 (Sammlung Luchterhand), S. 71 f.

S. 33: Gomringer, E.: das konkrete in der poesie. In: ders./Prager, H.-G.: Identitäten. Post, Köln 1981 (unpaginiert)
Gomringer, E.: das sonderbare in der gleichheit, ebd.

S. 34: Gomringer, E.: schweigen schweigen schweigen. In: worte sind schatten. Rowohlt, Hamburg 1969, S. 27
Gomringer, E.: silencio silencio silencio, ebd. S. 28
Gomringer, E.: kind, ebd. S. 57
Gomringer, E.: worte sind schatten, ebd. S. 58
Rühm, G.: sonett. In: Gesammelte Gedichte und visuelle Texte, Rowohlt, Reinbek 1970, S. 205
Mon, F.: man muss was tun, aus: Lesebuch. Luchterhand, Neuwied 1967

S. 35: Jandl, E.: zweierlei handzeichen. In: Aus dem wirklichen Leben. Mit 66 Grafiken von Hans Ticha, Büchergilde Gutenberg, Frankfurt/Main o. J., S. 10

S. 36: Dürrenmatt, F.: Theaterprobleme. In: Theaterprobleme, Arche Verlag, Zürich 1955, S. 57 f.

Nicht mehr zu beschreiben, nur noch zu ändern

S. 37 f.: Schneider, P.: Rede an die deutschen Leser und ihre Schriftsteller (1968), S. 34 ff. In: Ansprachen. Reden. Notizen, Wagenbach, Berlin 1970, S. 29–38

S. 38 f.: Weiss, P.: „Die Ermittlung“ – Oratorium in 11 Gesängen (1965), 3. Gesang, Auszug. Quelle: „Die Ermittlung“, Suhrkamp, Frankfurt/Main 1991, S. 70 ff.

S. 40 f.: Gedichte Frieds aus: Fried, E.: und Vietnam und, Wagenbach, Berlin 1966

S. 42: Wallraff, G.: Winterreise ins Revier, S. 41 f. In: 13 unerwünschte Reportagen, Kiepenheuer & Witsch, Köln 2002, S. 36–49
Schneider, P.: Lenz, Rotbuch, Berlin 1973, S. 5, 27, 74 f.

S. 44: Kiwus, K.: Fragile, aus: Angenommen später, Suhrkamp, Frankfurt 1979, S. 15
Kiwus, K.: Lösung, ebd. S. 74
Born, N.: Es ist Sonntag. aus: Gedichte 1967–1978, Rowohlt, Hamburg 1978, S. 129

S. 45: Gesetzblatt der DDR 1974, S. 48; zit. nach: Geschichte und Geschehen B 4. Klett, Stuttgart 1994, S. 229
Kunze, R.: Die wunderbaren Jahre, 30. Aufl., Fischer, Frankfurt/Main 2003, S. 29, 63

S. 46 f.: Reimann, B.: Franziska Linkerhand. Roman, Sonderreihe dtv, erstmals erschienen im Verlag Neues Leben, Berlin 1974, S. 140 f.

Zu der Zeit, von der wir reden …

S. 48: Text zur Architektur des Neubaus der Stuttgarter Staatsgalerie, aus: http://www.staatsgalerie.de/architektur/gesch_neu.php (05.02.2007)

S. 49: Süskind, P.: Das Parfum, Diogenes Verlag, Zürich 1994 (= detebe 22800)
Kleist, H. von: Michael Kohlhaas (1810), aus: Sämtliche Werke, hrsg. v. K. F. Reinking. R. Löwit Verlag, Wiesbaden o. J., S. 687 ff.
Roth, J.: Hiob. Roman eines einfachen Mannes (1930). Verlag Kiepenheuer & Witsch, Köln 1992, S. 7
Hein, C.: Der fremde Freund/Drachenblut. Suhrkamp Taschenbuch 3476, Frankfurt/Main 2002, S. 7

S. 52: Morgner, I.: Kaffee verkehrt, aus: Leben und Abenteuer der Trobadora Beatriz nach Zeugnissen ihrer Spielfrau Laura. Roman in dreizehn Büchern und sieben Intermezzos. Luchterhand, Neuwied 1976, S. 169

S. 53: Strauß, B.: Der Einsamkeits-Kasper, aus: Paare, Passanten. Hanser Verlag, München, Wien 1981, S. 155. Hier aus: Literatur des 20. Jahrhunderts, Schroedel Verlag, Hannover 2000, S. 105
Grünbein, D.: Nullbock, aus: Gedichte. Bücher I–III. Grauzone morgens (1988), Suhrkamp Verlag, Frankfurt/Main 2006, S. 46
Kunert, G.: Charlottenburger Sonntagmorgen, aus: Berlin beizeiten. Gedichte. Hanser Verlag, München 1987, S. 34

S. 54: Rühmkorf, P.: Diese vorüberrauschende blaue …, aus: Selbstredend und selbstreimend, hrsg. v. P. Bekes. Reclam Verlag, Stuttgart 1987, S. 106
Kirsch, S.: Bäume, aus: Jahrhundertgedächtnis. Deutsche Lyrik im 20 Jahrhundert, hrsg. v. H. Hartung. Reihe Reclam, Stuttgart 1998, S. 273

S. 55: Hildesheimer, W.: Das wiederholte Verbrechen, aus: Vaterland, Muttersprache. Deutsche Schriftsteller und ihr Staat seit 1945, Verlag Klaus Wagenbach, Berlin 2004, S. 368 f.

S. 56: Schubart, Chr. F. D.: Die Forelle, aus: Schubarts Werke in einem Band (= Bibliothek deutscher Klassiker), hrsg. v. den nationalen Forschungs- und Gedenkstätten der klassischen deutschen Literatur in Weimar. Volksverlag, Weimar 1959, S. 290 f.
Wolf, C.: Störfall. Nachrichten eines Tages, Luchterhand, Neuwied 1987, S. 11 f., 48 f.
Delius, F. C.: Gute Zeiten für Ghostwriter, aus: Vaterland, Muttersprache. Deutsche Schriftsteller und ihr Staat seit 1945, Verlag Klaus Wagenbach, Berlin 2004, S. 371

S. 57: Braun, V.: Das Lehen, aus: Langsam knirschender Morgen, Suhrkamp Verlag, Frankfurt/Main 1987, S. 26
Braun, V.: Das Eigentum, aus: Der Stoff zum Leben I–III, Suhrkamp Verlag, Frankfurt/Main 1990. Hier aus: Deutsche Literatur seit 1945, hrsg. v. V. Bohn. Suhrkamp Verlag, Frankfurt/Main 1993, S. 441

S. 58: Heym, S: Berlin, Alexanderplatz. NOVEMBER 1989, aus: Einmischung. Gespräche. Reden. Essays. Ausgewählt und hrsg. v. I. Heym und H. Henniger. Mit einem Vorwort v. E. Bahr. Fischer, Frankfurt/Main 1992, S. 35 f.
Walser, M.: 11. November 1989, aus: Über Deutschland reden, Suhrkamp, Frankfurt/Main 1989, S. 76 f.

S. 59: Süskind, P.: Deutschland, eine Midlife-crisis, aus: Angst vor Deutschland, hrsg. v. U. Wickert. Hoffmann und Campe Verlag, Hamburg 1990

Aber heimatlos sind wir doch alle …

S. 61: Rosenlöcher, T.: Dresdner Tagebuch, Suhrkamp, Frankfurt/Main 1990, S. 43–45 (gekürzt)

S. 62: Rusch, C.: Mauer mit Banane, aus: Meine freie deutsche Jugend. S. Fischer Verlag, Frankfurt/Main 2003, S. 74–76 (gekürzt)

S. 63: Czechowski, H.: Die überstandene Wende. In: Von einem Land und vom andern. Gedichte zur deutschen Wende, hrsg. v. K. O. Conrady. Suhrkamp, Frankfurt/Main 1993, S. 7
Treichel, H.-U.: Wendezeit, ebd. S. 125
Drawert, K.: … doch, ebd. S. 131

S. 64: Wolf, C.: Prinzip Hoffnung, ebd. S. 134
Grünbein, D.: Novembertage I. 1989, aus: Nach den Satiren, Suhrkamp, Frankfurt/Main 1999, S. 64 f.
Döring, S.: aufgestanden und ruiniert. In: Von einem Land und vom andern. Gedichte zur deutschen Wende, hrsg. v. K. O. Conrady. Suhrkamp, Frankfurt/Main 1993, S. 52
Kunze, R.: Die mauer, ebd. S. 86

S. 65: Rosenlöcher, T.: Die Wiederentdeckung des Gehens beim Wandern. Eine Harzreise, Suhrkamp, Frankfurt/Main 1991, S. 20–22

S. 66: Delius, F. C.: Der Spaziergang von Rostock nach Syrakus. Erzählung, Rowohlt, Reinbek bei Hamburg 1995, S. 7, 121, 152 f.

S. 67: Sparschuh, J.: Der Zimmerspringbrunnen, Goldmann, München 1997, S. 32–34

S. 68: Kraft, T.: Abschied von der Krise aus: Schwarz auf weiß. Warum die deutschsprachige Literatur besser ist als ihr Ruf. Eine Werbeschrift, Kookbooks, Idstein 2005, S. 7 f., 9 f.

S. 69: Hoppe, F.: Die Sommerverbrecher, aus: Picknick der Friseure, Rowohlt, Reinbek bei Hamburg 1996, S. 49 f.

S. 70: Hermann, J.: Sonja, aus: Sommerhaus später, Fischer, Frankfurt/Main 2000, S. 55–57

S. 71: Mora, T.: Seltsame Materie, aus: Seltsame Materie. Erzählungen, Rowohlt, Reinbek bei Hamburg 2000, S. 9 f.

S. 72: Jenny, Z.: Das Blütenstaubzimmer, Frankfurter Verlagsanstalt, Frankfurt/Main 1997, S. 20–22

S. 73: Frank, D.: Was ist Popliteratur, aus: Arbeitstexte für den Unterricht. Popliteratur, Philipp Reclam jun., Stuttgart 2003, S. 6 f.
Schönburg, A. von: Die Langeweile … aus: Tristesse Royale. Das popkulturelle Quintett mit Joachim Bessing, Christian Kracht, Eckhart Nickel, Alexander von Schönburg und Benjamin von Stuckrad-Barre, Ullstein, Berlin 1999, S. 33

S. 74: Stuckrad-Barre, B. von: Soloalbum, Kiepenheuer & Witsch, Köln 1998, Vorsatzblatt, S. 18 f.

S. 75: Zaimoglu, F.: Der direkte Draht zum schwarzen Mann. In: Kanak Sprak; zit. nach: A. Mansbrügge: Junge deutschsprachige Literatur, Cornelsen Verlag, Berlin 2005, S. 228 f.
Röggla, K.: aus: Ullmaier, J.: Von Acid nach Adlon und zurück, Ventil Verlag, Mainz 2001, S. 165

Solange es Menschen gibt …

S. 76: Goethe-Zitat: Faust 1, Szene „Nacht, Gespräch mit Wagner", V. 573–577
Tieck-Zitat aus: Tieck, L.: Dichterleben, 2. Teil, Rütten & Loening, Potsdam um 1950

Alle Texte zeitgenössischer Autorinnen und Autoren sind exklusiv für dieses „Arbeitsheft zur Literaturgeschichte" verfasst.

Umschlag hinten: Rühmkorf, P.: Unerwarteter Ausklang, aus: Bleib erschütterbar – und widersteh. Aufsätze – Reden – Selbstgespräche. Rowohlt Verlag, Reinbek bei Hamburg 1984

Synopse ab 1945

1945 | 1950 | 1960 | 1970

ZEITGESCHICHTE

- 1945 Bedingungslose Kapitulation der dt. Wehrmacht
- 1963–66 Regierung Erhard
- 1949–63 Ära Adenauer
- 1966–69 Große Koalition
- 1945–1949 Besatzungszeit
- 1969–82 Soziallibera
- 1949 Gründung der beiden dt. Staaten
- 1945/46 Flucht und Vertreibung
- 1947–1991 Kalter Krieg
- 1945 Gründung der UNO
- 1969–72 Ostpolitik ..
- 1945 Nürnberger Prozess
- 1947 Marshall-Plan
- 1954–63 Wirtschaftswunder in der BRD
- 1973
- 1948 Währungsreformen
- 1957 Gründung der EWG
- 1948/49 Berlin-Blockade
- 1956 Aufstand in Ungarn
- 1968 Studentenproteste
- 1953 Aufstand in der DDR
- 1968 Prager Frühling
- 1948 Gründung Israels
- 1962 Kuba-Krise
- 1950–53 Korea-Krieg
- 1964–75 Vietnam-Krieg
- 1949–71 Ära Ulbricht in der DDR
- 1950 Errichtung des Ministeriums für Staatssicherheit der DDR
- 1971–89 ....
- 1955 NATO-Beitritt der BRD
- 1972–76 .
- 1955 Beitritt der DDR zum Warschauer Pakt
- 1958–61 Berlin-Krise
- 1961 Bau der Berliner Mauer

HERAUSRAGENDE DATEN UND EREIGNISSE

- 1946/47 Care-Pakete
- 1972 ......
- 1951 Kommunistische Weltjugendfestspiele in Berlin
- 1954 Wunder von Bern: BRD wird Fußballweltmeister
- 1972 ......
- 1947 1. Überschallflugzeug
- 1957 1. Nonstop-Flug um die Erde
- 1957 Sputnik erster Satellit im All
- 1968 1. Mondlandung
- 1961 Juri Gagarin erster Mensch im All
- 1961 Einführung der Anti-Baby-Pille in der BRD
- 1967 1. Herzplantation durc
- 1951 Erstes Farbfernsehen in den USA
- 1962–72 Hippie-Bewegung
- 1951 Ausbreitung der Blue Jeans in Europa
- 1958 1. Trabant-PKW in der DDR gebaut
- 1959 Vollbeschäftigung in der BRD
- 1964 1 Mio. Gastarbeiter in der BRD
- 1949 Aufhebung der Todesstrafe in der BRD
- 1963/65 Auschwitz-Prozess in Frankfurt
- 1969 Aufhebung de
- 1953 Erstbesteigung des Mt. Everest
- 1962 Sturmflut verwüstet Hamburg
- 1973
- 1945 Gründung der UNESCO
- 1968 Attentat auf Rudi

ALLGEMEINE KULTURELLE EREIGNISSE

- 1954 Rock and Roll
- 1962 Gründung der Beatles
- 1945 1. Ausgabe von DIE ZEIT
- 1969 Woodstock-....
- 1945 Popper: „Die offene Gesellschaft und ihre Feinde“
- 1967 Uraufführung des ....
- 1946 Herausgabe von rororo-Taschenbüchern
- 1946 Staudte: „Die Mörder sind unter uns“ (Film)
- 1962 Young: „James Bond jagt Dr. No (1. Bond-
- 1946 Literaturnobelpreis für Hermann Hesse
- 1966 Literaturnobelpreis für .....
- 1947 Gründung der Gruppe 47
- 1961 Gründung der Gruppe 61
- 1972 .....
- 1947 Adorno/Horkheimer: „Die Dialektik der Aufklärung“
- 1947 Schönberg: „Ein Überlebender aus Warschau“
- 1947 1. Ausgabe des Nachrichtenmagazins „Der Spiegel“
- 1948 Orwell: „1984“
- 1955 1. Documenta in Kassel
- 1956 Pop-Art
- 1949 1. Frankfurter Buchmesse
- 1949 Gründung des Berliner Ensembles
- 1950 1. dt. Nachkriegsfilm „Das Schwarzwaldmädel“
- 1967 Kolle: „Das Wunder ...
- 1952 1. Fernsehsendung in der BRD und der DDR
- 1951 1. Micky-Maus-Heft in der BRD veröffentlicht
- 1951 de Beauvoir: „Das andere Geschlecht“
- 1951 Beckett: „Warten auf Godot“
- 1957 Frisch: „Homo faber“

ARBEITSHEFTE ZUR LITERATURGESCHICHTE

Literatur nach 1945

LÖSUNGSHINWEISE

VORBEMERKUNG:
Die einzelnen Kapitel wurden von unterschiedlichen Autoren verfasst und es ist durchaus beabsichtigt, dass dabei deren ganz spezifische Handschriften, Schwerpunktsetzungen und didaktisch-methodische Blickrichtungen zum Ausdruck kommen. Entsprechend unterscheiden sich auch die Lösungshinweise zum Teil sehr stark voneinander. Wie schon bei der Konzeption der einzelnen Kapitel schien uns eine Vereinheitlichung nicht am Platze. Individualität war erwünscht und sie ist dem Gegenstand auch angemessen.
Leider können die Interpretationen nur in Ausnahmefällen wirklich in die Tiefe gehen, da der Lösungsteil aus drucktechnischen Gründen wie bei allen anderen Heften der Reihe auf einen Umfang von höchstens zwölf Seiten begrenzt werden musste.

Übrig geblieben zufällig ...
(S. 6)

DAS ENDE ALS WENDE (S. 6)
Jandl **markierung einer wende**
(S. 6)
Obwohl erst 1966 entstanden, lässt das Gedicht sowohl visuell als auch akustisch die Situation aufleben, in der sich die Menschen in Deutschland befunden haben. Die Spannung, die durch die fast unerträgliche Wiederholung des Nomens „krieg“ aufgebaut wird, entlädt sich schließlich fast als Erlösung im Nomen „mai“, das positive Assoziationen erweckt. Wie immer bei Jandl wirkt das Gedicht vor allem akustisch: stakkatoartig reiht er sechzehnmal das hart und kurz klingende Wort untereinander, und zwar in Alleinstellung, was den allumfassenden Zustand noch eindringlicher verdeutlicht. Ohne Zeichen, ohne Veränderung wird die Dauer schmerzhaft ins Gedächtnis gerufen, fast spürbar gemacht. Der Umschlag wird so vor allem durch den weichen Klang manifestiert und lässt so nicht nur an eine Beendigung eines Zustandes denken, sondern lässt auf einen Neuanfang hoffen.
Trümmerliteratur ist nicht notwendigerweise dokumentarisch. Sie hat zwar einen klar erkennbaren Zeitbezug, aber der Begriff umschreibt nicht eine Textsorte, sondern das beherrschende Motiv einer literarischen Strömung nach dem Zweiten Weltkrieg.

RÜCKBLICK UND BESTANDSAUFNAHME (S. 9)
Reinig **Mein besitz** –
Eich **Inventur** (S. 9)
Das lyrische Ich beider Gedichte macht gewissermaßen „Inventur“. Während jedoch das lyrische Ich in Eichs Gedicht auf ein paar wenige Gegenstände blicken kann, die es – nicht ohne Stolz – sein Eigen nennt (eine Erinnerung an die amerikanische Kriegsgefangenschaft), hat jenes bei Christa Reinig gar nichts. Es stellt sich in den ersten paar Strophen lediglich vor, was es gerne hätte. In beiden Gedichten werden Gegenstände für das leibliche wie auch das geistige Wohl aufgezählt. In einem betont sachlich gehaltenen Sprachgestus werden Dinge aufgezählt, die das Überleben unter freiem Himmel möglich machen (bei Eich) oder möglich machen würden, wenn man sie denn hätte (bei Reinig). So aber endet Reinigs Gedicht mit der sarkastischen Feststellung des lyrischen Ichs, dass ihm schlechterdings nichts mehr zum Leben geblieben ist.

1997 hat Robert Gernhardt eine modernisierte Version von Eichs Gedicht verfasst.

Robert Gernhardt
INVENTUR 96
oder ICH ZEIG EICH MEIN REICH

Dies ist mein Schreibtisch,
dies ist mein Drehstuhl,
hier mein Computer,
darunter der Drucker.

Telefonanlage:
Mein Hörer, mein Sprecher.
After the beep
you can leave a message

Sie können die Nachricht
natürlich auch faxen.
Ich ruf Sie so bald wie
möglich zurück.

Im Hängeschrank sind
die Korrespondenzen
und einiges, was ich
niemand verrate,

sonst kostet dies Wissen
noch mal meinen Kopf.
Der Kelim hier liegt
zwischen mir und den Dielen.

Das Kopiergerät dort
ist mir am liebsten.
Tags kopiert es die Texte,
die nachts ich getippt.

Dies ist mein Notizbuch,
dies sind meine Tagebücher,
dies ist meine Bibliothek,
dies ist mein Reich.

(aus: Robert Gernhardt, Lichte Gedichte. S. Fischer Verlag, Frankfurt/Main 1999, S. 102
Auch Kurt Drawert hat eine „Inventur“ geschrieben: K. D., Zweite Inventur. Für Günter Eich. In: „Fraktur“. Reclam Verlag, Leipzig 1994, S. 34f.

HEIMKEHR UND WUNDEN (S. 10)
Müller **Heimweg 45** –
Bender **Heimkehr** (S. 10)
Inge Müllers Gedicht beschreibt aus der Ich-Perspektive simultan (Präsens!) die Beobachtungen eines Kriegsheimkehrers, der nur „zufällig" übrig geblieben ist und nun furchtsam und in Zivil nach Hause zurückkehrt. Auch Benders Gedicht nimmt explizit und im Präsens Bezug auf die Situation eines Kriegsheimkehrers, der längere Zeit in Gefangenschaft war („Im Rock des Feindes"). Der Zurückkehrende ist sich (zunächst!) sicher, „heim" zu gehen (V. 5), er genießt den farbenprächtigen Herbst und freut sich, sein innerer Jubel korrespondiert mit dem Krähen der Hähne – aber gerade dieser Hahnenschrei ist auch ein uraltes Symbol für Verrat. So bleibt es nicht aus, dass der Heimkehrende angesichts der „stumme[n], neue[n] Tür" (V. 10 f.) nur noch „zögernd" Einlass begehrt.

Böll **Abschied** (S. 11)
Der Ich-Erzähler ist ein Kriegsinvalide, der bis dahin nur „Dreck und Hunger" erlebt hat (Z. 14, 27 und 58). Seine geliebte Charlotte scheint nicht zu ihrem Mann in Schweden zu passen, der dort über die Epoche des Barock Vorlesungen hält, denn sie ist klein, schlank und nervös und sieht somit eher „nach Picasso" aus (Z. 49) und das Verbindende zwischen den beiden ist der „Dreck", sind die „Lumpen und Trümmer" (z.B. Z. 27 f.). Demgegenüber steht als Fluchtpunkt im doppelten Sinne das Motiv „Schweden". Dieses Land wird zu einer heilen Gegenwelt, in der „gar nichts kaputt" ist (Z. 31 f.). Die Auswirkungen des Krieges, der „Dreck", die „Lumpen" und die „Trümmer" – all das ist Teil des bisher gemeinsam verbrachten Lebens der beiden: „fünfzehn Jahre" (Z. 11). Daraus erklärt sich auch das schlechte Gewissen der Frau, denn sie wandert ab in die heile Welt und lässt ihn einsam zurück. Und so verwundert es auch nicht, dass sie ihn andauernd überreden will, etwas zu unternehmen: „Du musst auch etwas tun, promovier doch wenigstens ..." (Z. 45, vgl. auch Z. 63 f.), um dieses schlechte Gewissen zu beruhigen, um ihn versorgt zu wissen. Dass es ihr genau darum geht, wird u.a. daran deutlich, dass sie sich nur „manchmal" auf Schweden freut (Z. 31). Auch sie ist im Moment beherrscht vom Abschiednehmen, sie meint ihn im Stich zu lassen und schämt sich deswegen: „Ich komme mir scheußlich vor ..." (Z. 28 f.).
Wichtiger als die Worte, die gewechselt werden, und als der ganze Dialog, der zum Großteil aus leeren Redeversatzstücken besteht, wie sie in immer gleicher nichtssagender Weise auf Bahnhöfen usw. formuliert werden, sind die Gesprächspausen, die immer wieder entstehen und die beide sofort wieder mit Gerede auszufüllen versuchen, weil sie nicht wollen, dass ihre wahren Gefühle zum Ausdruck kommen. Charakteristisch dafür ist die häufige Verwendung der abgebrochenen Rede, verdeutlicht durch drei Punkte am Satzende. Immer wieder bricht die Gedankenwelt durch die Oberflächlichkeit des Gesagten hindurch und lässt die beiden verstummen: „,Ja ...', und ich wollte ihr eigentlich sagen, dass ich sie liebte, aber ich kam nicht dazu, schon seit fünfzehn Jahren ..." Aber erst, als das Schweigen – vordergründig als Lauschen auf „das Bein" getarnt (vgl. Z. 65 ff.) – von beiden angenommen wird, kommt es zum gegenseitigen, wortlosen Verständnis. Beide kommunizieren nun gewissermaßen innerlich miteinander und haben die störende Ebene der verdeckenden Worte überwunden: Sie sagen „es" sich – wobei der Leser bewusst ausgeklammert wird; was sie sich sagen, bleibt ihr Geheimnis.

NACH AUSCHWITZ NOCH GEDICHTE? (S. 13)
Schnurre, Gernhardt und viele andere, darunter auch Paul Celan, verstanden das Gedicht nicht als eine Gattung der Poesie, die harmonisiert und die Augen vor dem Negativen der Geschichte und der Gegenwart verschließt, sondern durchaus als eine Möglichkeit, auf eine andere Art als in Dramatik und Epik Finger in Wunden zu legen und die Menschen aufzurütteln, sie gerade durch bislang fremde Formen und Inhalte zu verstören.
In diesem Zusammenhang ist der Lyriker Paul Celan zu nennen, der insbesondere mit seinem Gedicht **Todesfuge** (S. 14) Literaturgeschichte geschrieben hat. Das Gedicht ist einer der bekanntesten und am häufigsten interpretierten Texte der Nachkriegsliteratur, sodass hier aus Platzgründen lediglich auf die Chiffre „schwarze Milch" verwiesen werden soll. Der Gegensatz aus der Farbe des Todes und dem Lebenselixier Milch leitet das Gedicht mit seiner Antithetik aus Leben, Genuss, Helligkeit auf der einen und Tod auf der andern Seite ein. Ein Vers des todkranken Heinrich Heine trifft die Chiffre wohl am ehesten: „In mir lebt nur noch der Tod." Bemerkenswert auch, dass Celan nicht nur die Schergen des Dritten Reiches als Verursacher des Holocaust sieht, sondern dass er sagt: „Der Tod ist ein Meister aus Deutschland", womit er implizit die Möglichkeit einräumt, dass Geschichte sich wiederholen kann – wenn man nicht gerade durch Gedichte wie diesem die schreckliche Vergangenheit präsent hält.
Genau diese Befürchtung teilten zahlreiche Zeitgenoss/inn/en Celans, unter anderen auch Marie Luise Kaschnitz in ihrem Gedicht **Die Angst vor einem neuen Krieg** (S. 15), das im selben Jahr entstand wie Celans „Todesfuge".

KRIEG IM FRIEDEN? (S. 15)
Symptomatisch für die Denkweise der Nachkriegsgeneration in den 50er Jahren der Adenauer-Ära, in denen es wirtschaftlich wieder bergauf ging und ein neues Gefühl des „Wir-sind-wiederwer" entstand, ist das Ergebnis der Repräsentativ-Umfrage zur Schuldfrage (S. 16):
Es stimmen überein
mit Herrn Müller: 4 Prozent,
mit Herrn Schmidt: 21 Prozent,
mit Herrn Schulze: 63 Prozent,
keine Meinung haben 12 Prozent.
Auf diesem Hintergrund muss man die Texte dieses Unterkapitels sehen, in denen die Furcht vor einem neuen Krieg und einer latenten Dauerbedrohung durch den Militarismus in Ost und West thematisiert wird. Das Misstrauen den Herrschenden gegenüber saß tief, und dem „Schatten ewiger Rüstung" (Bachmann, **Alle Tage,** S. 16, V. 13) kann nur mit Zivilcourage begegnet werden. Die Angst davor, dass „sie" (Kaschnitz, V. 8), wer immer das sein mag, die ängstliche Mehrheit („uns") „wieder verdingen", sitzt tief (vgl. Kaschnitz, V. 9).
Das sieht Kunert ganz ähnlich. Sein Gedicht lautet vollständig:

Günter Kunert
Über einige Davongekommene
(S. 16)

Als der Mensch
unter den Trümmern
seines
bombardierten Hauses
hervorgezogen wurde,

schüttelte er sich
und sagte:
Nie wieder.

Jedenfalls nicht gleich.

Von zentraler Bedeutung für die Interpretation des Gedichts ist die bezeichnende Leerzeile, die eine gewisse Reflexionspause bezeichnet – eine Pause, in der die guten Vorsätze der „Davongekommenen" zunichte gemacht werden. Dass dies so kommen muss, deutet sich schon an, wenn der Mensch sich ganz so „schüttelt", wie beispielsweise ein Hund sich schüttelt, wenn er im Wasser war. Es scheint so, als wäre das Bedürfnis nach Krieg dem Menschen immanent und würde jegliche Reflexion überlagern.

SEID SAND IM GETRIEBE DER WELT (S. 17)

Leitmotivartig zieht sich dieses Misstrauen durch die Literatur der fünfziger Jahre, und Eichs Satz: „Seid unbequem, seid Sand, nicht das Öl im Getriebe der Welt" aus **Träume** (S. 17 f.) wird geradezu zum literarischen Programm der Zeit und prägt u.a. auch viele Texte Hans Magnus Enzensbergers (S. 19). Gottfried Benns Dichtung (S. 19) beschreitet hingegen einen andern Weg: den des Rückzugs auf die Kunst nicht als Agitationsmittel, sondern als Fluchtpunkt des eigenen, „gezeichnete[n]" Ichs. Nur aus den Worten steigt „erkanntes Leben, jäher Sinn"; das Wort erhellt kurzfristig die Welt in ihrem „leeren Raum".

KAMPF DEM ATOMTOD (S. 20)

Nicht nur die Furcht vor einem herkömmlich geführten Krieg trieb die Schriftsteller/innen der fünfziger Jahre um, sondern es war die Zeit der atomaren Aufrüstung in Ost und West. Zahlreiche deutsche Autorinnen und Autoren schlossen sich zusammen, um gegen diese Aufrüstung zu protestieren, die den Kalten Krieg immer gefährlicher machte. Die Politik jedoch setzte sich selbstbewusst über alle Bedenken hinweg, was das Misstrauen der Autoren noch wesentlich vertiefte. Man fürchtete, die neue Technologie sei nicht mehr beherrschbar oder werde in den falschen Händen zur tödlichen Gefahr.
Was den Bomberpiloten über Hiroshima, Paul Tibbets, betrifft, so erfreute sich dieser in den fünfziger Jahren bester Gesundheit und er betonte in späteren Interviews immer wieder, dass er nichts bereue.
Das Gedicht **Hiroshima** (S. 20) von Kaschnitz endet folgendermaßen:

Erst vor kurzem sah ich ihn
Im Garten seines Hauses vor der Stadt.
Die Hecken waren noch jung und die Rosenbüsche zierlich.
Das wächst nicht so schnell, daß sich einer verbergen könnte
Im Wald des Vergessens. Gut zu sehen war
Das nackte Vorstadthaus, die junge Frau
Die neben ihm stand im Blumenkleid
Das kleine Mädchen an ihrer Hand
Der Knabe, der auf seinem Rücken saß
Und über seinem Kopf die Peitsche schwang.
Sehr gut erkennbar war er selbst
Vierbeinig auf dem Grasplatz, das Gesicht
Verzerrt von Lachen, weil der Photograph
Hinter der Hecke stand, das Auge der Welt. [R]

Die Väter ausspeien ... (S. 21)

WAS ALLE GEWUSST HABEN (S. 21)

Die ersten drei Texte zeigen exemplarisch, wie in der Nachkriegsgesellschaft mit dem Thema des Holocaust umgegangen wird.
In Günter Grass' Gedicht **Kleine Aufforderung zum großen Mundaufmachen** (S. 21) ist das Bild des „Mundaufmachens" von zentraler Bedeutung: Das Mundaufmachen soll das Schweigen über den Holocaust beenden, da die Schuld der Väter nicht länger verdrängt oder verschwiegen werden darf. Die den Toten in den Konzentrationslagern ausgebrochenen „Goldzähne" müssen „auf Ämtern" abgeliefert werden, d.h., die Vätergeneration muss sich ihrer Schuld nicht nur moralisch, sondern auch juristisch stellen. Das Wort „Goldzahn" verweist darauf, dass das aufblühende Wirtschaftswunder, der neue Reichtum, auf Verbrechen und Schuld begründet ist. Nur wenn die Generation der Söhne der „dicken Väter" deren Verbrechen konsequent aufdeckt, kann sie der nächsten Generation, der Enkelgeneration, ein Vorbild sein, sich ihrerseits gegen die Väter aufzulehnen.
In Heißenbüttels **Kalkulation über was alle gewusst haben** (S. 22) geht es um das Problem, wie der nationalsozialistische Terror überhaupt geschehen („funktionieren") konnte. Heißenbüttel geht allerdings nicht aggressiv und appellativ vor wie Grass, sondern er führt in seinem raffiniert konstruierten Text eine Montage von typischen sprachlichen Rechtfertigungsmustern vor, durch die der Einzelne seine individuelle Schuld herunterspielen und verleugnen möchte. Diese Muster folgen alle dem (undemokratischen) Klischee, dass der Durchschnittsbürger zu unwissend und ohnmächtig gewesen sei, als dass er die Wahrheit über den Holocaust hätte erkennen können. Einen eigentlichen individuellen Sprecher hat der Text nicht; vielmehr werden durch die Form der Collage die kollektiven Schuldabweisungen und Verdrängungsmechanismen einer ganzen Generation wiedergegeben, die sich den anklagenden Fragen und zweifelnden Einwürfen der Söhnegeneration ausgesetzt sah, die in den fünfziger und sechziger Jahren immer wieder in dem Vorwurf mündeten, dass die Elterngeneration „doch etwas gewusst haben muss". Das wiederholte „natürlich" gesteht dies zu, weist aber die Verantwortung für das Geschehen ab. Von Abschnitt zu Abschnitt wird auf eine quantitativ immer kleiner werdende Gruppe von Menschen eingegangen, deren Wissen über das Unrechtregime disproportional wächst (von den „allen", die „was gewusst" haben im ersten Abschnitt über „einige", die „etwas mehr gewusst" haben, über „die da oben", die „das meiste" wussten", zu ein „paar die fast alles wussten" zu dem „einzigen, der das wusste"). Das zehnmalige „usw." verdeutlicht, dass diese Gliederung endlos weiter differenziert werden könnte. Interessant ist, wie durch die Montage im vorletzten Abschnitt plötzlich schlagartig die Vergeblichkeit aller Legitimierungsversuche offenbar wird, indem neben der vermeintlichen Abhängigkeit der „allen" von dem „einen" auch die Abhängigkeit des „einen" von den „allen" ersichtlich wird. – Im letzten Satz wandelt sich der Inhalt des „das". Stand bis zu diesem Satz das „das" (fast euphemistisch) für das alle sprachlichen Möglichkeiten sprengende Verbrechen des Holocaust (und grammatisch beinahe durchgängig als Akkusativobjekt zu „wissen"), so steht es nun (als Satzsubjekt) für das Funktionieren des Regimes und seiner Verbrechen selbst.

Heißenbüttels Text zeigt somit ganz genau die **Unfähigkeit zu trauern** (S. 23), wie sie in dem Text von Alexander und Margarete Mitscherlich analysiert wird, er führt das „falsche und eingeengte Bewusstsein" vor, durch das „Schuld und Scham" unmöglich werden.

VERGESSEN? SOLLTE ICH DAS? (S. 24)

In dem Ausschnitt aus Bölls **Ansichten eines Clowns** (S. 24 f.) werden anhand des Konflikts zwischen Hans Schnier und seinem Vater alle relevanten Themen der Literatur der 60er Jahre deutlich. Hans Schnier verlässt das elterliche Haus, da er seiner Mutter und seinem Vater oberflächlich gesehen ihre Schuld am Tod seiner Schwester nicht verzeihen kann. Auf einer differenzierteren Ebene aber verzeiht er ihnen ihre „Unfähigkeit zu trauern" nicht. Diese Unfähigkeit stellt Böll mit satirischen Mitteln dar (einige Beispiele im Zusammenhang mit Schniers Mutter: Sie engagiert sich ausgerechnet in einer „Gesellschaft zur Versöhnung rassischer Gegensätze", obwohl sie ihre Tochter einem kämpferischen Antisemitismus geopfert hat; die unterschiedlichen Telefonanschlüsse der Eltern; die Tatsache, dass sie für ihre Tätigkeit zur Versöhnung rassischer Gegensätze ausgerechnet einen schwarzen Apparat benutzt, während sie als Privatperson einen weißen – weiß als Symbol der Unschuld – Apparat nutzt; der beschämende Betrug der Millionärsgattin an der Gesellschaft, für die sie tätig ist, um Pfennigbeträge usw.). Während Hans selbst „schmerzliche Erinnerungsarbeit" (Mitscherlich) leistet, will seine Mutter nur „vergessen", verdrängen. – Schniers Vater entspricht dem Bild der „dicken Väter", das Grass in seiner Kleinen Aufforderung zum großen Mundaufmachen so überdeutlich zeichnet. Er ist reich und mächtig. Unterschiedliche Situationen nimmt er nur auf ökonomischer Ebene wahr. So bietet er dem „verschollenen" Sohn, den er jahrelang nicht gesehen hat, Geld an, in der festen Überzeugung, diesem damit zu helfen. Was der Sohn wirklich braucht – Kommunikation, Trauerarbeit, Anteilnahme –, erkennt der Vater nicht, und als dieser zaghaft versucht, seine Gefühle anzusprechen, indem er die Aufmerksamkeit seines Vaters mit einer hilflosen Geste auf sein krankes Herz lenkt, reagiert der Vater auch hier mit Abwehr, Verdrängung, Verharmlosung und will seinen Sohn an einen Herzspezialisten verweisen. Das Herz ist für den Vater nicht Sitz der Seele oder des Gemüts, kann es auch gar nicht sein, weil er sich dann nicht nur dieser Geschichte (der existenziellen Not seines Sohnes), sondern auch anderen Geschichten (dem Tod seiner Tochter, der Tatsache seiner Schuld im Dritten Reich usw.) stellen müsste. Deswegen kann er dem Sohn auch nur einen Rat geben: er müsse sich abfinden können.

WO ES AUFWÄRTS GEHT (S. 26)

Manche Sätze aus Hans Magnus Enzensbergers Text **Landessprache** (S. 26) könnte inhaltlich auch Bölls Protagonist Hans Schnier zu seinem Vater oder seiner Mutter gesagt haben. Doch der Ton von Enzensbergers lyrischem Ich ist härter, kompromissloser, konsequenter. Als seine Gesellschaft kennzeichnende Merkmale nennt Enzensbergers lyrisches Ich: die scharfen Gegensätze zwischen Reich und Arm („wo der überdruß ins … hungertuch beißt"), die Dominanz wirtschaftlicher Interessen vor moralischen oder sozialen („wo es aufwärts geht, aber nicht vorwärts"; „wo aus ruinen ruinen sprossen"), die Apotheose des Wirtschaftswunders („wo die zahlungsbilanz hosianna … singt") und die Verdrängung der Vergangenheit („auf diesem arischen schlachthaufen", „wo die vergangenheit in den müllschluckern schwelt"). Das lyrische Ich schildert seine Entfremdung mit einer Mischung aus Resignation und Verzweiflung. Die wichtigsten Mittel der Darstellung sind Antithetik, Aufgreifen und Entlarven von Redensarten und Sprichwörtern, Wortspiele und Wiederholung.

WIR KÖNNEN NICHT KLAGEN (S. 27)

Die Texte von Biermann, Kunert und Enzensberger zeigen die Kehrseite des Wirtschaftswunders: innere Leere, Entfremdung und Spießertum, vor allem in der deutschen Provinz. In Biermanns Lied **Kleinstadtsonntag** (S. 27) unterhalten sich mindestens zwei, möglicherweise auch mehrere Sprecher über letztlich nichts. Es scheint völlig gleichgültig zu sein, welche Kneipe man besucht, ob man ein Glas mehr oder weniger trinkt, ob man sich früher oder später dem Fernsehen ergibt. In Kunerts Gedicht **Bürgerlicher Sonntag** (S. 28) inszeniert das lyrische Ich sich und sein „sonniges Sommersonntagsgesicht", das er wie alle andern zeigt, perfekt; gleichzeitig nimmt es sich aber auch als entfremdet wahr. Fast verzweifelt nehmen sich die Beschwörungsfloskeln der Sprecher aus Enzensbergers **Middle Class Blues** (S. 28) aus, die sich ihr „wir können nicht klagen" einhämmern, um mögliche Klagen zu unterdrücken. Die Themen dieser (unterdrückten) Klagen wären identisch mit denen des Nicht-Klagen-Könnens.

FREIWEG GEWEINT (S. 29)

In diesem Ausschnitt aus Günter Grass' Roman **Die Blechtrommel** (S. 29 ff.) wird wie bei Böll die Unfähigkeit zu trauern dargestellt, und zwar ebenfalls mit satirischen Mitteln. Die Gäste im Zwiebelkeller gehören zu den Führungskräften des Wirtschaftswunderlandes („Geschäftsleute, Ärzte, Anwälte, Künstler, … höhere Beamte der Landesregierung …"). Der Wirt Schmuh hat eine glänzende Geschäftsidee, die nicht ohne Schmu (= geringfügiger Betrug) auskommt: Die Gäste, die im Tagesgeschehen ihres Aufschwungs keinerlei Trauerarbeit geleistet haben und leisten, werden künstlich zum Weinen gebracht, indem sie auf kleinen Holzbrettchen Zwiebeln klein schneiden; und der Zwiebelsaft „schaffte, was die Welt und das Leid dieser Welt nicht schafften: die runde menschliche Träne." Nicht wirkliche Trauer führt die Gäste zu den Tränen, sondern einfach die Zwiebeln, die sie klein schneiden. Den Tränen folgen enthüllende Gespräche. Aber Schmuhs Gäste setzen sich nicht mit denen, die es angeht, auseinander, sondern mit anderen Gästen, mit fremden Menschen im Zwiebelkeller. Sie bezahlen Schmuh für diese Art Ersatzbeichte, zu der er ihnen mit seinen Brettchen, Messern und Zwiebeln verhilft, und therapieren sich so in gegenseitiger Anonymität und Unverbindlichkeit.

WIR HATTEN DEN MASSSTAB ANGENOMMEN (S. 31)

Der Textausschnitt aus Christa Wolfs Roman **Nachdenken über Christa T.** (S. 32) lenkt den Blick auf die Literatur der DDR. In diesem Textausschnitt werden „die neuen Worte", die in der Gesellschaft, in der Christa T. herangewachsen ist, geprägt worden sind, thematisiert, vor allem der Ausdruck „der neue Mensch". Der „neue Mensch" ist eine politisch definierte Leitvorstellung, die

die Mitglieder der Gesellschaft sich zum Vorbild nehmen sollen und deren Propagierung auch die Literatur dienen soll (Theorie des sozialistischen Realismus; Konstruktion des positiven Helden). Durch diese Normierungstendenzen verschwindet die Individualität „hinter ... überlebensgroßen Papptafeln", gerät in Vergessenheit, dass die als positiv zugemuteten Helden von fast beängstigender und emotionsloser Perfektion sind („schrecklich strahlende Helden") und dass man ihnen eigentlich Misstrauen entgegenbringen müsste. Stattdessen misstraut man sich selbst, wenn man den gesellschaftlich gesetzten Ansprüchen nicht entspricht, nicht identisch wird mit dem „Schräubchen", das zu sein von einem erwartet wird. – Christa T. bewahrt sich ihre Identität durch Schreiben, da „... innerlich beteiligtes Schreiben immer auch mit Selbstbehauptung ... zu tun" hat. Dabei behauptet sie im Gegensatz zu den positiven Helden auch ihre Gefühle. Am Ende des Textausschnitts wird hiermit begründet, dass sie sich im Unterschied zu ihren Mitmenschen individuell wahrnehmen kann.

Die **System- und Weltbilder** des Malers a.r.penck stellen die Identitäts- und Individualisierungsprobleme ähnlich dar. In dem Systembild beispielsweise sieht man eine der überlebensgroßen Papptafeln, von denen in dem Text von Christa Wolf die Rede ist. Man sieht eine Sozialisierungssituation: Eine große Figur, mit der man einen Lehrer oder Erzieher, vielleicht auch einen Vater, assoziiert, zeigt einer kleineren Figur, einem Schüler oder Zögling, vielleicht eben auch einem Sohn, eine solche Schultafel oder Papptafel, auf der klar konturiert zu sehen ist, welcher Zielvorstellung die Erziehung gehorcht. Noch wendet die kleinere Figur dieser Zielvorstellung fast ein wenig verspielt den Rücken zu, doch die Zwangsläufigkeit des Sozialisierungsprozesses scheint unausweichlich zu sein, wie das Weltbild mit vielen Details beweist.

WORTE SIND SCHATTEN (S. 33)

Die Gedichtbeispiele repräsentieren unterschiedliche Formen der konkreten Poesie. So setzen Gomringers Gedichte **schweigen** und **silencio** (S. 34) das Sehen des Gedichts voraus (visuelle Konstellationen), bedürfen also zu ihrem Verständnis der graphischen Anordnung; das laute Lesen ist eher bei Gedichten wie Jandls **zweierlei handzeichen** (S. 35) oder Mons **man muss was tun** (S. 34) erforderlich (audiovisuelle Konstellationen). Eine weitere häufige visuelle Konstruktion ist das Piktogramm, das hier durch einen Arbeitsauftrag vertreten ist (S. 35). Manche dieser Gedichte erschließen sich auf den ersten Blick, wie zum Beispiel Rühms **sonett** oder auch Mons **man muss was tun** (S. 34). Während aber bei Rühms Gedicht die spielerische Komponente dominiert (allenfalls könnte kritisch die gelegentlich im schulischen Literaturunterricht dominierende primär formale Analyse von Literatur assoziiert werden), ist Mons Gedicht mit seinen Appellen zum Handeln und seinen Rechtfertigungs- und Entschuldungsmustern für das Nicht-Handeln, die mit wenigen Wörtern und Strukturen auskommen, sinnvoll in Beziehung zu Heißenbüttels Kalkulation über was alle gewusst haben oder Enzensbergers Middle Class Blues zu setzen. Gomringers **kind** (S. 34) erzählt, wenn man sich auf den Text einlässt, mit seinen nur fünf Wörtern eine ganze Geschichte von der erotischen Anziehung zwischen einem Mann und einer Frau, ihrer liebenden Annäherung und ihrem Weg in eine geregelte Partnerschaft mit einem gemeinsamen Kind.

DASS ES KEINE WIRKLICHE ANTWORT GIBT (S. 36)

Im Unterschied zu der von Brecht unerschütterlich postulierten Überzeugung von der Fähigkeit des Theaters, in die Gesellschaft einzugreifen und sie zu verändern, ist Dürrenmatts Vorstellung von der Einflussmöglichkeit des Theaters auf die Gesellschaft von Resignation geprägt, wie er in dem Text **Theaterprobleme** (S. 36) mit dem anschaulichen Bild des Schriftstellers als eines Beifahrers im gesellschaftlichen Prozess verdeutlicht. Dennoch schweigt der Schriftsteller nicht, weil „die Angst, die Sorge und vor allem der Zorn" ihm seinen Mund „aufreißen".

Nicht mehr zu beschreiben, nur noch zu ändern (S. 37)

HEISST DAS, DASS DIE LITERATUR TOT IST? (S. 37)

Der Verfasser dieses Kapitels benutzt für die Interpretation der Texte die Lösungen zu den Aufgabenstellungen.

Peter Schneider **Rede an die deutschen Leser und ihre Schriftsteller** (S. 37)

1. Unfreiheit, autoritäre Strukturen, Besitzdenken, Unterdrückung der natürlichen Bedürfnisse; Entfaltung des Individuums wird verhindert.

2. Literatur löse die Verzweiflung von ihren klar benennbaren Ursachen und verforme sie zu einer genießbaren Erfahrung. Literatur artikuliere nur Verzicht, Entsagung und Verlust. Literatur gewöhne die Masse an ihr Elend. Literatur biete keinen Schutz der menschlichen Wünsche gegen den Kapitalismus, sondern schütze den Kapitalismus vor der Rebellion der Wünsche. Kunst/Literatur drücke nicht mehr das Versprechen auf eine zukünftige Verwirklichung der Wünsche aus

3. Literatur müsse gesellschaftliche Zustände verändern, da sie nicht mehr zu beschreiben seien. Die Fantasie müsse ihre Form als Kunst sprengen und sich die politische Form suchen – Fantasie müsse Wirklichkeit werden. Literatur solle Unterdrückung in ihrer Verwechselbarkeit zeigen, dann ihre Ursachen zeigen und eine Befreiungsstrategie anbieten.

MANCHE FÄLLE VON VERROHUNG (S. 38)

Peter Weiss **Die Ermittlung** (S. 38)

1. Zeuge: sachlich, präzise, ohne Emotionen – Angeklagter: bisweilen aggressiv, ungenau, verschleiernd, abschweifend, oberflächlich.

2. Zurückweisung jeglicher Schuld durch Verweis auf Befehle, auf Funktionshäftlinge; Angriff auf den Zeugen; Rechtfertigung der Prügelstrafe.

3. Verdrängung der Schuld, Angst vor Bestrafung.

7. Figuren in „Die Ermittlung" bieten keine Möglichkeit zur Identifikation. Die Aussagen stehen für sich, sodass der Zuschauer genötigt wird, den Text zu reflektieren.

IN WAHRHEIT TÖTEN WIR KINDER ÜBERAUS UNGERN ... (S. 40)

1. Die Gedichte thematisieren ein aktuelles politisches Geschehen. Hierzu bezieht das lyrische Ich eine klare Stellung, wodurch der Leser zu einer eigenen Positionsbestimmung aufgefordert wird.

6. Ironie: Kritische Lächerlichmachung einer Auffassung/Einstellung unter dem Schein der Ernsthaftigkeit. Die ironische Äußerung meint das Gegenteil des Ge-

sagten und wird vom verständigen Leser durchschaut. Sarkasmus: Schärfere Form der Ironie; bitterer, beißender Spott. Zynismus: Schärfste Form der Ironie; verletzender, herabsetzender Spott.

UM 4.00 UHR BEGINNT SEIN TAG ... (S. 42)

Günter Wallraff **Winterreise ins Revier** (S. 42)

3. Eine Gemeinsamkeit besteht darin, dass die Arbeitswelt zum Thema der Literatur wird und Autoren aus der Arbeiterschaft ein Forum bekommen. Anders als in der pluralistisch-kapitalistischen BRD dominiert jedoch in der totalitär-sozialistischen DDR der staatliche Einfluss. Die politische Führung sieht die kulturpolitische Aufgabe dieser Form der Literatur darin, die bürgerliche Dekadenz mit den künstlerischen Mitteln des sozialistischen Realismus zu bekämpfen. Dabei werden die Schriftsteller durch staatliche Anleitungen und Korrekturen in ihrer Freiheit weitgehend beschnitten. Im Westen fehlen derartige Fesseln und es entwickeln sich unterschiedliche – zum Teil konkurrierende – Ansätze. Allerdings entstehen weder in der BRD noch in der DDR neue Formen der Arbeiterliteratur.

MEIN VERLORENES PARADIES (S. 42)

Peter Schneider **Lenz** (S. 42)

1. Lenz fühlt sich schlecht. Er ist unzufrieden und enttäuscht. Sprachliche/stilistische Mittel: Ironie (vgl. Z. 10 f.); Rauchmotiv; Gegensätze (getragene bruchlose Melodie – heftiger Rhythmus; artig, nett – leerfegen; Erkenntnis, Bewusstsein – Hintern).

4. Lenz ist jetzt ruhig, ausgeglichen und in der Lage seine Individualität auszuleben. Im Einklang mit sich selbst kommt er nun auf ganzheitlichem Wege zur Erkenntnis. Genau gegenteilig sind die Aussagen in „Rede an die deutschen Leser und ihre Schriftsteller". Lenz lebt seine Subjektivität aus. Er ist zwar durchaus an Politik interessiert, aber die Theorie dominiert nicht sein Denken und Handeln. Die Analyse gesellschaftlicher Zustände tritt zurück zu Gunsten der subjektiven Wahrnehmung. Literatur richtet sich demnach nicht mehr an ihrem Gebrauchswert für den politischen Kampf aus, sondern an ästhetischer Qualität bzw. persönlichem Empfinden.

Selbsterkundung im Alltäglichen (S. 44)

Gedichte von Karin Kiwus (S. 44)

1. **Fragile:** Gefahr, dass Liebe endet, bevor sie angefangen hat. Liebe als Geschenk, vorsichtiges Liebesbekenntnis, Zurückweisung des ungeduldigen Einforderns, fehlende Sensibilität für die Zerbrechlichkeit des Geschenks Liebe. Wenn-dann-Struktur; reimlos, Pronominalstruktur ich – wir (1. Strophe), du (2. Strophe), Egoismus des angesprochenen „Du".

Lösung: Desillusionierung, Resignation, Vorstellung vom ungetrübten Liebesglück verworfen, allenfalls gemeinsames alltägliches Leben möglich. Glück nur im Rückzug auf sich selbst erfahrbar. Paradies-Metapher, reimlos, zentraler Aspekt („besser allein") steht in der Mitte des Gedichts, Gegensätze (Traum, Paradies – Wirklichkeit; ich – du).

4. Spürbare Gefahr des Scheiterns einer Liebe („Fragile") weicht der desillusionierenden Erkenntnis, dass gemeinsames Glück unmöglich ist; Ausweg bleibt allein die Rückbesinnung auf das Selbst.

Nicolas Born **Es ist Sonntag** (S. 44)

1. Die Stimmung kann als gedrückt, müde, schwer, gelangweilt bezeichnet werden.

3. Das andere könnte Glück, Liebe, Hoffnung, Geborgenheit, Selbstverwirklichung, Freiheit, eine Aufgabe oder auch eine Utopie sein.

4. Die Rückbesinnung auf das Ich führt nicht automatisch zu einem Rückzug aus dem Politischen, weil viele Autoren in ihren Texten Entwicklungsprozesse darstellen, die den Zusammenhang von Individuum und Gesellschaft reflektieren. Selbstvergewisserung, Selbsterfahrung und Selbstreflexion bilden dabei die Basis. Für diese Schriftsteller stellt Literatur ein Medium zur Objektivierung ihrer subjektiven Erfahrungen dar, das es ihnen ermöglicht, ihre Einstellungen in die öffentliche Diskussion einzubringen und damit Stellung zu beziehen.

NICKELBRILLE UND PLATTENBAUTEN ... (S. 45)

1. Die Jugend wird als Staatsjugend definiert. Ihr Handeln soll in erster und einziger Linie auf das Wohl der sozialistischen Gesellschaft bezogen sein. Selbstentfaltung und -verwirklichung spielen keine Rolle.

Reiner Kunze **Die wunderbaren Jahre** (S. 45)

2. Das in den Texten von Kunze gezeichnete Bild der Jugend widerspricht dem offiziellen fundamental. Junge Menschen widersetzen sich der staatlichen Doktrin und fordern das Recht auf Individualität und eigenverantwortliche Entscheidungen.

3. In beiden Texten dominiert der Konjunktiv und eine sachliche, schmucklose Sprache, die sich fast jedes Kommentars enthält. Hierdurch entsteht ein größtmögliches Maß an Objektivität, was die Glaubwürdigkeit der Aussagen unterstreicht.

5. John Lennon – Nickelbrillenträger und Idol einer ganzen Generation – steht für den im Text genannten „imperialistische[n] Modeeinfluss". Auch Jugendliche in der DDR verehrten den britischen Musiker. Mit dem Verbot, eine Nickelbrille tragen zu dürfen, unterbindet der Klassenlehrer den Wunsch der Schülerin nach Individualität und kommt damit zugleich der staatlichen Forderung nach Eindämmung westlicher Einflüsse nach.

6. Kunze veröffentlichte in seinem Text ein Bild von der Jugend in der DDR, das nicht mit der offiziellen Doktrin übereinstimmte. Möglicherweise fürchtete das Politbüro Nachahmungseffekte oder sogar Aufruhr unter den unzufriedenen Teilen der Bevölkerung, was in letzter Konsequenz zu einer Untergrabung seines Führungs- und Lenkungsanspruchs hätte führen können.

Brigitte Reimann **Franziska Linkerhand** (S. 46)

1. Die Protagonistin wirkt intelligent, ehrgeizig, zielstrebig, entschlossen, vernünftig, planvoll und fleißig.

2. In ihren Träumen holt Franziska die (verdrängte) Realität ein. Ihr Bestreben, ein bestimmtes Ziel zu erreichen, scheitert an den gesellschaftlichen Rahmenbedingungen, die sie hindern und die sie nicht präzise identifizieren kann. Sie kämpft quasi gegen einen unbekannten Gegner.

3. Hohes Tempo beim Bau von Plattensiedlungen, Verzicht auf Verschönerungen, Planung von Städten ohne Charakter, Ziel einer schlichten Bauweise, Ausgebremstwerden durch das System, Verzicht auf Kreativität.

Zu der Zeit, von der wir reden ... (S. 48)

An dem Begriff der „Postmoderne" ist vieles problematisch; dies gilt insbesondere im Bereich der Literatur. Im Grunde sind es nur zwei Autoren, die übereinstimmend der literarischen deutschen Postmoderne zugerechnet werden: Patrick Süskind und Christoph Ransmayr. Je nach Akzentuierung und „Definition" dessen, was unter „Postmoderne" zu verstehen sei, werden noch weitere Namen genannt, die aber allesamt nicht als „typisch" gelten können. Entsprechend unterscheiden sich auch die Konturen dessen, was unter dem Begriff der Postmoderne in der Literatur gefasst wird. Die Online-Enzyklopädie „Wikipedia" beschreibt „Postmoderne" u.a. folgendermaßen (Stand: 14.12.06):

In der Postmoderne steht nicht die Innovation im Mittelpunkt des (künstlerischen) Interesses, sondern eine Rekombination oder neue Anwendung vorhandener Ideen. Die Welt wird nicht auf ein Fortschrittsziel hin betrachtet, sondern vielmehr als pluralistisch, zufällig, chaotisch und in ihren hinfälligen Momenten angesehen. Ebenso gilt die menschliche Identität als instabil und durch viele, teils disparate, kulturelle Faktoren geprägt. [...]

Bestimmte, nicht exklusive und auch nicht erschöpfende Kennzeichen postmodernen Denkens und Urteilens sind:

Absage an das seit der Aufklärung betonte Primat der Vernunft (ratio) und die Zweckrationalität (die bereits in der Moderne erschüttert wurden),

Verlust des autonomen Subjekts als rational agierender Einheit [...] Die Postmoderne wendet sich gegen Festschreibungen insbesondere ideologischer, aber auch kultureller Art.

(aus: http://de.wikipedia.org/wiki/Postmoderne)

Allein dieser Ausschnitt macht schon deutlich, dass es nicht um eine endgültige Definition oder gar die Beschreibung einer klar konturierten literarischen Epoche gehen kann, sondern nur darum, eine Strömung der Literatur nach 1945, die insbesondere in einem ihrer bekanntesten und erfolgreichsten Werke zum Ausdruck kommt, vorzustellen. Auf diesem Hintergrund wird auch zu untersuchen sein, inwieweit sich in anderen Werken gerade der achtziger Jahre des 20. Jahrhunderts postmoderne Tendenzen und Aspekte finden, obwohl diese Werke als Ganzes betrachtet sicher nicht unter dieses Etikett zu subsumieren sind.

Der postmoderne Charakter der Stuttgarter Staatsgalerie ist demnach „in der Zusammenführung dieser historistischen Elemente mit dem modernen Formenvokabular der funktionalistischen Architektur" zu sehen, der Rückgriff auf Vergangenes.

Patrick Süskind **Das Parfum** (S. 49)

Dies ist exemplarisch am Romananfang festzustellen. Der geradezu historisierend anmutende Schreibstil zeigt unverkennbar Affinitäten zu Kleists „Michael Kohlhaas". In beiden Fällen breitet ein auktorialer Erzähler (Terminologie nach Petersen et al.: Einführung in die neuere deutsche Literaturwissenschaft, Berlin 1989) ein Handlungsszenarium vor dem Leser aus, in dem gleich zu Beginn Ort, Zeit, Hauptperson und zentraler Aspekt der Handlung genannt werden. Der Erzähler macht sich selbst kenntlich durch eine Charakterisierung des Protagonisten und durch die Vorwegnahme und Bewertung seiner Handlungen.

Dies ist bei *Joseph Roths* „Hiob" (um 1930) ebenfalls angelegt, aber nicht so ausgeprägt durchgestaltet. Ganz anders dagegen der Text von *Christoph Hein:* Hier wird zunächst eine Kulisse entworfen, und zwar in elliptischen Sätzen, die wie ein Gemälde des Pointillismus gestaltet anmuten. In diese zunächst statische Szene kommt mit dem „Dann" im zweiten Satz so etwas wie Bewegung: Eine Kamera scheint sich in Gang zu setzen. Nun taucht unvermittelt ein Ich-Erzähler auf, wobei der Leser sofort verunsichert wird, indem die anscheinend eindeutigste Tatsache, nämlich diejenige der Identität des Ich-Erzählers, in Frage gestellt wird („... die Person, die vielleicht ich selbst bin"). Wiederum scheint der Ich-Erzähler und damit auch der Leser das Geschehen aus der Perspektive des Betrachters eines Films wahrzunehmen. Der Ich-Erzähler ist zwar auch auktorial („Ich – behaupten wir es – sehe mich um"), aber durchaus nicht allwissend („... ein Mann, sicher ein Bekannter ..."). Merkwürdig und irritierend ist auch der Gebrauch der Tempora. Zu Beginn findet sich das eigentlich zu erwartende Präteritum, doch schon im dritten Satz (der zweite ist eine Ellipse ohne Prädikat und bildet den Übergang) schwenkt der Erzähler um ins Präsens.

Der ganze Erzähleingang bleibt bewusst unklar: „Ein Traum. Oder ein fernes Erinnern. Ein Bild, mir unerreichbar, letztlich unverständlich" (S. 9).

NICHTS LOS HEUT' ... (S. 52)

Irmtraud Morgner **Trobadora Beatriz** (S. 52)

Das Ende des Textausschnitts lautet: „Hören Sie mal, Sie haben ja unerhörte Umgangsformen." – „Gewöhnliche", entgegnete ich, „Sie sind nur nichts Gutes gewöhnt, weil Sie keine Dame sind."

Botho Strauß **Der Einsamkeits-Kasper** (S. 53)

Strauß schließt seinen Text vermutlich deshalb nicht ab, um so den Gestus des Zeigens besser unterstreichen zu können, der beim Betrachter in Reflexion münden soll – zumindest aber in eine verstörte Frage nach den Gründen des Verhaltens dieses auch heute nicht untypischen Menschen, der zwischenzeitlich lediglich nicht mehr mit einem normalen Telefon, sondern mit einem Handy den Anschein von Kontaktaufnahme und eigener Wichtigkeit erwecken würde. Der Grund für die Verhaltensweise des Mannes wird genannt, und zwar in der einzigen Verbform, die nicht im Präsens steht, sondern im Präteritum in Verbindung mit dem Partizip Perfekt: „niedergestarrt fand". Der Text ist eine parabolische Kürzestgeschichte über die Kontaktarmut der Zeit. Beim Verfassen der Dramenszene sind auch sinntragende Regieanweisungen von großer Bedeutung.

Textvergleich
Grünbein – Kunert (S. 53)

Charlottenburg und Prenzlauer Berg – zwei völlig unterschiedliche Stadtteile Berlins, die zu unterschiedlichen Tageszeiten beschrieben werden. In beiden Texten dominiert die Empfindung der Reglosigkeit, der Leere und Handlungsarmut. In Grünbeins Text jedoch wird die subjektive Empfindung des „Nichts los heut'" in schärfster Form konterkariert von der Erwähnung der vollen Straßen (V. 3) und dem „Schrei eines verunglückten Kindes", das beim Ballspiel von einem Auto erfasst und niedergestreckt wird. Das „zersplitterte Glas" steht sinnbildlich für die farblose Härte der Szenerie und die Kälte zwischenmenschlicher Beziehungen.

Kunerts Gedicht wirkt daneben freundlich-ironisch, und die Weltstadt wird

zum Schauplatz kleinbürgerlicher Szenen von biedermeierlicher Provenienz. Die Formulierung, dass ein „vergrauter" (!) Pudel ein nicht näher bestimmtes „greisenhaftes Geschöpf" an der Leine führt, wirkt durch ihre Verdrehung des Sachverhalts komisch. Der Mensch wird auf augenzwinkernde Weise reduziert, die Dinge und die Tiere werden dagegen personifiziert.

DIESE VORÜBERRAUSCHENDE BLAUE EINZIGE WELT (S. 54)

Peter Rühmkorf **Diese vorüberrauschende ...** –
Sarah Kirsch **Bäume** (S. 54)

Beide Gedichte entstanden Mitte der achtziger Jahre, als die Umweltbedrohung in ihren verschiedensten Formen, insbesondere aber das Baumsterben, ins Bewusstsein der Menschen rückte. Damals entstanden zahlreiche, auch literarische Texte zum Thema Umwelt und Natur, von denen allerdings die Mehrzahl eher durch gut gemeinten missionarischen Eifer als durch Jahrzehnte überdauernde Qualität auffiel. Nicht so die beiden hier vorliegenden Gedichte von Rühmkorf und Kirsch. Letztere beschreibt ein Szenario rückblickend aus einer Zukunft, in der es keine Bäume mehr gibt und demzufolge auch die Vögel nicht nur ausgestorben sind, sondern nicht einmal mehr richtig erinnert werden. Sie werden in einer sich wissenschaftlich gebenden Diktion mit „Libellen" gleichgesetzt, und die Perspektive ist die eines Vortragenden, eines Lehrers vielleicht, der über Bäume referiert bzw. darüber, was von diesen noch erzählt wird. Selbst dies wird noch in die Fiktion sagenhafter Landschaftsbeschreibung gerückt, wenn es heißt: „sollen sie Wälder gebildet haben". Die Vögel werden ihrerseits in Ermangelung konkreter Vergleichshorizonte mit dem einzigen Tier verglichen, das ihnen ähnelt und das, weil domestiziert, die Umweltzerstörung überlebt hat: dem Huhn. Als besonderes Merkmal der ausgestorbenen Spezies wird geradezu anekdotisch vermerkt, dass diese „huhnähnliche[n] Wesen [...] zu / Singen vermochten".

Rühmkorfs Gedicht geht noch weiter, indem er die Bedrohung der Natur globaler fasst und sie in direkten Zusammenhang mit der Existenz des Menschen und mit seinem emotionalen Menschsein bringt. Durch seine Sprache, seinen Rhythmus und seine Bilder will das Gedicht den Zauber ausdrücken, der die Natur ausmacht. Man könnte geradezu den Rhythmus des Gedichts mit seinen Daktylen und den häufigen Synkopen in der Mitte des Verses sowie den verkürzten Strophenschlussversen, die den appellativen Charakter des Gedichts unterstreichen, als formales Pendant zum Wellenschlag der vorüberrauschenden Welt ansehen.

Rühmkorfs lyrisches Ich schaut nicht aus der späten Zukunft zurück, sondern von der Gegenwart aus in die nähere Vergangenheit und Zukunft. Es spricht den Adressaten direkt an, versucht seine Aufmerksamkeit zu erlangen, um an ihn appellativ seine Botschaft richten zu können: „höre mir zu" (V. 4). Das Gedicht konstruiert also ebenso wie jenes von Kirsch eine Kommunikationssituation zwischen einem Sprecher, der einen Informationsvorsprung hat bzw. bei Kirsch nur zu haben glaubt, und einem Angesprochenen. Dabei macht der Sprecher bei näherem Hinsehen schon zu Beginn unmissverständlich klar, dass das Leben in höchster Gefahr ist und die Wahrscheinlichkeit groß, dass alles in absehbarer Zeit endet: eine Generation gibt er dem Menschen noch, wenn sich nichts ändert (vgl. V. 1–3). Dieses Leitmotiv der potenziellen Bedrohung und Vergänglichkeit zieht sich durch das ganze Gedicht: Die Welt wird sich „zur Nachwelt" verdüstern (V. 7), die Gletscher tauen (V. 12), alles ist „im Entschwinden begriffen" (V. 15), es ist unsicher, wie lange man noch mühelos atmen kann (V. 20), und schließlich ist diese ganze „blaue" Welt dem Untergang geweiht: Sie „rauscht vorüber". Die Reaktion auf diesen Sachverhalt hat nun nicht Resignation oder, wie im Barock, die Besinnung auf das Jenseits zu sein, sondern aktive Gegenwehr. Noch ist die Welt nicht „zur Nachwelt verdüstert" (V. 7), wie etwa im Vergleichsgedicht, und obschon alles im Entschwinden begriffen ist, hilft es nicht, dem Verlorenen nachzuweinen („Frage nicht, ob deine Träne sich lohnt", V. 16), sondern man muss anders fragen, indem man nämlich nach vorne schaut, sich besinnt und etwas unternimmt.

Die Verse 21 ff. erinnern in diesem Zusammenhang stark an die sensationelle Menschenkette vom 22.10.1983, an der eine halbe Million Menschen teilnahm und, sich an den Händen haltend und oft auch tanzend, für den Frieden demonstrierend ein Menschenband von Stuttgart bis Neu-Ulm bildete: „Was sich erkennt, unterhält sich in Flammen" – die Menschen waren entflammt für den Frieden, für eine friedliche Weltgemeinschaft. Verbunden damit war natürlich auch der Gedanke des Friedens mit der Natur, zumal es damals um die Konflikte zwischen Ost und West ging, die in dem Gedicht insofern relativiert werden, als angesichts der Umweltzerstörung hier wie da (Ost und West scheinen „wie geklont", V. 14) die politischen Konflikte nebensächlich werden.

Immer wieder wendet sich das lyrische Ich appellativ an den Rezipienten, dringt in ihn, seine Sinne zu gebrauchen („höre mir zu" – „sieh sie dir an", V. 4 und V. 8), und diesen Aufforderungen entspricht jedes Mal ein entsprechendes Prädikat: flüstern – zuhören, verdüstern – ansehen, nicht fragen – sich besinnen / das Ohr an die Brust halten / auf sein Herz hören und ihm etwas anvertrauen usw.

Das ganze Gedicht ist ein Appell, die Natur ganzheitlich zu erfahren und sich selbst emotional als einen Teil davon zu verstehen.

Wolfgang Hildesheimer **Das wiederholte Verbrechen** (S. 55)

Hildesheimer wendet sich in scharfer Form gegen all jene, die die Folgen der Umweltzerstörung leugnen oder verniedlichen. Es geht ihm darum, beim Leser ein Bewusstsein für die kollektive Schuld aller in ihren unterschiedlichen Abstufungen zu schaffen.

Christa Wolf **Störfall** (S. 56)

Ähnlich wie Hildesheimer wendet sich auch Christa Wolf gegen die offiziellen Beschwichtigungen – in diesem Fall anlässlich des Reaktorunglücks in Tschernobyl Im Stil eines inneren Monologs folgen Gedankenfetzen aufeinander, die sich mit der Katastrophe und den Verlautbarungen darüber („umgemünzt und zerkleinert", Z. 7) beschäftigen. Das romantische Gedicht über einen seit der Antike bekannten Indikator für Wasserqualität, die Forelle, wird somit zur ironischen Hintergrundfolie der umfassenden nuklearen Kontamination.

F. C. Delius **Gute Zeiten für Ghostwriter** (S. 56)

Ein „Ghostwriter" schreibt Texte für einen andern, der diese als seine eigenen ausgibt. Er ist gewissermaßen das, was Brecht sarkastisch als „Kopflanger" (in Anlehnung an „Handlanger") bezeich-

net hat. Diese werden natürlich (und hier zeigen sich Affinitäten zu den Texten Hildesheimers und Wolfs) ein leichtes Spiel haben, schöne Bilder positiv zu kommentieren, da die atomare Belastung unsichtbar bleibt.

DA BIN ICH NOCH: MEIN LAND GEHT IN DEN WESTEN (S. 57)

Volker Braun **Das Lehen** und **Das Eigentum** (S. 57)

Volker Braun gilt als ein Autor, dessen Werke schon früher in West und Ost gleichermaßen gelesen und bewundert wurden und werden. Spielerische Andeutung, aber auch harte politische Kommentare kennzeichnen seine Texte, so auch die beiden hier vorliegenden. Mit dem Titel „Das Lehen" reiht Braun sich in die Reihe mittelalterlicher Minnesänger ein.

Der Lehnsempfänger erhielt vom Lehnsherrn auf Lebenszeit Grund und Boden oder bestimmte Rechte und musste im Gegenzug dem Lehnsherrn persönliche Dienste leisten. Beide waren zu gegenseitiger Treue verpflichtet.

Braun deutet dieses Verhältnis um. In der Partei sieht er seinen Lehnsherrn (V. 11), doch das kursiv Geschriebene ist nicht seine Sprache, es ist die zitierte Sprache des Fürsten (bei Volker Brauns Gedichten weisen die kursiven Stellen häufig auf Zitiertes hin). Dieser „Lehnsherr" hat jedoch keine Legitimation und verleiht auch keine brauchbaren Lehen. „Lemuren" regieren ihn mit eingefrorenen Strukturen aus „Geboten und mit Eisendraht". Die vom Staat „geliehenen" Wohnungen (eine Anspielung auf das „Lehen") und das minderwertige Essen machen noch kein „Leben". Und vor allem weiß Braun, dass diese „Sprüche", mit denen er gewissermaßen als Sänger sein Geld verdient, ihn früher hätten den „Kragen kosten" können.

Volker Brauns Gedicht „Das Eigentum" beklagt das schnelle Ende der DDR und ist damit vergleichbar mit Süskinds Text (S. 59). Das Gedicht erschien im August 1990 unter dem Titel „Nachruf" in der Tageszeitung „Neues Deutschland" im Rahmen einer Kontroverse zur deutschen Wiedervereinigung. Diese sieht Braun als durchaus bedenkliche Entwicklung, wie die Umkehrung des Büchner-Zitats („Friede den Hütten, Krieg den Palästen") zeigt. Der Bundesadler hält die DDR in seiner Kralle, und all jene, die jetzt – anders als er – in den Westen gehen, scheinen nicht zu bemerken, dass damit auch eine Utopie zu Ende geht, eine Utopie freilich, die immer nur erstrebt, nie aber auch nur entfernt erreicht wurde: „Was ich niemals besaß, wird mir entrissen. / Was ich nicht lebte, werd ich ewig missen". Diese utopische Idee des Sozialismus war Basis seiner schriftstellerischen Arbeit, wobei er selbst durch seine Kritik am System der DDR mit zu der Entwicklung beigetragen hat (vgl. V. 3). Zwar hatte das System nicht viel Gutes vorzuweisen (eine „magre Zierde", V. 4, und Winter war die typische Jahreszeit), doch jetzt folgt die Zeit der „Begierde" (V. 5) – wobei unklar bleibt, ob diese Erfüllung findet. Und er als Autor verliert seine Identität, sein Text wird ihm selbst unklar (V. 7). Der Zeilenstil (Vers- und Satzzeilen fallen zusammen) macht das Gedicht nachdenklich, schwermütig. Dies wird unterstrichen durch die Opposition der Verse 8 und 9. Sie gleichen der klassischen Versform des elegischen Distichons, wie wir sie aus Goethes „Faust" kennen, in dem ebenfalls die Klage über etwas nie Erreichtes, Unerreichbares zum Ausdruck kommt.

Texte zur Wiedervereinigung (S. 58)

Eng mit den Gedichten Brauns zusammen hängen die drei Sachtexte von *Heym, Walser* und *Süskind*. Sie zeigen völlig unterschiedliche Reaktionen auf die Wiedervereinigung – von ungeteilter westlicher Zustimmung durch Walser über die Hoffnung auf mehr Demokratie im Sinne eines gerechten Sozialismus durch Stefan Heym bis hin zur völligen Ablehnung der Wiedervereinigung durch Patrick Süskind, dessen Anspielung auf Heine wiederum typisch postmoderne Züge trägt: Heines Gedichtzyklus „Deutschland – ein Wintermärchen" beginnt mit den Worten: „Im traurigen Monat November war's, / Die Tage wurden trüber, / Der Wind riss von den Bäumen das Laub / Da reist' ich nach Deutschland hinüber."

Heyms Text zeigt die ganz typischen Merkmale einer Rede vor vielen Menschen: einfache Sätze, Ausrufe, Möglichkeiten für stimmliche Variationen jeglicher Art, Appelle etc. Walsers Text wäre als Rede vor kleinerem Publikum evtl. denkbar, Süskinds Text auf keinen Fall – allein schon wegen der darin vorkommenden wörtlichen Rede.

Aber heimatlos sind wir doch alle ... (S. 60)

DIE MAUER IST GEFALLEN (S. 60)

„Wir sind das Volk" zeigt die Forderung nach Demokratie und Mitbestimmung, die während der Montagsdemonstrationen im Vordergrund stand. Nach der Wende macht die Parole „Wir sind ein Volk" deutlich, dass die Wiedervereinigung (und damit der Wunsch nach Wohlstand) ins Zentrum gerückt ist.

Die Wende erleben (S. 61)

Thomas Rosenlöcher (S. 61) versucht ironische Distanz zum Geschehen zu bekommen, sieht den größeren historischen Zusammenhang, zeigt seine Ergriffenheit und Rührung (weinen) und schämt sich dafür (Zwiebel fehlt, die die Tränen erklären könnte), findet als einzig möglichen Vergleich den des Märchens, der die Maueröffnung als Aufwachen aus dem langen Schlaf der DDR beschreibt.

Auch *Claudia Rusch* (S. 62) kann die Tatsache der Maueröffnung kaum glauben und beschreibt, dass es eine Weile dauerte, bis sie die Bedeutung der Nachricht erkannte und wahrnehmen konnte. In ihrer Beschreibung dominiert nicht die ungeteilte Freude, sondern die Enttäuschung darüber, dass nicht das System der DDR reformiert werden würde, sondern die Übernahme der bundesrepublikanischen Gesellschaftsform zu erwarten war. Erst mitten im Jubel der anderen springt die Euphorie auf sie über, aber mehr in dem Sinne, dass sie sich bewusst wird, in einer historisch bedeutsamen Stunde dabei zu sein.

In Thomas Rosenlöchers „Dresdner Tagebuch", zeitgleich mit den Ereignissen entstanden, dominiert die emotionale Reaktion. In Claudia Ruschs Text fließen mit Sicherheit Überlegungen ein, die so wohl kaum in der Situation formuliert wurden, sondern im Rückblick eine Erklärung liefern für die nicht unmittelbar verspürte Freude.

Aufgestanden und ruiniert (S. 63)

Heinz Czechowski (S. 63) spielt mit den Formulierungen „etwas liegt vor uns"; „etwas liegt hinter uns", „etwas hinter sich (gebracht) haben" im Sinne von „etwas überstanden haben". So zeigt sich eine deutliche Skepsis gegenüber dem Kommenden, das als etwas gesehen wird, das es zu überstehen gilt.

Hans-Ulrich Treichels Gedicht (S. 63) lebt von Kontrasten: Der Friedenauer Alltag im Gegensatz zur besonderen historischen Situation, die auf das Fahrrad keine Auswirkungen zu haben scheint, deren Auswirkungen aber im Fernsehen berichtet werden (das Fahrrad „lehnt" statisch i. Ggs. zu den „flattern[den]" Akten). Die Friedlichkeit von „Friedenau" und dem „friedlich" lehnenden Fahrrad steht im Gegensatz zur historischen Umwälzung in der unmittelbaren Nähe und deren Dokumentation im Fernsehen. Alles scheint in Bewegung, nur das lyrische Ich und seine Friedenauer Realität nicht. Die Ambivalenz gegenüber diesem Geschehen wird deutlich durch den geplanten Aufbruch des Ichs, das Spitzel betrachten und „Sprüche austeilen" möchte. Hier wird die DDR-Bevölkerung, bzw. werden die Bewohner Ostberlins kollektiv als Spitzel wahrgenommen. Im „Sprüche austeilen" (man teilt eher Schläge aus) steckt ein hohes Maß an Aggression, das den „Besser-Wessi", wie er später genannt wurde, ahnen lässt.

Kurt Drawert (S. 63) zeigt in diesem komplexen Satz, der zuerst grammatisch entwirrt werden muss, dass das lyrische Ich Angst vor Selbstverlust hat, dass es befürchtet, seine Sprache, die von zentraler Bedeutung für einen Dichter ist, zu verlieren, seine Erinnerungen nicht mehr formulieren zu können und sein Gewordensein nicht mehr erklären zu können. Das Gedicht formuliert die Furcht, dass von der eigenen Geschichte nichts zurückbleiben könnte.

(Dieses Gedicht lässt sich auch gut mit Rosenlöchers „Die Wiederentdeckung des Gehens beim Wandern", Auszug S. 65 in diesem Heft, vergleichen.)

Christa Wolf (S. 64) wählt als Überschrift den Titel eines Werkes des Philosophen Ernst Bloch. In der Metapher des Am-Kreuz-Hängens spielt sie auf Jesus an. Das „Kreuz" ist das, woran man schwer trägt, hier trägt das lyrische Ich an der Vergangenheit, an die es genagelt ist. Jeder Versuch, sich von ihr zu lösen, verursacht Schmerzen und macht die unauflösbare Verbindung mit dieser Vergangenheit schmerzhaft bewusst, ein Bild, dass das lyrische Ich sich dieser Vergangenheit nicht entledigen kann.

Stefan Döring (S. 64) bezieht sich auf die Nationalhymne der DDR „Auferstanden aus Ruinen" nach einem Text von Johannes R. Becher, deren Inhalt er kunstvoll ins Gegenteil verkehrt.

Johannes R. Becher

1. Auferstanden aus Ruinen
Und der Zukunft zugewandt,
Lass uns dir zum Guten dienen,
Deutschland, einig Vaterland.
Alte Not gilt es zu zwingen,
Und wir zwingen sie vereint,
Denn es muss uns doch gelingen,
Dass die Sonne schön wie nie
|: Über Deutschland scheint. :|

2. Glück und Friede sei beschieden
Deutschland, unserm Vaterland!
Alle Welt sehnt sich nach Frieden!
Reicht den Völkern eure Hand.
Wenn wir brüderlich uns einen,
Schlagen wir des Volkes Feind.
Lasst das Licht des Friedens scheinen,
Dass nie eine Mutter mehr
|: Ihren Sohn beweint. :|

3. Lasst uns pflügen, lasst uns bauen,
Lernt und schafft wie nie zuvor,
Und der eignen Kraft vertrauend,
Steigt ein frei Geschlecht empor.
Deutsche Jugend, bestes Streben
Unsres Volks in dir vereint,
Wirst du Deutschlands neues Leben,
Und die Sonne schön wie nie
|: Über Deutschland scheint. :|

(aus: Gesammelte Werke. Aufbau Verlag, Berlin 1966 ff., Bd. 6, S. 61)

Durs Grünbein (S. 64) erzeugt durch die langen Verse (5–7-hebige Jamben) einen erzählerischen Gestus, der an den Botenbericht eines Dramas erinnert, der Eindruck antikisierender Sprache wird durch den Wortschatz („heilige Verbote", „Auguren") verstärkt. Banales und Bedeutendes werden kombiniert zu einer vielstimmigen Beschreibung der Ereignisse, die zeigt, wie nah Banales und Zufälliges einerseits und Folgenschweres andererseits beieinander liegen. Personifikationen und starke Bilder verstärken die Wirkung (Schleusen aufzog, Menschenstrom, bevor die Eisentore widerriefen). Der Wunsch nach Konsum und nach politischer Freiheit werden in den letzten drei Versen enggeführt und verweisen auf die drohenden Probleme.

Reiner Kunze (S. 64) deutet die Mauer metaphorisch. Das lyrische Ich spricht als ein „Wir", schließt sich ein und behauptet mit der Wahl dieses Pronomens, dass die von ihm getroffenen Feststellungen für alle zutreffen. Der angedeutete Chiasmus (Vers 9 f.) suggeriert ein Ende des Gedankens. Um so überraschender wirken die letzten beiden Verse, in denen zum einen erstmals in diesem Gedicht auf eine Schutzfunktion der Mauer angespielt wird, zum anderen durch die Metapher ein völlig neuer Akzent gesetzt wird, diese Funktion quasi verkehrt wird. Durch den transitiven Gebrauch von „entblößen" mit Genitivobjekt endet das Gedicht auf einer sehr hohen Stilebene, womit die Tragweite des Gesagten, nämlich dass dem „wir", sprich den DDR-Bürgern, die Verantwortung für die vergangenen vierzig Jahre zugeschrieben wird, betont wird.

Wo die deutsche Seele ist (S. 65)

Thomas Rosenlöcher **Die Wiederentdeckung des Gehens beim Wandern** (S. 65)

Besonders auffällig ist in Rosenlöchers Text die Verdinglichung der Menschen („der cremefarbene Mantel", „eine Kleinbildkamera") und die Personifizierung der Gegenstände („Noch immer krähte die Nachmittagssonne", „Ratlosigkeit eines Dachstuhlgerippes"). Der Ich-Erzähler sieht sich den westdeutschen Touristen gegenüber, die für ihn alle gleich sind, reich und selbstbewusst, wofür er die Sammelbezeichnung „Apotheker" findet. Er selbst wird in dieser Situation zum Verräter am eigenen Land; der Hahn kräht, als er auf die Frage, ob er „von hier" sei, den Kopf schüttelt. Zuvor ist im Neologismus „sonnendurchkräht" und dem Hinweis auf die krähende Nachmittagssonne das Krähen schon zweimal erwähnt worden. Damit wird die Assoziation mit dem Verrat Jesu durch Petrus überdeutlich betont. Gegen Schluss des Auszugs wird die Sprache selbst Thema. Der Ich-Erzähler fühlt sich angegriffen, fühlt sich seines Landes beraubt, das ihn der Möglichkeit beraubt hat, eine Sprache zu finden, sich mitzuteilen, zu erinnern, zu beschreiben, was ist. Mit diesem Befund kann man sich wieder der Beschreibung der Stadt zuwenden und sie als einen Versuch der Sprachfindung und der Erinnerungsarbeit deuten.

F. C. Delius **Der Spaziergang ...** (S. 66)

Gompitz möchte in den Westen reisen, um eine Bildungsreise zu machen, um auf den Spuren des durchaus revolutionären Seume sich mit den klassischen Stätten auseinanderzusetzen. Es geht ihm um Erfahrung, Bildung, Teilhabe an der Tradition. Sein Verhalten zeigt, dass er nicht die DDR verlassen möchte, um

dem System den Rücken zu kehren, es geht nicht um eine Ablehnung der sozialistischen Gesellschaft, sondern um das Bedürfnis nach Horizonterweiterung im konkreten wie übertragenen Sinn.

Die Wende satirisch (S. 67)
Jens Sparschuh **Der Zimmerspringbrunnen** (S. 67)
Komik entsteht zum einen durch den Kontrast zwischen dem banalen Objekt Zimmerspringbrunnen und der Ernsthaftigkeit, mit der Strüver über dieses Objekt spricht, zum anderen in der Situationskomik des durch das Schinkenstück zum Schweigen verdammten Erzählers. Dieses Schinkenstück kann auch als Metapher dafür gelesen werden, wie der Erzähler durch die in Aussicht gestellte Arbeit, allgemeiner noch, durch den Kapitalismus, von dem er ebenfalls profitieren möchte, „mundtot" gemacht, ja beinahe erstickt wird.

DIE NEUEN DEUTSCHEN DICHTER (S. 68)
Die jungen Autorinnen und Autoren als neue „Blechtrommler": Hoffnungen des Literaturbetriebs auf Qualität, hohe Umsätze, engagierte Literatur.
Thomas Kraft beschreibt, was sich in den 90er Jahren beobachten ließ. Er führt den Erfolg der jungen Autorinnen und Autoren auf verschiedene Ursachen zurück. Der Kontrast zu den literarisch eher ruhigen 80er Jahren hebt die 90er besonders hervor. Kraft sieht als Gründe aber vor allem „Größenwahn", ein im Zusammenhang mit der Wiedervereinigung gewonnenes „neues Selbstwertgefühl" und/oder geschicktes Marketing.

DAS LITERARISCHE FRÄULEINWUNDER (S. 69)
„Fräuleinwunder" suggeriert junge Frauen aus gutem Hause, die zufällig, auf „wundersame" Weise, zu ihren Büchern gekommen sind. Hier wird ein Frauenbild reaktiviert, das mehr als überholt ist.

Felicitas Hoppe **Die Sommerverbrecher** (S. 69)
Die Sätze sind einfach, die Wörter nicht ungewöhnlich, und doch ist der Text schwer zugänglich. Das liegt an den Zeitsprüngen, die nur schwer nachvollziehbar sind, an den ungewöhnlichen Vergleichen, an den Gedankensprüngen, die eine Handlung merkwürdig kontrastieren („Den Sonnenschirm ... Außerdem".) Der Leser erwartet hier einen weiteren Gegenstand, den die Erzählerin mitnimmt oder zurücklässt, aber der Satz geht weiter „... wuchsen die Bäume im Garten ..."), an der Schilderung merkwürdiger Vorgänge und Dinge: Die vom Vater verlorenen Akten und Hefte werden „in das nächste Museum für Arbeit und Unglück" gebracht. So entsteht eine immer wieder ins Surreale kippende Darstellung.

Judith Hermann **Sonja** (S. 70)
Der Erzähler versucht sich sprachlich Sonja anzunähern. Sie scheint einen sehr großen Eindruck auf ihn gemacht zu haben, daher die ungewöhnlichen, kontrastreichen Vergleiche (Bombenalarm, Madonnenbild). Der Erzähler erzählt von Beginn an atemlos, reiht kurze Sätze mit Kommata aneinander, was den Eindruck hoher emotionaler Beteiligung weckt, so, als liege das Geschehen noch nicht lange zurück, so, als habe er die Begegnung noch nicht verarbeitet.

Terézia Mora **Seltsame Materie** (S. 71)
Die Erzählerin berichtet im Rückblick davon, dass ihr Vater ihre Haare angezündet hat (erst später wird klar, was hier erst angedeutet wird, dass nämlich die Tatsache, dass die Erzählerin zusammen mit einem Zigeuner auf den Hof kommt, den Vater gegen sie aufbringt). Das achronologische Erzählen gibt dem Erzählten einerseits etwas Beiläufiges, nur zufällig Erinnertes, erzeugt aber innerhalb des Textes ein dichtes Geflecht von Vorausdeutungen und Bezügen, deren Bedeutsamkeit sich erst später erschließt.

Zoë Jenny **Das Blütenstaubzimmer** (S. 72)
Die Dinge wirken fremd (Kirche, Reiterdenkmal), Tod (Kirche als Mumie, die Skelette, die Drogensüchtigen), Gleichgültigkeit (Teilnahmslosigkeit der jungen Leute), voyeuristisches, sensationslüsternes Interesse (Touristen), Isoliertsein, Gegensätze (Kälte – Hitze, Helligkeit – Dunkelheit, Musik - Autolärm), Bemühen um Individualität (die Kleidung der Cellospielerin) bestimmen die Welt, die Jo beobachtet. Jo scheint allein in diesem feindlichen, ablehnenden Hier und Jetzt zu leben. Sie hat keine orange- (oder rosa-?)farbene Brille auf. Selbst ihre Mutter ist ihr fremd, sie kann sich ihr Gesicht nicht vorstellen, hat keine Erinnerung an sie. Mit ihr entsteht keine Vertrautheit, im Gegenteil, nicht einmal ein Gespräch kommt zustande.
Jo ist dieser fremden, vom Tod bestimmten Welt ausgesetzt. Sie scheint diese aber ohne große Verwunderung und ohne Angst wahrzunehmen.

Alle vier Auszüge sind aus der Ich-Perspektive erzählt, wobei eine der Erzählungen (Hermann) einen männlichen Ich-Erzähler hat. Alle vier Texte haben Jugendliche oder junge Erwachsene als Erzähler, aber sowohl thematisch als auch stilistisch zeigen sich große Unterschiede.

POPLITERATEN – DIE GENERATION GOLF (S. 73)
Benjamin von Stuckrad-Barre **Soloalbum** (S. 74)
Der Erzähler versucht erst durch Ironie („staatstragende Beendigungszeremonie"), dann durch Übertreibungen („Sportflugzeugsspruchband") sich von der Verletzung zu distanzieren. Schließlich behauptet er, selbst ebenfalls nicht mehr so sehr geliebt zu haben, mindert also die Bedeutung der Beziehung.
Musik, hier der Titel eines Songs, dient als Stellvertreter für den Ausdruck der eigenen Befindlichkeit, wo die eigenen Worte versagen. Der Hinweis „Bedeutung zahlt Empfänger" – auch dies ein ironisches Wortspiel – macht deutlich, dass Kommunikation mit diesen Versatzstücken nicht unbedingt einfacher und unanfälliger für Missverständnisse ist.

Feridun Zaimoglu **Der direkte Draht zum schwarzen Mann** (S. 75)
Kleinschreibung, umgangssprachliche Wendungen („pfoten weg" ...), Szenejargon („bronx sein"), Neologismen („jungblutbengel", „kackstelzte"), endlos lange Satzperioden, starke Adjektive („tosendem klang", „gellendem misslaut"), englische Wörter („clean", „no drugs") machen diesen unverwechselbaren kunstvollen Szenejargon aus, der unglaublich cool wirken soll, eine scheinbare Sicherheit dessen ausstrahlt, der über alles Bescheid weiß und weiß, wo's lang geht.

Solange es Menschen gibt ... (S. 76)

Die zentralen Fragen, denen die Schriftstellerinnen und Schriftsteller in dem Kapitel nachgehen, bieten mannigfache Anlässe zur Textanalyse, zur Diskussion, zum komparativen Besprechen und zur textgebundenen oder auch nicht-textgebundenen Erörterung. So ist es zum Beispiel möglich, die Schülerinnen und Schüler selbst Texte einander zuordnen oder sie kontrastiv gegenüberstellen zu lassen und die Texte nach eingehender Analyse zum Gegenstand erörternden Schreibens zu machen.

Kunert (S. 77) sieht beim Produzenten wie auch beim Rezipienten literarischer Texte ein unstillbares Bedürfnis nach Literatur, die sich den „Trends" der Zeit entgegenstellt, die etwas anderes vermittelt: zeitunabhängige Inspiration.

In eine ganz ähnliche Richtung geht die Aussage *Kunzes* (S. 77), der die Dichtung gewissermaßen als naturgegebene Schöpfung betrachtet, die wesentlich zum Menschen gehört, ja, die das Menschsein in einem gewissen Maß sogar ausmacht.

Braun (S. 77) beschreibt diesen Sachverhalt mit einem konkreten Bild: Die heilige Thekla als Inkarnation der Poesie nimmt eine Betrachterposition ein, die, eine Verkörperung der Schönheit, ein Medium der Identifikation darstellt: Durch ihre Augen sieht der Mensch die Welt – objektiv und subjektiv zugleich, und sie ist ihm durch ihr Da-Sein Stütze.

Kai Hermann (S. 78) geht die Fragestellung als Jugendbuchautor an, indem er die Unterschiede zwischen „ernster" und „unterhaltender" Literatur im Sinne der alten Forderung „prodesse et delectare" verwischt. Gute Literatur, so seine These, ist per se so unterhaltend, dass sie überdauert.

F. C. Delius (S. 78) betont die politischen Implikationen der Literatur und stellt die Grundthese auf, dass „gute Leser" die aufgeklärteren und durch den modernen Medienbetrieb weniger manipulationsanfälligen Köpfe sind, diejenigen, die differenzieren gelernt haben.

Die folgenden Aussagen sind im Sinne des Texts von *Wondratschek* (S. 79) richtig: a), d), f), h), i).

Kordons Text (S. 80) lebt aus dem Spannungsverhältnis zwischen der positiven Einschätzung zu Beginn (erster Abschnitt) und den durchaus kritischen und zweifelnden Fragen danach, die eine eher skeptische Grundtendenz aufweisen.

Ulla Hahn (S. 80) sieht die Situation nicht so kritisch. Sie nimmt das Lesen als notwendiges Betätigungsfeld der Fantasie, das gerade die Jugendlichen als Alternative zur Welt der elektronischen Medien brauchen und weiterhin brauchen werden.

Diese scharfe Gegenüberstellung sieht *Rathenow* (S. 81) gerade nicht. Für ihn wird es in der Zukunft viel eher um eine Verschmelzung von elektronischen und Printmedien gehen. Dichtung wird zerfallen in das, was war (Literaturgeschichte), und in eine neue, kreative Form von Kulturtechniken.

Drawert (S. 81) sperrt sich gegen den Auftrag, eine Prognose zur Entwicklung der Literatur abzugeben mit dem Hinweis darauf, dass unsere Zeit ohnehin schon zu stark unter Vereinfachungstendenzen und unter dem Zwang zur „Effizienz" leide (2. Abschnitt). Er begreift die gestellte Aufgabe als exemplarisch für das verloren gegangene „literarische Wertebewusstsein".

Literatur ist für *Birgit Vanderbeke* (S. 82) die Voraussetzung für eine aktive Teilhabe an der Welt, sowohl in rezeptiver als auch in produktiver Hinsicht. Die Sprache ist ein „gesellschaftliches Austauschmittel", und ihre kommunikative Funktion beinhaltet ein besseres Weltverständnis ebenso wie eine aktivere Möglichkeit der Einflussnahme auf die eigene Umwelt. Texte beantworten die Frage, die der Leser an sie richtet. Insofern „hören" sie natürlich auch.

In eine ganz ähnliche Richtung gehen die Worte von *Ines Geipel* (S. 82). Sie sieht Poesie als Reduktion redundanter Komplexität und damit gleichzeitig als eine „Erweiterung" des eigenen Selbst dergestalt, dass der Mensch durch die Reduktion künstlicher Vielfalt wieder lernt, sich auf sich selbst zu besinnen.

Wenn Ines Geipel fragt: „Doch wie steht es mit dem Glück, dem Fremden, der Liebe, dem, was wir das Eigene nennen? [...] Und wo soll jene Erweiterung sichtbar werden, wenn nicht in der Poesie und der Literatur?", so bietet sich ein Ausblick auf eines der bekanntesten Gedichte Ingeborg Bachmanns an (aus: Werke I. R. Piper Verlag, München 1978, S. 114), in dem gerade die wesentlichen Fragen überdeckt werden von dem, was heute die Medienwelt darstellt:

Ingeborg Bachmann
Reklame (1956)

Wohin aber gehen wir
ohne sorge sei ohne sorge
wenn es dunkel und wenn es kalt wird
sei ohne sorge
aber
mit musik
was sollen wir tun
heiter und mit musik
und denken
heiter
angesichts eines Endes
mit musik
und wohin tragen wir
am besten
unsre Fragen und den Schauer aller Jahre
in die Traumwäscherei ohne sorge sei ohne sorge
was aber geschieht
am besten
wenn Totenstille

eintritt

Grünbein (S. 83) sieht Dichtung als eine der „Urkräfte" des Menschen, und seine Aussagen gehen damit in eine ähnliche Richtung wie die Kunerts (S. 77), wobei er allerdings deren Wirkungsmöglichkeit einschränkt auf „Leser mit einer gewissen Intelligenz und Herzensbildung" – mithin also Menschen, die in der Lage sind, jedes Schulsystem zu „übersteh[en]".

Im Unterschied etwa zu Rathenow und in Übereinstimmung mit Delius vertritt *Brussig* (S. 83) dezidiert die Auffassung, ein Buch müsse einen Kontrapunkt zum Fernsehen darstellen und sich nicht zuletzt schon von daher an Minderheiten richten. Die Grundtendenz des Beitrags ist zwar der von Grünbeins Aussagen vergleichbar, doch sieht Brussig die Zusammenhänge ungleich politischer.

Zoë Jennys Beitrag (S. 84) zeigt im ersten Abschnitt, dass die Literatur es dem Menschen ermöglicht, die Welt durch sich selbst, das heißt, durch das Entwickeln von Fantasie, Neugier, Beobachtungsgabe etc. kennen zu lernen. Insofern ist die Literatur, wie dies auch Kunze (S. 77) betont, „lebensnotwendig".

Juli Zeh (S. 84) fasst den Begriff der Literatur sehr weit. Sie versteht darunter alles, was „erzählt" wird – gewissermaßen also eine Dokumentation des Lebens schlechthin, die allein schon deshalb unsterblich ist. Literatur erst gibt dem Menschen seine Identität.

P9614558